Lb 35/19.
A.

L. 1596

HISTOIRE
DU ROY
HENRY
LE GRAND.

Composée

Par Messire HARDOUIN DE PEREFIXE
Evesque de Rodez, cy-devant
Precepteur du Roy.

A AMSTERDAM,
Chez Louys & Daniel Elzevier.

M. DC. LXI.

A MONSEIGNEUR
L'EMINENTISSIME
CARDINAL
MAZARINI.

ONSEIGNEUR,

J'ay creu que je ne pouvois jamais rendre de service plus essenciel à vostre Eminence, ni luy donner de plus solide marque de ma fidelité & de ma reconnoissance, que de faire voir à toute la Terre de quelle maniere vous avez desiré de moy que j'instruisisse nostre jeune Monarque. Je dois rendre ce témoignage au Public, que vous avez voulu que je luy don-

donnasse principalement les instructions qu'on doit donner à un Roy; Et que pour cet effet je ne m'arrestasse pas seulement à lùy enseigner quelques preceptes de Grammaire & de Rhetorique : Mais que de bonne heure j'employasse le temps à luy apprendre tout ce qu'il doit sçavoir, premierement pour se bien conduire soy-mesme, & puis pour bien conduire son Estat ; & qu'enfin je luy remplisse l'ame des meilleures maximes de la Morale & de la Politique.

C'est, Monseigneur, ce que j'ay essayé de faire ; Sur tout depuis six ou sept années en ça, que sous les ordres de vostre Eminence, j'ay composé un Sommaire de nostre Histoire de France pour l'usage de sa Majesté, qui en faisoit la lecture tous les jours avec tant de plaisir, qu'il n'est point croyable que ce puisse estre sans utilité.

J'aurois bien souhaitté de mettre au jour cet ouvrage tout entier en mesme

EPISTRE.

mesme temps: mais l'affection particuliere, que le Roy m'a toûjours témoignée pour la vie de son ayeul HENRY LE GRAND, & la declaration qu'il a faite si souvent, qu'il vouloit se le proposer comme son modele, m'ont hasté de mettre au net cette partie de mon travail, & de la separer des autres. Ainsi quoy-qu'elle soit la derniere, je suis obligé de la donner la premiere, & de la presenter à sa Majesté, afin que jettant encore les yeux dessus aux heures de son loisir, & considerant bien toutes les maximes de regner de ce grand Monarque, ses bontez presque divines, & l'amour paternel qu'il avoit pour ses peuples: il le puisse veritablement imiter.

J'espere, MONSEIGNEUR, que cet échantillon suffira pour faire juger par avance du reste de l'ouvrage. Je me persuade mesme, qu'on ne le verra point sans admirer que sous les ordres du plus puissant Ministre qui

EPISTRE.

ait jamais esté, on ait agi dans une matiere aussi delicate qu'est celle-là, avec tant de fidelité, avec tant de desinteressement, & avec tant d'amour pour le Prince & pour l'Estat. Car aprés tout, je croy pouvoir dire que c'est un exemple, qui n'en a point eu de pareils avant le Ministere de vostre Eminence. Non seulement elle a toûjours porté le Roy à s'instruire parfaitement des choses, dont la connoissance luy estoit necessaire; non seulement elle luy a souvent representé combien il luy estoit important de s'attacher de bonne heure aux fonctions de la Royauté; Mais encore elle m'a sollicité moy-mesme de m'acquiter soigneusement de mon devoir. Combien de fois m'a-t-elle dit que je n'avois rien de plus important à faire, que de gagner sur l'esprit du Roy qu'il s'appliquast bien aux choses qu'il faisoit, & qu'il s'appliquast aux choses serieuses ? En verité, Monseigneur, je ne croy

EPISTRE.

croy pas qu'il y ait rien de plus beau ni de plus glorieux pour vostre Eminence: Et je suis trompé si ceux qui écriront l'Histoire de vostre vie, n'ont peine à y trouver un endroit, qui merite mieux leurs eloges que celuy-là. Pour moy, MONSEIGNEUR, j'avouë que je prefere de beaucoup à toutes les graces que je pouvois jamais recevoir, la liberté que j'ay toûjours euë de donner au Roy ces instructions, qui vont maintenant paroistre aux yeux de tout le monde; Et de toutes les obligations que j'ay à vostre Eminence, il n'y en a pas une qui me touche si sensiblement que celle-là, ni pour laquelle je publie plus volontiers, que je suis,

MONSEIGNEUR,

De vostre Eminence

Le tres-humble & tres-obeïssant serviteur

HARDOUIN E. DE RODEZ.

AU LECTEUR.

LECTEUR, Cette Histoire du Roy Henry le Grand n'est que l'échantillon d'un Sommaire de l'Histoire generale de France, que j'ay composé par le commandement du Roy, & pour l'instruction de sa Majesté. Comme mon intention n'a esté que de recueillir tout ce qui peut servir à former un grand Prince, & à le rendre capable de bien regner: je n'ay point trouvé à propos d'entrer dans le détail des choses, & de raconter au long toutes les guerres & toutes les affaires, comme font les Historiens, qui doivent écrire pour toutes sortes de personnes. Ie n'en ay pris que le gros, & n'ay rapporté que les circonstances que j'ay jugées les plus belles & les plus instructives; laissant tout le reste à part, afin d'abreger matiere, & de donner comme en petit, une suite de tout ce qui s'est passé, qui pûst éclairer l'esprit du Roy sans luy surcharger la memoire. C'a esté là mon dessein: Si je n'y ay pas aussi bien reüssi qu'il seroit à souhaiter, j'espere, LECTEUR, que du moins

AU LECTEUR.

moins mes efforts vous paroistront loüables. Ie ne doute point qu'il n'y ait dans cet ouvrage quelques méprises, que je n'auray point apperceuës, mais qui n'échaperont pas aux yeux des clairvoyans. L'Histoire est accompagnée de tant de circonstances, qu'il est presque impossible que l'on ne se trompe en quelqu'une. Ie croy pourtant n'avoir rien avancé, dont je n'aye des garans. Et si vous trouvez dans quelque Auteur le contraire de ce que j'ay dit, je vous prie de considerer que nos Historiens sont si differens entre eux en plusieurs choses, que lors qu'on suit les sentimens des uns, on contredit necessairement les autres. Dans cette diversité j'ay suivi ceux que j'ay creu les meilleurs & les plus asseurez. I'avouë mesme, que je n'ay pû m'empescher d'emprunter d'eux des periodes toutes entieres, quand elles m'ont pleu, & qu'il m'a semblé que je m'expliquerois mieux par leurs expressions, que je n'eusse pû m'expliquer par les miennes. Aprés tout, si c'est une faute, elle est assez legere; & l'on doit bien me la pardonner, puisque je la reconnois

AU LECTEUR.

noüs ingenuement. Pour les autres plus remarquables que je puis avoir commises, je
me promets de voſtre bonté, CHER LE-
CTEUR, que vous ne me traiterez pas à
la derniere rigueur, & que vous aurez
autant d'indulgence pour moy, que dans ce
travail j'ay eu de zele pour le ſervice de
mon Roy, & d'affection pour le bien de la
France.

HISTOIRE DU ROY HENRY LE GRAND.

AU ROY.

IRE,

Le respect & l'amour que tous les bons François ont toûjours conservé pour l'heureuse memoire du Roy HENRY LE GRAND vostre ayeul, le rendent aussi present à leur souvenir comme s'il regnoit encore; & la renommée entretient l'éclat de ses belles actions dans le cœur & dans la bouche des hommes, aussi vif & aussi entier qu'il l'estoit du temps de ses triomphes. Mais on peut dire avec cela, lorsque l'on considere Vostre Majesté, qu'il a repris une nouvelle vie en vostre personne, & qu'il se fait revoir aujour-

A d'huy

d'huy sous un visage encore plus auguste, & par des vertus qui paroissent aussi redoutables aux Ennemis de la France, qu'elles sont douces & charmantes à ses Peuples.

Veritablement, SIRE, cette loüable impatience que Vostre Majesté a temoignée lorsque je luy faisois lire nostre Histoire, de venir à ce glorieux Regne, & pour cela de laisser en arriere sept ou huit autres des Rois qui l'ont precedé, est une preuve tres-certaine que vous desirez le choisir pour modele, & que vous avez resolu d'estudier sa conduite, pour la tenir dans le gouvernement de vostre Estat. Vostre heureuse naissance & vos inclinations toutes Royales vous y portent; les esperances & les vœux de vos Sujets vous y conviënt; les besoins de vostre Royaume affligé par les maux de la plus longue guerre qui ait jamais esté, vous y obligent, & le Ciel vous y a disposé par tant de graces & par tant d'eminentes qualitez, qu'il vous seroit bien difficile de ne pas suivre les beaux exemples de ce Grand Monarque. J'oseray mesme vous dire (& je le puis avec verité) qu'il ne vous sera pas impossible de les surpasser, si vous vous effor-

efforcez de bien employer tous les avantages dont Dieu vous a pourveu par dessus tous les Princes de vostre âge.

Oüy, SIRE, il vous a donné, aussi bien qu'au Roy vostre ayeul, une ame genereuse, bonne & bien-faisante, un esprit elevé & capable des plus grandes choses, une memoire heureuse & facile, un courage Heroïque & Martial, un jugement net & solide, une forte & vigoureuse santé: Mais de plus il vous a donné un avantage que ce Grand Prince n'avoit pas; c'est cette majestueuse presence, cet air & ce port presque divin, cette taille & cette beauté dignes de l'Empire de l'Univers, qui attirent les yeux & les respects de tout le monde, & qui sans la force des armes, sans l'autorité des commandemens, vous gagnent tous ceux à qui Vostre Majesté veut se faire voir.

Je ne parle point des prosperitez de cet Estat depuis vostre heureux advenement à la Couronne; comme vous avez esté proclamé Vainqueur aussitost que Roy; comme avec l'aide des conseils de vostre Grand Ministre vos Frontieres ont esté estenduës de tous costez, vos Ennemis batus par tout, &

A 2   les

les factions entierement dissipées: Mais je ne dois pas oublier la grace singuliere, que le Ciel vous a faite de vous instruire dans la Religion Catholique, & dans la vraie pieté, par les soins continuels & par les exemples de la Reine vostre mere; ce qui manqua sans doute à la jeunesse de nostre Henry.

Vous ne pouvez pas, SIRE, avec de si belles dispositions, avec tant de rares faveurs du Ciel, demeurer au dessous de la gloire & de la reputation de ce Grand Prince. Souvenez-vous, s'il vous plaist, que vous m'avez fait l'honneur de me dire plus d'une fois que vous aspiriez fortement à une semblable perfection, & que vous n'aviez point de plus grande ambition que celle-là. Toute la France qui a maintenant les yeux sur vous, se rejouït de voir que les effets suivent déja vos desirs, & que vous allez agir aussi puissamment, que vous avez passionnément souhaité d'entendre le recit d'une si belle vie.

Vostre Majesté sçait que les volontez ne passent que pour des foiblesses, quand elles ne se rendent point efficaces, & que bien loin d'estre loüables, elles condamnent celuy qui les a, dautant

tant qu'il void bien ce qu'il faut faire, & n'a pas le cœur de s'y attacher & de l'entreprendre. Le chemin de la Vertu est d'abord un peu rude; mais aussi il conduit au temple de la Gloire, où il est certain qu'on n'arrive point par de simples pensées & par des discours oiseux; mais par le travail, par l'application & par la perseverance.

J'ay pris la liberté quelquefois de representer à vostre Majesté, que la Royauté n'est pas un mestier de faineant, qu'elle consiste presque toute en l'action, qu'il faut qu'un Roy fasse ses delices de son devoir, que son plaisir soit de regner, & qu'il sçache que Regner, c'est tenir luy-mesme le timon de son Estat, afin de le conduire avec vigueur, sagesse, & justice.

Qui ne sçait pas qu'il n'y a point d'honneur à porter un titre dont on ne fait point les fonctions; que c'est en vain qu'on a acqnis de belles connoissances, si on ne s'évertuë de les reduire en pratique; qu'il est inutile de se proposer un grand modele, si on ne l'imite effectivement; & qu'enfin il ne sert de rien de sçavoir par cœur toutes les maximes de la Politique, si on ne les applique à quelque usage? Sans mentir,

tir, celuy qui a des yeux & ne les veut point ouvrir, qui a des bras & ne se met point en peine de les remuer, est en pire estat que n'est un aveugle & un estropié.

Je ne puis dissimuler, SIRE, la joye indicible que j'ay euë quelquefois, lorsque j'ay entendu de la bouche de Vostre Majesté, qu'elle aimeroit mieux n'avoir jamais porté Couronne, que de ne pas gouverner elle-mesme, & de ressembler à ces Rois faineans de la premiere Race, qui, comme disent tous nos Historiens, ne servoient que d'Idoles à leurs Maires du Palais, & qui n'ont point eu de nom que pour marquer les années dans la Chronologie.

Mais c'est assez pour faire connoistre à la France combien Vostre Majesté condamne ce lethargique assoupissement, de dire qu'elle veut maintenant imiter son ayeul Henry le Grand, qui a esté le plus actif & le plus laborieux de tous nos Rois, qui s'est adonné avec plus de soin au maniement de ses affaires, & qui a chery son Estat & son Peuple avec plus d'affection & plus de tendresse. N'est-ce pas declarer que Vostre Majesté a pris une ferme resolution de mettre la main à l'œuvre; de connoistre

noistre le dedans & le dehors de son Royaume; de presider dans ses Conseils; d'y donner le mouvement & le poids aux resolutions; d'avoir toûjours l'œil sur ses Finances, pour s'en faire rendre un compte net, exact, & fidele; de distribuer les graces & les recompenses à ses creatures qui en seront dignes; enfin de joüir pleinement de son autorité? C'est ainsi que faisoit l'incomparable Henry, que nous allons voir regner, non seulement en France par le droit du sang, mais encore sur toute l'Europe, par l'estime de sa vertu.

En effet, depuis la naissance de la Monarchie Françoise, l'Histoire ne nous fournit point de Regne plus memorable par de grands evenemens, plus remply des merveilles de l'assistance divine, plus glorieux pour le Prince, & plus heureux pour les Peuples, que le sien. Et c'est sans flaterie & sans envie que tout l'Univers luy a donné le surnom de GRAND; non pas tant pour la grandeur de ses victoires, comparables toutefois à celles d'Alexandre & de Pompée, que pour la grandeur de son ame & de son courage. Car il ne ploya jamais, ni sous les insultes de la Fortune, ni sous les tra-

A 4 verses

verses de ses ennemis, ni sous les ressentimens de la vengeance, ni sous les artifices des Favoris, & des Ministres ; il demeura toûjours en mesme assiete, toûjours maistre de soy-mesme, en un mot toûjours Roy & Souverain, sans reconnoistre d'autre superieur que Dieu, la Justice, & la Raison.

La vie de Henry le Grand divisée en trois parties.
Nous allons donc faire l'Histoire de sa vie, & nous la diviserons en trois parties principales.

La premiere.
La premiere contiendra ce qui s'est passé depuis sa naissance, jusques à ce qu'il soit parvenu à la Couronne de France.

La seconde.
La seconde dira ce qu'il fit depuis qu'il y fut parvenu, jusques à la Paix de Vervin.

La troisiéme.
Et la troisiéme racontera ses actions depuis la Paix de Vervin, jusques au jour mal-heureux de sa mort.

Mais avant tout cela il faut dire brievement quelque chose de sa Genealogie.

Sa Genealogie.
Il estoit fils d'Antoine de Bourbon Duc de Vendosme & Roy de Navarre, & de Jeanne d'Albret ; qui estoit heritiere de ce Royaume-là.

Qui estoit An-
Antoine descendoit en ligne directe & masculine de Robert Comte de Cler-

DE HENRY LE GRAND.

Clermont cinquiéme fils du Roy Saint Louis.

Ce Robert épousa Beatrix fille & heritiere de Jean de Bourgogne, Baron de Bourbon de par sa femme Agnes; à cause dequoy Robert prit le nom de Bourbon, non pas toutefois les armes, mais retint celles de France.

Cette sage precaution a beaucoup servi à ses descendans pour se maintenir dans le rang de Princes du sang, que ceux de Courtenay * ont perdu pour n'en avoir pas usé de la sorte. D'ailleurs la vertu, qui a toûjours donné de l'éclat à leurs actions; le bon ménage & l'œconomie qu'ils ont apportée à conserver leurs biens & à les augmenter; les grandes Alliances dont ils ont esté fort soigneux, n'ayant jamais voulu mesler leur noble sang parmi du sang vulgaire; & sur tout leur rare pieté envers Dieu, & la bonté singuliere dont ils ont usé envers leurs inferieurs, les ont conservez; & mesme relevez par-dessus les Princes des branches aisnées. De sorte que les peuples les voyant toûjours riches, puissans, sages, en un mot dignes de commander, s'estoient imprimez dans l'esprit une certaine persuasion comme Prophetique, que sa poste-cette rité,

toine de Bourbon son pere.

Pierre, sixieme fils de Loüis le Gros, épousa Isabelle heritiere de Courtenay, & en prit le nom & les armes; Ce qui fut à luy une faute qui a esté tres-prejudiciable a cette rité,

cette Maison viendroit un jour à la Couronne: & elle de son costé sembloit aussi avoir conceu cette esperance, quoiqu'elle en fust fort éloignée, car elle avoit pris pour son mot, ou devise, *Espoir*.

Entre les branches puisnées qui sont issuës de cette branche de Bourbon *, la plus considerable & la plus illustre a esté celle de Vendosme. Elle portoit ce nom parce qu'elle possedoit cette grande Terre, qui luy estoit venuë l'an mil trois cens soixante-quatre, par le mariage de Catherine de Vendosme, sœur & heritiere de Bouchard dernier Comte de Vendosme, avec Jean de Bourbon Comte de la Marche. Pour lors elle n'estoit que Comté, mais elle fut depuis erigée en Duché par le Roy François Premier l'an mil cinq cens quatorze en faveur de Charles, qui estoit deux fois arriere-fils de Jean, & pere d'Antoine. Ce Charles eut sept enfans masles, Louïs, Antoine, François, un autre Louïs, Charles, Jean, & un troisiéme Louïs. Le premier Louïs, & le second moururent en enfance; Antoine demeura l'aisné; François, qui fut Comte d'Anguien, & gagna la bataille de Cerisoles, mourut sans estre marié;

*La branche de Bourbon en produisit plusieurs, entre autres celle de Vendosme.

Charles Duc de Vendosme eut Antoine, & six autres fils.

marié ; Charles fut Cardinal du titre de Saint Chrysogone & Archevesque de Rouën, c'est luy qu'on nomme le vieux Cardinal de Bourbon ; Jean perdit la vie à la bataille de Saint-Quentin ; le troisiéme Louïs s'appella le Prince de Condé, & eut des enfans masles de deux lits. Du premier sortirent Henry Prince de Condé, François Prince de Conty, & Charles, qui fut Cardinal & Archevesque de Rouën aprés la mort du vieux Cardinal de Bourbon. Du second vint Charles Comte de Soissons.

Or il y avoit huit generations de masle en masle depuis Saint Louïs jusqu'à Antoine, qui estoit Duc de Vendosme, Roy de Navarre, & pere de nostre Henry.

Qui estoit Jeanne d'Albret sa mere.

Quant à Jeanne d'Albret sa femme, elle estoit fille & heritiere de Henry d'Albret Roy de Navarre, & de Marguerite de Valois sœur du Roy François Premier, & veuve du Duc d'Alençon. Henry d'Albret estoit fils de Jean d'Albret, lequel estoit Roy de Navarre par sa femme Catherine de Foix, sœur du Roy Phœbus decedé sans enfans. Car ce Royaume-là estoit entré dans la Maison de Foix par mariage, comme il entra ensuite dans celle d'Albret, & puis en celle de Bourbon.

Ferdinand Roy d'Arragon avoit envahy la haute Navarre, c'est à dire la partie qui est au delà des Pyrenées, & la plus considerable de ce Royaume-là, sur le Roy Jean d'Albret; Auquel par consequent il ne resta que la basse, c'est à dire la partie de deçà les Monts, du costé de France. Mais avec cela il avoit les païs de Bearn, d'Albret, de Foix, d'Armagnac, de Bigorre, & plusieurs autres grandes Seigneuries provenant tant du costé de la Maison de Foix, que de celle d'Albret.

Henry son fils n'eut qu'une fille, qui fut Jeanne, que l'on appelloit la mignonne des Rois, parce que le Roy Henry son pere, & le grand Roy François Premier son oncle la cherissoient à l'envy l'un de l'autre.

L'Empereur Charles-Quint avoit jetté les yeux sur elle, & la fit demander au pere pour son fils Philippe Second, disant que c'estoit un moyen de pacifier leurs differens touchant le Royaume de Navarre. Mais le Roy François Premier ne trouva pas bon d'introduire un si puissant ennemi dans la France, & la faisant venir à Chastellerault.

lerault, la fiança au Duc de Cleves; lequel depuis s'estant resilié de ce contract, on la maria avec Antoine de Bourbon Duc de Vendosme, & les nopces en furent celebrées à Moulins l'an mil cinq cens quarante-sept, qui fut la mesme année que le Roy François Premier mourut.

Antoine de Bourbon Duc de Vendosme, & Jeanne d'Albret sont mariez à Moulins en 1547. Leurs deux premiers enfans meurent bien malheureusement.

Les deux jeunes époux eurent dans les trois ou quatre premieres années deux fils, qui moururent tous deux au berceau par des accidens assez extraordinaires. Le premier, parce que sa Gouvernante qui estoit frilleuse, le tenoit si chaudement, qu'il estouffa de chaleur; Et le second, par la sottise d'une nourrice, qui s'en joüoit avec un Gentilhomme; comme ils se bailloient l'enfant l'un à l'autre, ils le laisserent tomber à terre, dont il mourut en langueur. Le Ciel osta ainsi ces deux petits Princes pour faire place à nostre Henry, qui meritoit bien d'avoir le droit d'ainesse & d'estre l'unique.

Venons maintenant à l'Histoire de sa vie.

A 7 PRE-

HISTOIRE

PREMIERE PARTIE
DE LA VIE
DE
HENRY LE GRAND,
Depuis sa naissance, jusques à ce qu'il parvinst à la Couronne de France.

Henry le Grand fut conceu à la Fleche.

ON ne sçauroit dire precisément en quel lieu Henry le Grand fut conceu. La commune opinion est que ce fut à la Fleche en Anjou, là où Antoine de Bourbon son pere, & la Princesse de Navarre sa mere, sejournerent depuis la fin de Fevrier de l'an mil cinq cens cinquante-deux, jusques à la mi-May de l'année mil cinq cens cinquante-trois. Mais il est certain que la premiere fois qu'elle s'apperceut de sa grossesse & qu'elle le sentit remuer, elle estoit au Camp en Picardie avec son mary, qui estoit Gouverneur de cette Province, & qui y estoit allé de la Fleche pour y commander une armée contre Charles-Quint. Certes, il estoit bien juste que celuy qui estoit destiné pour estre un Prince extraordi-

1553.

dinaire marquast les premiers mouvemens de sa vie dans un Camp, au bruit des trompettes & du canon, comme un vray enfant de Mars.

1553.

Son grand-pere Henry d'Albret, qui vivoit encore, ayant apris que sa fille estoit grosse, la rappella auprés de luy, desirant prendre luy-mesme le soin de la conservation de ce nouveau fruit, qu'il disoit par un presentiment secret le devoir venger des injures que l'Espagnol luy avoit faites.

Cette courageuse Princesse prenant donc congé de son mary, partit de Compiegne le quinziéme de Novembre, traversa toute la France jusques aux Monts Pyrenées, arriva à Pau en Bearn où estoit le Roy son pere, le quatriéme jour de Decembre, n'ayant demeuré que dix-huit ou dix-neuf jours à faire ce voyage, & le treiziéme du mesme mois elle accoucha heureusement d'un fils.

Avant cela le Roy Henry d'Albret avoit fait son Testament, que la Princesse sa fille avoit grand' envie de voir, parce que l'on luy avoit rapporté qu'il estoit fait à son desavantage en faveur d'une Dame que le bon homme avoit aimée. Elle n'osoit luy en parler; mais estant

Sa naissance.

1553. estant adverti de son desir, il luy promit qu'il le luy feroit voir & le luy mettroit entre les mains lors qu'elle luy auroit montré ce qu'elle portoit dans ses flancs: mais à condition que dans l'enfantement elle luy chanteroit une chanson, *afin*, luy dit-il, *que tu ne me fasses pas un enfant pleureux & rechigné*. La Princesse le luy promit, & eut tant de courage, que malgré les grandes douleurs qu'elle souffroit, elle luy tint parole, & en chanta une en son langage Bearnois: aussi tost qu'elle l'entendit entrer dans sa chambre. L'on remarqua que l'enfant contre l'ordre commun de la nature, vint au monde sans pleurer & sans crier. Aussi certes ne faloit-il pas qu'un Prince, qui devoit estre la joye de toute la France, nasquist parmi des cris & des gemissemens.

Sa mere chanta en le mettant au monde.
Il ne cria point en naissant.

Si-tost qu'il fut né, le grand-pere l'emporta dans le pan de sa robe en sa chambre, & donna son Testament, qui estoit dans une boëste d'or, à sa fille, en luy disant, *Ma fille voilà qui est à vous, & ceci est à moy*. Quand il tint l'enfant il luy frotta ses petites levres d'une gousse d'ail, & luy fit sucer une goutte de vin dans sa coupe d'or,

Si-tost qu'il fut né, son grand-pere l'emporta en sa chambre.
Il luy frota les levres

d'or, afin de luy rendre le temperament plus maſle & plus vigoureux.

Les Eſpagnols avoient dit autrefois par raillerie ſur la naiſſance de la mere de noſtre Henry, *Miracle, la Vache a fait une Brebis*, entendant par ce mot de Vache, la Reine Marguerite ſa mere, car ils l'appelloient ainſi, & ſon mary le Vacher, faiſant alluſion aux armes de Bearn, qui ſont deux Vaches. Et le Roy Henry qui ſe tenoit aſſeuré de la future grandeur de ſon petit fils, le prenant ſouvent entre ſes bras, le baiſant, & ſe ſouvenant de cette froide raillerie des Eſpagnols, diſoit de joye à tous ceux qui le venoient viſiter pour ſe conjoüir de cette heureuſe naiſſance, *Voyez maintenant, ma Brebis a enfanté un Lion*.

Il fut baptiſé l'année ſuivante le jour des Rois ſixiéme de Janvier mil cinq cens cinquante-quatre. Pour ce baptefme on fit expreſſément des fonts d'argent doré, ſur leſquels il fut baptiſé en la Chapelle du Château de Pau. Ses Parrains furent Henry Second Roy de France, & Henry d'Albret Roy de Navarre, qui luy donnerent leur nom: & la Marraine fut Madame Claude de France, qui fut depuis Ducheſſe de Lor-

1553.
d'une gouſſe d'ai, & luy fit ſuccer une goutte de vin.

Sorte raillerie des Eſpagnols ſur la naiſſance de la mere de noſtre Henry.

Repartie de ſon pere.

1554.
Bapteſme de Henry Quatrieme.

Ses Parrains & Marraine.

18 HISTOIRE

1554. Lorraine. Jacques de Foix pour lors Evesque de Lescar, & depuis Cardinal, le tint sur les fonts au nom du Roy Tres-Chrestien; & Madame d'Andouïns au nom de Madame Claude de France. Il fut baptisé par le Cardinal d'Armagnac Evesque de Rodez & Vice-Legat d'Avignon.

Il fut d'abord difficile à élever.

Il fut d'abord tres-difficile à élever, ayant eu sept ou huit nourrices, desquelles la derniere eut tout l'honneur. Au sortir de la mammelle le Roy son ayeul luy donna pour Gouvernante Susanne de Bourbon femme de Jean d'Albret, Baronne de Miossens, laquelle l'éleva dans le Chasteau de Coarasse en Bearn, situé dans les rochers & dans les montagnes.

Il eut pour Gouvernante Madame de Miossens.

Son grand-pere ne voulut pas qu'on le nourrist delicatement.

Le grand-pere ne voulut pas qu'on le nourrist avec la delicatesse qu'on nourrit d'ordinaire les gens de cette qualité, sçachant bien que dans un corps mol & tendre, il ne loge ordinairement qu'une ame molle & foible. Il defendit aussi qu'on l'habillast richement, ni qu'on luy donnast des babioles; qu'on le flatast, & qu'on le ,, traittast de Prince, parce que toutes ,, ces choses ne font que donner de la va- ,, nité, & élevent le cœur des enfans plûtost

tost dans l'orgueil que dans les senti- " 1555.
mens de la generosité. Mais il ordon- "
na qu'on l'habillast & qu'on le nour- *On
rist * comme les autres enfans du païs; dit que
& mesme qu'on l'accoustumast à cou- pour
rir & à monter sur les rochers, à cause l'ordi-
que par ce moyen on le faisoit à la fati- naire on
gue, & que pour ainsi dire, on donnoit le nour-
une trempe à ce jeune corps pour le rissoit
rendre plus dur & plus robuste; Ce " de pain
qui sans doute estoit necessaire à un " bis, de
Prince qui avoit à souffrir beaucoup " boeuf,
pour reconquerir son Estat. " de fro-
mage
Le Roy Henry d'Albret mourut à & d'ail;
Hagetmau en Bearn le vingt-cinquié- & que
me de May mil cinq cens cinquante- bien
cinq, âgé de cinquante-trois ans ou souvent
environ. Il ordonna par son testament on le
que son corps fust porté à Pampelonne faisoit
pour y estre enterré avec ses predeces- mar-
seurs, & qu'en attendant il fust mis en cher
depost dans l'Eglise Cathedrale de Le- nuds
scar en Bearn. Ce Prince estoit coura- pieds, &
geux, spirituel, doux & courtois à nuë tes-
tout le monde, & tellement liberal, te.
que Charles-Quint passant une fois
par la Navarre en fut si bien receu, 1555.
qu'il dit qu'il n'avoit jamais veu de Mort de
Prince plus magnifique. Henry
Aprés sa mort Jeanne sa fille & An- d'Al-
toine bret.

toine Duc de Vendofme fon gendre luy fuccederent. Il eftoient alors à la Cour de France, & eurent beaucoup de peine à obtenir leur congé pour s'en aller en Bearn, dautant que le Roy Henry Second pouffé par un mauvais confeil vouloit leur ofter la baffe Navarre, qui leur reftoit, difant que tout ce qui eftoit au deçà des Pyrenées, eftoit du Royaume de France. Ils fceurent adroitement y faire oppofer les Eftats du païs, & le Roy n'ofa les trop pouffer fur ce fujet, de peur que le defefpoir ne les forçaft d'appeller l'Efpagnol à leur fecours. Mais il en demeura toûjours fâché contre eux; & donnant à Antoine le Gouvernement de Guyenne, qui avoit auffi efté tenu par Henry d'Albret fon beaupere, il en retrancha le Languedoc, qui en avoit efté depuis long-temps.

Sa fille & fon gendre luy fuccedent, & fe retirent de la Cour. 1555.

1557. 1558. Environ deux ans aprés ils revinrent à la Cour de France, où ils amenerent leur fils âgé de cinq ans, qui eftoit le plus joli & le mieux fait du monde; mais ils n'y fejournerent que peu de mois, & s'en retournement en Bearn.

1559. Mort du Roy Henry Second. Peu aprés le Roy Henry Second fut tué d'un coup de lance par Montgommemery. François Second son fils aisné luy succeda, & Messieurs de Guise oncles de la Reine Marie Stuard sa femme, se saisirent du Gouvernement. Les princes du sang ne le pûrent souffrir; Louïs Prince de Condé frere puisné d'Antoine, appella ce Roy en Cour pour s'y opposer.

Dans ces divisions les Huguenots firent la conspiration d'Amboise contre le Gouvernement d'alors; laquelle estant découverte, & les deux freres, Antoine & Louïs, accusez d'en estre les Chefs, on les arresta prisonniers aux Estats d'Orleans; & on fit le procés au second avec tant de chaleur, qu'on croit qu'il eust eu la teste tranchée si la mort du Roy François Second ne fust arrivée.

Charles Neufiéme qui luy succeda, estant mineur, la Reine Catherine sa mere se fit declarer Regente par les Estats, & le Roy de Navarre premier Prince du Sang, fut declaré Lieutenant General du Royaume pour gouverner l'Estat avec elle: de sorte qu'il fut arresté par ce moyen en France, où il fit venir la Reine Jeanne sa femme, & le petit Prince Henry son fils. Mais il ne demeura pas long-temps dans cette nou-

François Second luy succede.

Divisions à la Cour, aprés la mort de Henry Second.

1560.

Mort de François Second.

Charles Neufiéme luy succede. La Reine Catherine est declarée Regente, & le Roy de Navarre Lieutenant General du

Royau- nouvelle dignité, car les troubles con-
mes. tinuans toûjours par les surprises que
faisoient les nouveaux Reformez,
des meilleures villes du Royaume, a-
prés qu'il eut repris Bourges sur eux,
1562. il vint assieger Rouën, où visitant un
jour les trenchées & faisant de l'eau, il
receut une mousquetade dans l'épau-
Il est tué le gauche, dont il mourut quelques
devant jours aprés à Andely sur Seine. S'il
Rouën. eust vescu long-temps, les Huguenots
1562. eussent sans doute esté mal menez en
France ; car il les haïssoit mortellement, quoique son frere le Prince de
Condé fust le principal Chef du Party.

La Reine sa femme, & le petit Prince son fils estoient pour lors à la Cour
La Reine de France. La mere s'en retourna en
sa fem- Bearn, où elle embrassa ouvertement
me s'en le Calvinisme ; Mais elle laissa son
retourne fils auprés du Roy, sous la conduite
en Bearn, d'un sage Precepteur nommé la Gau-
où elle cherie, lequel tascha de luy donner
embrasse quelque teinture des lettres, non par
ouverte- les regles de la Grammaire, mais par
ment le les discours & les entretiens. Pour cet
Calvi- effet il luy apprit par cœur plusieurs
nisme. belles sentences, comme celle cy :

Ou vaincre avec justice, ou mourir
avec gloire.

Et

Et cette autre :
> *Les Princes sur leur Peuple ont autorité grande,*
> *Mais Dieu plus fortement dessus les Rois commande.*

L'an mil cinq cens soixante-six la Reine sa mere le tira de la Cour de France, & l'emmena à Pau ; & en la place de la Gaucherie, qui estoit decedé, elle luy donna Florent Chrestien, ancien serviteur de la Maison de Vendosme, homme de tres-agreable conversation, & fort versé aux belles lettres, mais tout-à-fait Huguenot, & qui selon les ordres de cette Reine, éleva le Prince dans cette fausse doctrine.

Aux premiers troubles de la Religion François Duc de Guise avoit esté assassiné par Poltrot au siege d'Orleans, laissant ses enfans en minorité ; ce fut en l'année mil cinq cens soixante-trois. Aux seconds, le Connestable de Montmorency receut une blessure à la bataille de Saint Denis, dont il mourut à Paris trois jours aprés, la veille de la Saint Martin, en l'année mil cinq cens soixante-sept. Aux troisiémes en mil cinq cens soixante-neuf, la Reine Jeanne se rendit la Protectrice du Party Huguenot ; estant pour cet effet

1566.
Elle tire son fils de la Cour de France, & luy donne un Precepteur qui l'éleve dans la mauvaise doctrine.

1569.

Henry Prince de Navarre declaré Chef des Religionnaires. Louïs Prince de Condé son oncle est son Lieutenant avec l'Admiral de Coligny. Action fort judicieuse qu'il fait comme il est encore enfant.

* *Ce Duc d'Anjou fut depuis Henry III.*

Autre action fort judicieuse qu'il fait en la journée de Jarnac. Louïs Prince de Condé tué à Jarnac.

effet venuë à la Rochelle avec son fils, qu'elle dévoüa deslors à la defense de cette nouvelle Religion.

En cette qualité il fut declaré Chef du Party, & son oncle le Prince de Condé son Lieutenant avec l'Admiral de Coligny. C'estoient deux grands Chefs de guerre, mais ils commirent de notables fautes, & ce jeune Prince âgé seulement d'environ treize ans eut l'esprit de les remarquer. Car il jugea fort bien à la grande escarmouche de Loudun, que si le Duc d'Anjou * eust eu des troupes prestes pour les attaquer, il l'eust fait, & que ne le faisant point, il estoit en mauvais estat, & partant qu'il faloit l'attaquer au plûtost, mais on ne le fit pas, & ainsi on donna le temps à toutes ses troupes d'arriver.

A la journée de Jarnac il leur remonstra encore judicieusement qu'il n'y avoit pas moyen de combattre, parce que les forces des Princes estoient esparses ; & celles du Duc d'Anjou toutes jointes ; Mais ils s'estoient engagez trop avant pour pouvoir plus reculer. Le Prince de Condé fut tué dans

dans cette bataille, ou plûtost assassiné de sang froid aprés le combat, dans lequel il avoit eu la jambe rompuë.

Aprés cela toute l'autorité & la croyance du Party demeura à l'Amiral de Coligny; qui à dire vray estoit le plus grand homme de ce temps-là, à la Religion prés, mais le plus malheureux.

Aprés cette mort le commandement demeure à l'Amiral.

Cet Admiral ayant ramassé de nouvelles forces, hazarda une seconde bataille à Montcontour en Poictou. Il avoit fait venir à l'armée nostre petit Prince de Navarre, & le jeune Prince de Condé qui se nommoit aussi Henry, & les avoit donnez à garder au Prince Ludovic de Nassau, qui les tenoit un peu écartez sur une colline avec quatre mille chevaux.

Qui hazarde la bataille de Montcontour.

1569.

Le jeune Prince brûloit d'envie de joüer des mains: mais on ne luy permit pas, de peur de hazarder sa personne. C'estoit sans doute sagement fait de retenir son ardeur. Neantmoins quand l'avant-garde du Duc d'Anjou eut esté enfoncée par celle de l'Amiral, il n'y eust point eu de danger de le laisser fondre sur la bataille qui estoit fort estonnée. Toutefois on l'en empescha, & il s'écria alors: *Nous perdons des mar-*

Nostre jeune Prince mouroit d'envie de joüer des mains; mais on l'en empescha.

Donne des mar-

B

ques de son jugement.

dons nostre avantage, & la bataille par consequent. Cela arriva comme il l'avoit preveû; & on jugea dés l'heure, qu'un jeune homme de seize ans avoit plus de lumieres que les vieux routiers. ,, Aussi s'appliquoit-il tout entier à ,, ce qu'il faisoit; il n'y avoit pas seu- ,, lement le corps, mais aussi l'esprit ,, & le jugement.

S'estant sauvé avec les débris de son armée, il fit presque tout le tour du Royaume se battant en retraite, & recueillant des troupes Huguenotes çà & là durant cinq ou six mois: pendant lesquels il eut à souffrir tant de fatigues, que s'il n'eust esté nourri comme il l'avoit esté, il n'y eust jamais pû resister.

1570. Ce jeune Prince toûjours accompagné de l'Admiral mena ses troupes en Guienne, & de là en Languedoc, où il prit Nismes par stratageme, força quelques petites places, & brûla les environs de Toulouse; de sorte que les estincelles de cet incendie voloient jusques dans cette grande ville. La guerre estant aussi allumée dans le Vivarets, il se montra sur l'autre bord du Rhosne avec ses troupes, emporta par escalade les villes de Saint Julien & de Saint Just,

Continuë la guerre avec l'Admiral.

Juſt, & obligea Saint Eſtienne en Forez de capituler. De là il décendit ſur les rives de la Saone, & puis dans le milieu de la Bourgongne. Paris trembloit une ſeconde fois à l'approche d'une armée d'autant plus redoutable, qu'elle ſembloit s'eſtre renforcée par la perte de deux batailles, & qu'elle venoit de remporter quelque advantage ſur celle des Catholiques, que le Mareſchal de Coſſé commandoit.

Le Conſeil du Roy craignant de hazarder ainſi le tout pour une quatriéme fois, jugea plus à propos de plaſtrer encore une paix avec ce Party. Elle fut donc traittée, les deux armées eſtant proches l'une de l'autre, & concluë dans la petite ville d'Arnay-le-Duc l'onzieme d'Aouſt.

Paix d'Arnay-le-Duc. 1570.

Cette Paix faite chacun ſe retira chez ſoy, le Prince de Navarre alla en Bearn, le Roy Charles Neufiéme ſe maria avec Elizabeth fille de l'Empereur Maximilian Second, & il ſembloit que l'on ne penſaſt plus qu'à des réjouïſſances & à des feſtins. Cependant le Roy ayant reconnu qu'il ne viendroit jamais à bout des Huguenots par la force, reſolut d'y employer d'autres moyens plus faciles, mais auſſi

B 2 bien

1571.
On resout d'attraper les Huguenots & de les exterminer.

bien plus meschans. Il se mit à les caresser, à feindre qu'il les vouloit traitter favorablement, à leur accorder la pluspart des choses qu'ils demandoient, & à les endormir de l'esperance de faire la guerre au Roy d'Espagne dans les Païs-Bas, ce qu'ils souhaitoient passionnément; Et pour les mieux leurrer, il leur promit pour gage de sa foy sa sœur Marguerite, pour la marier à nostre Henry: De sorte que par ce moyen il attira les principaux Chefs de ce Party à Paris.

1572.

Mort de Jeanne d'Albret.

Sa mere Jeanne, qui y estoit venuë devant pour faire les preparatifs des nopces, mourut peu de jours après qu'elle y fut arrivée; Princesse qui avoit l'esprit & le courage au dessus de son sexe, & dont l'ame toute virile n'estoit point sujete aux foiblesses & aux defauts des autres femmes, mais à la verité ennemie passionnée de la Religion Catholique. Quelques Historiens disent qu'elle fut empoisonnée avec des gans parfumez, parce qu'on craignoit comme elle avoit beaucoup d'esprit, qu'elle ne découvrist le dessein qu'on avoit de massacrer tous les Huguenots; mais si je ne me trompe, c'est une fausseté, & il est plus vray-sem-

semblable, comme disent quelques autres, qu'elle mourut pulmonique, veu mesme que ceux qui estoient auprés d'elle & qui la servoient, l'ont ainsi témoigné.

Henry son fils qui venoit aprés elle, estant en Poictou y apprit les nouvelles de sa mort, & alors il prit la qualité de Roy, car jusques là il n'avoit porté que celle de Prince de Navarre. Comme il fut à Paris, les malheureuses nopces se celebrerent, les deux parties ayant esté epousées par le Cardinal de Bourbon sur un échaffaut, qui fut dressé pour cela devant l'Eglise Nostre-Dame.

Six jours aprés, qui fut le jour de la Saint Barthelemy, tous les Huguenots, qui estoient venus à la feste, furent égorgez, entre autres l'Admiral, vingt autres Seigneurs de marque, douze cens Gentilshommes, trois ou quatre mille soldats & bourgeois, puis par toutes les villes du Royaume, à l'exemple de Paris, prés de cent mille hommes. Action execrable, qui n'avoit jamais eu, & qui n'aura, s'il plaist à Dieu, jamais de pareille.

Quelle douleur à ce jeune Roy de voir

1572.

Son fils prend la qualité de Roy de Navarre.

Il épousa la sœur du Roy estant arrivé à Paris.

Massacre de la Saint Barthelemy.

Douleur &

1572.
frayeur de nostre jeune Roy.

voir au lieu de vin & de parfums répandre tant de sang à ses nopces, égorger ses meilleurs amis, & entendre leurs cris pitoyables, qui parvenoient jusques à ses oreilles dans le Louvre, où il estoit logé ! Avec cela quelles transes & quelles frayeurs n'avoit-il pas qu'on n'en vinst jusqu'à sa personne ? En effet, il fut mis en deliberation s'il les faloit égorger luy & le Prince de Condé, comme les autres, & tous les meurtriers conclurent à leur mort ; neantmoins comme par un miracle on resolut de les épargner.

Charles Neufiéme se les fit amener en sa presence, il leur montra un monceau de corps morts, & avec d'horribles menaces, sans vouloir écouter leurs raisons, il leur dit : *La mort, ou la Messe.* Ils choisirent plûtost le dernier que le premier : ils abjurerent le Calvinisme : mais parce qu'on sçavoit que ce n'estoit pas de bon cœur, on les faisoit observer si estroitement, qu'ils ne purent s'évader de la Cour pendant les deux ans que vescut Charles Neufiéme, ni mesme long-temps aprés sa mort.

Il est contraint de se faire Catholique.

Durant ce temps-là nostre Henry dissimuloit adroitement ses déplaisirs, quoy-

quoyqu'ils fussent grands, & mettoit au devant des chagrins qui luy troubloient l'esprit, une perpetuelle serenité de visage, & une humeur toûjours enjoüée. Ce fut là sans doute le plus difficile passage de sa vie. Il avoit affaire à un Roy furieux; à ses deux freres, sçavoir au Duc d'Anjou Prince dissimulé, & qui avoit trempé dans les massacres, & au Duc d'Alençon qui estoit double & malicieux; à la Reine Catherine qui le haïssoit mortellement, parce que ses Devins luy avoient predit qu'il regneroit; enfin à la Maison de Guise, dont la puissance & le credit estoient presque sans bornes. *Il y avoit bien des perils & des écueils pour luy à la Cour.*

Il luy faloit sans doute une merveilleuse prudence pour se conduire avec tous ces gens-là; pour ne donner point de jalousie, & donner pourtant grande estime de soy; accorder la soûmission & la gravité, & conserver sa dignité & sa vie. Cependant il se démesloit de toutes ces difficultez & de tous ces écueils avec une adresse sans pareille. *Sa sage & prudente conduite.*

Il contracta une grande familiarité avec le Duc de Guise, qui estoit à peu prés de son âge; & ils faisoient leurs par- *Il fait amitié avec le Duc de Guise.*

1572. parties secretes ensemble. Il ne s'accordoit pas si bien avec le Duc d'Alençon, qui avoit un esprit capricieux, & aussi ne se soucioit-il pas d'estre mal avec luy, parce que le Roy & la Reine mere n'avoient nulle affection pour ce Duc. Toutefois il ne voulut pas croire le mauvais conseil des Emissaires de cette Reine, qui tâchoient de l'engager à se battre en duel contre luy: d'autant qu'outre qu'il consideroit que c'estoit le frere de son Roy, à qui il devoit respect, il connoissoit bien que c'eust esté sa perte, & qu'elle n'eust pas manqué de prendre un si beau pretexte pour l'accabler.

Il évita de se battre avec le Duc d'Alençon.

Il évitoit ainsi les pieges qu'elle luy tendoit, mais non pas tous: Car il se laissa prendre aux appas de certaines Damoiselles de la Cour, dont on dit que cette Reine se servoit exprés pour amuser les Princes & les Seigneurs, & pour découvrir toutes leurs pensées.

Mais il se laisse prendre aux appas des Dames.

Depuis ce temps-là, comme les vices qui se contractent à l'entrée de la jeunesse, accompagnent ordinairement les hommes jusqu'au tombeau: la passion des femmes fut le foible & le penchant de nostre Henry, & peut-estre

Ce fut là son foible.

estre la cause de son dernier malheur. Car Dieu punit tost ou tard ceux qui s'abandonnent aveuglément à cette passion criminelle.

Hors ce defaut il n'en contracta point d'autres dans cette Cour, & l'on doit attribuer à une grace toute particuliere de Dieu, qu'il ne s'y gasta pas entierement: Car il n'y en eut jamais de plus vicieuse & de plus corrompuë. L'impieté, l'Atheïsme, la Magie, mesme les plus horribles saletez, la noire lascheté, & la perfidie, l'empoisonnement & l'assassinat y regnoient au souverain degré. Toutes ces abominations bien loin de l'infecter le fortifierent dans l'horreur naturelle qu'il en avoit, & pour estre parmi les meschans, il n'eut jamais la pensée de devenir leur compagnon, mais bien d'estre leur ennemi.

Ensuite de la Saint Barthelemy on voulut achever d'exterminer les Huguenots. Pour cet effet le Duc d'Anjou alla assieger la Rochelle, & l'y mena: mais si bien observé, qu'il ne pouvoit se destourner ni à droit ni à gauche. On peut juger quel crevecœur c'estoit pour luy, qu'on le fist servir d'instrument à la perte de ce qui luy restoit

1572. Il ne tombe point dans les autres vices de cette Cour, qui estoient horribles.

1573. Le Duc d'Anjou assiege la Rochelle, & l'y mene.

restoit de serviteurs & d'amis qui s'estoient refugiez dans cette ville-là. Aprés un long siege elle fut delivrée par l'arrivée des Ambassadeurs de Pologne, qui venoient querir le Duc d'Anjou, que les Estats du païs avoient éleu leur Roy.

Le siege est levé par l'élection de ce Duc au Royaume de Pologne.

Le siege levé, Henry retourna à Paris, ou plûtost y fut reconduit; & le Duc d'Anjou partit de France avec grand regret, pour aller prendre possession de son nouveau Royaume.

1574. Charles IX tombe mortellement malade au Bois de Vincennes.

A quelques mois de là, Charles IX tomba mortellement malade, rendant le sang par tous les conduits de son corps, si bien que l'on crut qu'il estoit empoisonné. Quoyqu'il en soit, on peut dire (s'il est permis de juger des Rois, qui ne doivent estre jugez que de Dieu) que ce fut une punition Divine pour ses blasphemes.

Sa maladie est cause d'une Ligue qui se fait à la Cour; nostre Henry en est.

Son extréme maladie donna naissance à une ligue que firent le Duc d'Alençon, les Mareschaux de Montmorency & de Cossé, & quelques Catholiques avec le Party Huguenot, pour oster le Gouvernement à la Reine mere, chasser les Guises de la Cour, où ils estoient fort puissans. Nostre Henry y entra, non par aucune liaison qu'il vou-

voulust avoir avec ces gens-là, mais seulement pour avoir moyen de se retirer avec seureté dans son païs.

La Reine mere ayant découvert ces pratiques, le fit arrester luy & le Duc d'Alençon, & leur donna des Gardes. Le Prince de Condé se sauva heureusement en Allemagne. Elle fit aussi arrester les deux Mareschaux de Montmorency & de Cossé. Et pour faire voir qu'elle ne traittoit point des Princes de cette sorte sans grand sujet, elle voulut qu'ils fussent interrogez sur plusieurs cas tres-atroces, mais qui tous estoient faux. On fit seulement mourir la Mole, Coconas, & Tourtray, trois Gentilshommes de marque, qui s'estoient meslez de leurs intrigues. Il estoit peut-estre necessaire de faire cette execution, pour calmer l'esprit de la Noblesse & du Peuple, qui commençoient à murmurer de ce qu'on traittoit ainsi un fils de France, & un premier Prince du Sang.

En cette affaire le Chancelier voulut interroger le Roy de Navarre; mais quoyque captif & menacé, il ne voulut pas faire ce tort à sa dignité que de répondre. Toutefois pour contenter la Reine mere, il fit un long dis-

1574.

La Reine mere l'ayant decouverte, le fait arrester, le Duc d'Alençon, &c.

Elle fait mourir la Mole, Coconas, & Tourtray.

Le Chancelier veut interroger le Roy de Navarre.

1574. cours luy adreſſant la parole: par lequel il déduiſoit beaucoup de choſes touchant l'eſtat preſent des affaires; mais il ne chargea jamais perſonne, comme avoit fait aſſez laſchement le Duc d'Alençon.

Charles IX ſe fie en luy, & l'envoye querir eſtant proche de la mort. Le Roy Charles IX eſtant proche de la mort, comme il haïſſoit & ſes deux freres & ſa mere, peut-eſtre avec quelque raiſon, envoya querir noſtre Henry, auquel ſeul il avoit reconnu de l'honneur & de la foy, & luy recommanda tres-affectueuſement ſa femme & ſa fille.

La Reine Catherine, qui en eſt allarmée, luy veut faire peur. Catherine de Medicis ayant ſceu qu'il l'envoyoit querir, eut peur qu'il ne luy laiſſaſt la Regence, & pour cet effet luy voulut jetter de la frayeur dans l'ame, afin qu'il n'oſaſt pas l'accepter. Comme il alloit donc trouver le Roy (c'eſtoit au Bois de Vincennes) elle donna ordre qu'on le fiſt paſſer pardeſſous les voûtes entre des Gardes, qui eſtoient en haye & en poſture de le maſſacrer. Il treſſaillit de peur, & recula deux ou trois pas en arriere; toutefois Nançay-la-Chaſtre Capitaine des Gardes du corps le raſſeura, luy jurant qu'il n'auroit point de mal. Il falut donc, quoyqu'il ne ſe fiaſt pas trop

trop à ses paroles, qu'il passast au travers des carabines & des halebardes.

1574.

Aprés la mort de Charles IX Catherine de Medicis, moitié par force, moitié par adresse, se saisit de la Regence en attendant le retour de son cher fils le Duc d'Anjou, que l'on nomma Henry III.

Charles IX estant mort elle se saisit de la Regence.

Quand il fut de retour de Pologne, elle mena les deux Princes au devant de luy pour en faire ce qu'il luy plairoit. Aprés quelques menaces & reprimendes il les mit en liberté.

Les deux Princes sont mis en liberté.

Ces deux Princes faisant reflexion sur les dangers continuels, où ils avoient esté deux ans durant, resolurent de se delivrer de ces frayeurs à la premiere occasion. Le Prince de Condé qui estoit en Allemagne, y avoit fait des levées pour le Party Huguenot, qui dés la fin du Regne de Charles IX avoit repris les armes; & Damville second fils du feu Connestable, & frere du Mareschal de Montmorency, qui estoit prisonnier à la Bastille, s'estoit joint avec ce Party, ne prenant pas la Religion pour pretexte, parce qu'il estoit Catholique, mais bien la liberté publique, & la reformation de l'Estat. On nomma cette

Le Prince de Condé estoit en Allemagne.

B 7 sorte

1574. sorte de Catholiques, qui se liguoient avec les Huguenots, *les Politiques*.

Le Roy de Navarre ne peut s'evader comme il desiroit.

Nostre Henry ne put pas s'évader de la Cour si tost qu'il le desiroit; il estoit soigneusement veillé, & ses propres domestiques estoient autant d'espions auprés de luy. D'ailleurs il apprehendoit que s'il estoit surpris se voulant sauver, on ne le fist assassiner. Or tandis qu'il cherchoit les occasions de le pouvoir faire avec seureté, il alla s'engager dans de nouveaux lacs, devenant passionné de la Dame de Sauves, femme d'un Secretaire d'Estat, qui estoit alors la plus belle de la Cour.

Il se prend aux appas d'une Dame.

La Reine mere allume toutes les factions & guerres civiles.

Cependant la Reine mere, qui l'avoit retenu à la Cour avec tant de soins, eust esté bien aise qu'il s'en fust allé; Car le Roy son cher fils commençoit à prendre quelque connoissance de ses affaires, ce qui ne luy plaisoit point, pource qu'elle vouloit tout gouverner. Comme elle apprehendoit donc que prenant l'autorité en main, il ne diminuast la sienne, elle croyoit qu'il le faloit embarrasser par des factions & des guerres civiles, dont elle seule par maniere de dire eust la clef, en sorte qu'il ne peust du tout se pas-

passer d'elle. Voilà pourquoy tant qu'elle vescut, elle ne fit que susciter sous main des brouïlleries, & d'animer les Partis differens, & à la Cour, & au dehors, jusques à ce qu'enfin, aprés avoir causé la desolation de l'Estat, & la subversion de toutes les Loix, & de tous les ordres, elle perit elle-mesme dans l'embrasement qu'elle avoit tenu si long-temps allumé.

Sur ces entrefaites comme le Roy alloit à Reims se faire sacrer, on découvrit une conspiration que le Duc d'Alençon faisoit sur sa personne à l'instigation des amis du defunt Admiral, & de la Mole qui avoit esté son favory. Quelques-uns crurent que c'estoit une piece apostée par la Reine mere, afin d'estonner & d'affoiblir l'esprit du Roy son fils ; Et le sujet qu'on eut de le croire, c'est qu'elle obligea le Roy de pardonner ce crime bien legerement, sans qu'aucun des complices ni des instigateurs en fust chastié. Quoyqu'il en soit, Henry III témoigna en cette occasion une particuliere confiance en nostre Roy de Navarre, lequel assisté de ses amis, luy servit de Capitaine des Gardes par les chemins, & n'abandonna point la portiere

1575. Conspiration contre Henry III, qui se confia à nostre Henry.

tiere de son carosse ; en cela d'autant plus genereux, qu'il n'avoit point d'autre sujet de l'aimer que l'obligation de son devoir, estant son parent & son vassal.

Henry III est sacré, & épouse Louïse de Lorraine.

Henry III estant arrivé à Reims, fut sacré le quinziéme du mois de Fevrier par le Cardinal de Guise, & le lendemain épousa Louïse de Lorraine fille du Comte de Vaudemont ; ce qui adjousta encore un grand éclat à la Maison de Guise, dont estoit Chef le Duc Henry, qui estoit alors en faveur, & fut depuis tué à Blois. Ce Prince, l'un des plus braves en toutes manieres qui ait jamais esté, se promettoit de gouverner le Roy par la Reine Louïse sa parente. Il avoit con-

Familiarité de nostre Henry & du Duc de Guise.

tracté une tres-estroite familiarité avec le Roy de Navarre, lequel il appelloit son Maistre, comme ce Roy l'appelloit son Compere.

La Reine Marguerite, qui, à dire la verité, ne pouvoit vivre ni sans intrigues ni sans galanteries, contribuoit de tout son pouvoir à l'entretien de cette bonne intelligence, & essayoit d'y faire entrer Monsieur (c'est celuy que nous nommions Duc d'Alençon) qu'elle aimoit tres-passionnément.

Or

Or comme l'union des Princes est la ruine des Favoris & de ceux qui gouvernent, la Reine mere rompit adroitement ce coup, donnant au Roy de la jalousie contre sa femme, irritant Monsieur contre le Duc de Guise par le ressouvenir du massacre de l'Admiral, & brouïllant sans cesse le Roy de Navarre avec Monsieur par l'intrigue de quelques femmes; mais particulierement de la Sauves, qui joüant tel personnage que Catherine luy ordonnoit, recevoit les soins & les services de Monsieur, afin de les mettre mal ensemble.

1575. La Reine mere rompt cette union.

La Reine mere entretenoit aussi une haine irreconciliable entre le Roy & Monsieur; sur quoy il arriva une chose, qui marque autant la grandeur de courage & la generosité de nostre Henry, qu'aucune action qu'il ait faite en sa vie.

Henry III malade à l'extrémité.

Le Roy estant tombé malade & en grand danger de mort, d'un mal d'oreille, crut avoir esté empoisonné, comme l'avoit esté François II,* & en accusoit Monsieur. Dans cette croyance il envoye querir le Roy de Navarre, & luy commande de se défaire de Monsieur, dés aussi-tost qu'il seroit

* François II mourut d'une apostume à l'oreille, qu'on disoit provenir de poison.

roit mort, s'efforçant de tout son possible de luy persuader que ce méchant le feroit perir luy & tous les siens s'il ne le prevenoit. Les favoris du Roy, qui avoient la mesme opinion que leur Maistre, voyant passer Monsieur, le sacrifioient déja à leur vengeance par des regards meurtriers.

Belle & genereuse action de nostre Henry.

Nostre Henry tascha d'adoucir la fureur du Roy, & luy remonstra les horribles consequences de ce commandement. Mais le Roy ne se payoit pas de raisons; au contraire il s'emporta de telle sorte qu'il vouloit qu'il l'executast tout sur le champ, de peur qu'il n'y manquast quand il seroit mort.

Si les deux freres, sçavoir le Roy & Monsieur, eussent esté hors du monde, la Couronne luy appartenoit. Or l'un dans toutes les apparences alloit mourir, & il pouvoit faire mourir l'autre, ayant les Favoris, les Officiers du Roy, les Guises & leurs amis & presque tous les Seigneurs à sa devotion. Car Monsieur estoit un Prince de mauvaise mine, de cœur assez bas, & neantmoins malin & cruel, & pour toutes ces belles qualitez, haï presque de tout le monde, & souste-

nu

nu seulement du brave Bussi d'Amboise. Combien peu de Princes eussent manqué une si belle occasion! le diray-je hardiment? Combien y en at-il, qui la rechercheroient? Et toutefois nostre Heros (c'est dans une telle action qu'il le faut nommer ainsi) eut horreur de la furieuse vengeance de Henry III, bien loin de s'en prevaloir. Est-il une plus belle ambition " que de la sçavoir moderer quand elle " n'est pas juste, & de vouloir conser- " ver sa conscience & son honneur plû- " tost que d'acquerir une Couronne par " de lasches voyes? Les Diadêmes ac- " quis par de si méchans moyens ne " sont pas des marques de gloire sur " le front de ceux qui les portent, ce " sont plûtost des frontaux d'infamie " tels qu'on en met aux pendars & aux " voleurs. "

Le Ciel approuvant sans doute les genereux sentimens de nostre Henry, luy destina le Sceptre des Fleurs de Lis, parce qu'il n'avoit pas d'impatience de l'avoir avant son rang; au contraire ces freres de la Maison de Valois, qui s'efforçoient de se le ravir les uns aux autres, moururent tous malheureusement, & eurent pour successeur celuy qui avoit refusé de l'estre par un crime.

1576. Henry III estant gueri, reconnut bien qu'il avoit eu tort d'accuser son frere de l'avoir empoisonné : mais pour cela il ne l'aima pas davantage. Il souffroit chaque jour que ses Favoris luy fissent mille algarades, & le joüassent dans toutes les assemblées. Il voulut mesme faire assassiner de nuict aux portes du Louvre Bussy d'Amboise, qui estoit son Favori & son unique support ; Et on crut qu'il y avoit ordre, si le Duc d'Alençon fust allé à son secours (parce qu'il y avoit des gens apostez pour luy venir crier, on assassine Bussy) de le tuer luy-mesme. Tellement que prenant enfin le frein aux dents, il s'évada de la Cour, se mit aux champs, recueillit les mal-contens, fit une armée, & joignit celle des Huguenots commandée par le Prince de Condé, & par Casimir frere puisné du Comte Palatin ; lequel dans ces guerres civiles de la Religion, amena deux ou trois fois de grandes levées de Reistres en France.

Monsieur sort de la Cour, & se joint aux Huguenots.

Nostre Henry ne le put Nostre Henry fut puissamment sollicité de le suivre, & Monsieur disoit qu'il qu'il luy avoit promis de le faire ; mais on avoit écarté d'auprés de luy tous ceux qui eussent pû favoriser son évasion, & substitué en leurs places des gens à gages. Avec cela on luy promettoit la Lieutenance generale de l'armée du Roy, ce qui estoit un puissant leurre pour le retenir ; l'amour de la belle Sauves en estoit encore un plus fort. Toutefois les élancemens naturels de son courage, & la crainte qu'il eut que Monsieur & le Prince de Condé ne se saisissent du premier rang dans le Party Huguenot, qui avoit esté son berceau & qui devoit estre son fort, les remonstrances de quelques-uns de ses serviteurs, & les inventions de la Reine Catherine, qui tout exprés irritoit le Roy contre luy, afin de l'obliger à s'échapper, luy en firent prendre la resolution.

suivre si tost, mais enfin il se sauve à Alençon. 1576.

Il se sauva donc feignant d'aller à la chasse vers Senlis, & se retira à Alençon : où toutefois il ne remua rien, parce qu'on fit bien tost la Paix avec eux tous. On accorda à Monsieur un grand appanage, de l'argent & des places ; aux Huguenots plusieurs conditions tres-avantageuses, & au

La Paix se fait avec Monsieur, & les Huguenots.

1576. au Prince de Condé le Gouvernement de Picardie & la ville de Peronne pour sa retraitte ; mais à nostre Henry rien autre chose que des esperances, desquelles enfin estant desabusé, il franchit le pas, rentra dans le Party Huguenot, le seul appuy qu'il pust avoir, & quittant l'Eglise Carholique professa de nouveau sa premiere Religion. Il est à croire qu'il le fit, parce qu'il estoit persuadé qu'elle estoit la meilleure ; ainsi sa faute seroit digne d'excuse, & l'on ne pourroit luy reprocher que de n'avoir pas eu les veritables lumieres. Cependant il ne faut pas oublier à remarquer sur cela, que le plus grand reproche que luy ayent jamais fait ses ennemis, je veux dire les Ligueux, c'est d'avoir esté relaps, & que ce fut aussi le plus grand obstacle qu'il trouva à Rome, quand s'estant converty, il demanda l'absolution au Pape.

Nostre Henry se fait Huguenot pour la seconde fois.

Il est receu à la Rochelle, puis va en Guyenne.

Les Rochelois le receurent dans leur ville, mais non sans beaucoup de precautions, & seulement aprés qu'il eut chassé d'auprés de luy quelques gens qui n'estoient ni Catholiques, ni Huguenots, mais athées & horriblement scelerats. On tient qu'ils l'avoient suivi

mal-

malgré luy: que veritablement il s'en estoit servi dans quelques intrigues, mais qu'il les avoit en horreur, & que ce fut luy-mesme, qui par des ressorts secrets obligea les Rochelois à luy en demander l'expulsion.

Aprés qu'il eut sejourné quelques mois à la Rochelle, il alla prendre possession de son Gouvernement de Guyenne, où il eut le déplaisir de se voir fermer les portes de la ville de Bourdeaux, sous pretexte que les Habitans avoient peur qu'il ne s'en rendist le maistre, & n'en bannist la Religion Catholique; Injure tres-sensible à un jeune Prince plein de courage, mais qu'il sceut tres-sagement dissimuler pour lors, parce qu'il n'estoit pas en pouvoir de s'en venger, & qu'il oublia genereusement quand il en eut les moyens.

On luy refusé les portes de Bourdeaux.

En ce temps, la Ligue prit naissance; Cette puissante faction, qui a tourmenté la France vingt ans durant, qui a pensé y introduire la domination Espagnole, & qui vouloit renverser l'ordre de la succession de la Maison Royale, sous le plus beau pretexte du monde, qui est le maintien de la Religion de nos Ancestres.

Naissance de la Ligue.

Au-

1576. Autrefois sous le Regne de Charles IX. il s'estoit fait diverses Ligues & Associations en Guyenne & en Languedoc pour defendre l'Eglise contre les Huguenots. Je laisse à penser si ceux qui s'en rendoient les Chefs avoient beaucoup de zele, ou beaucoup d'ambition ; mais elles n'avoient pas esté poussées bien avant, ni soigneusement entretenuës, en sorte qu'elles s'estoient esteintes. Les Grands du Royaume avoient pourtant bien pû remarquer que si quelque jour il se faisoit de pareilles associations, ce seroit un beau moyen pour élever bien haut celuy qui s'en pourroit rendre le Chef.

Ces Ligues sont un beau moyen pour les ambitieux de s'élever. Le Duc de Guise se fait Chef de la Ligue.

Henry Duc de Guise, qui avoit un cœur de Roy, eut vray-semblablement cette pensée, ou, s'il ne l'eut pas d'abord, les Favoris de Henry III, en le persecutant le forcerent de l'avoir, & de s'appuyer de ce Party pour se defendre contre eux. Il y avoit dans sa Maison huit ou dix Princes, tous braves au dernier poinct. Les principaux estoient le Duc de Mayenne & le Cardinal de Guise ses freres, le Duc d'Aumale & le Marquis d'Elbeuf ses cousins.

Or l'évasion de Monsieur, dont nous avons parlé, vers les Huguenots,
&

& la Paix avantageuse que l'on leur accorda ensuite, fit éclorre la Ligue, qui fut tres-petite en son commencement. Ceux, qui pour se rendre puissans desiroient qu'il y eust une nouvelle faction dans l'Estat, prirent ce sujet de faire representer par leurs Emissaires le grand danger que couroit la Religion Catholique, & de remonstrer la puissance excessive de ses Ennemis, qui avoient de leur costé les deux premiers Princes du Sang, & Monsieur, qui estoit leur ami. Que seroit-ce, disoient-ils, s'il venoit à la Couronne avec de si mauvaises intentions? Qu'il faloit donc y adviser de bonne heure, & se fortifier contre le peril qui menaçoit la Sainte Eglise. On souffloit d'abord ces considerations & autres semblables dans les oreilles, puis quand on y eut disposé les esprits, on les publioit tout haut.

1576.

La guerre de Monsieur, & sa jonction avec les Huguenots furent la cause de la Ligue.

Là dessus les Bourgeois de Peronne, ville libre, & qui n'avoit point accoustumé d'avoir de Gouverneur puissant, refusent de recevoir le Prince de Condé, parce qu'il estoit Huguenot. Il en fait ses plaintes au Roy, & demande l'execution du Traitté de Paix. Les Picards se roidissent contre luy, & font

Peronne & autres villes de Picardie la commencent, & pourquoy.

C les

1576. les premiers une Ligue ou Union pour la defense, ce disoient-ils, de la Foy Catholique, Apostolique & Romaine. Le Prince de Condé ne put jamais en avoir raison, & fut contraint de se retirer en Guyenne.

Jacques Seigneur d'Humieres se fit Chef de cette Ligue en Picardie; & Aplincourt jeune Gentil-homme prit le serment des Habitans de Peronne: à l'exemple desquels, les villes d'Amiens, de Corbie, de Saint-Quentin, & plusieurs autres la jurerent. Louïs de la Trimouïlle en dressa aussi une en Poictou. La Reine mere favorisoit secretement ce dessein, afin d'entretenir son autorité dans les discordes & les brouïlleries. On apporta le premier modele & les articles de cette Ligue à Paris, & il y eut quelques zelez, qui allerent les monstrer par les maisons, taschant d'y engager les plus échauffez: mais Christophle de Thou Premier President, empescha pour lors le progrés de cette conspiration.

Christophle de Thou empesche qu'elle ne s'enracine si tost à Paris.

Ceux qui en avoient dressé le plan, avoient deliberé entre eux, qu'afin de luy donner moyen de s'agrandir, & pour tenir toûjours les esprits des peuples en chaleur, il faloit continuer la guerre

guerre aux Huguenots. Pour cet effet, 1576. ils susciterent diverses personnes, qui leur surprirent des places, & firent diverses insultes à nostre Henry, & au Prince de Condé. Bien plus, ils susciterent tant de factions & tant de plaintes de tous costez, de gens qui demandoient la tenuë des Estats, que le Roy fut obligé de l'accorder. Ils s'assemblerent donc à Blois, & commencerent au mois de Decembre de l'année mil cinq cens soixante & seize. Les Huguenots mesme n'estoient point faschez de cette convocation, parce qu'ils s'imaginoient que le Tiers Estat, qui ordinairement y est le plus fort, & qui a le plus de sujet d'apprehender la guerre, y feroit confirmer la Paix. Mais la Cabale de ceux qui vouloient la guerre fut si forte, que l'on y resolut de la leur faire puissamment.

Ceux qui veulent la Ligue, obligent le Roy de tenir les Estats. Ils s'assemblent à Blois.

On y resout la guerre contre les Huguenots.

On jugea neantmoins à propos de deputer auparavant quelques personnes de l'Assemblée vers nostre Henry, & vers le Prince de Condé pour les exhorter à revenir au sein de l'Eglise Catholique. Cela n'ayant point eu d'effet, le Roy fut obligé de se declarer Chef de la Ligue, & par ainsi de Souverain de-

Henry III se declare Chef de la Ligue.

devint Chef de faction, & ennemi d'une partie de ses Sujets.

1577. Il met trois ou quatre armées sur pied contre les Huguenots. La Reine mere l'oblige de leur accorder la Paix.

Il leva trois ou quatre armées, qui firent la guerre aux Huguenots, en Dauphiné, en Languedoc, en Guyenne, & en Poitou, & les reduisirent bien au bas. C'estoit fait d'eux, si on eust vivement poursuivi leur ruine, dans l'estonnement où on les avoit mis; Mais la Reine Mere qui ne vouloit la guerre que pour avoir des affaires, & non pas pour en sortir, persuada au Roy son fils par de certaines raisons estudiées de leur accorder la Paix.

1578. Elle fait le voyage de Guyenne, & y mene sa fille Marguerite.

Le traitté en estant conclu, la Reine mere fit un voyage en Guyenne. Elle feignoit que c'estoit pour le faire ponctuellement executer, & pour mener sa fille Marguerite au Roy de Navarre son mari; Mais en effet c'estoit pour jetter des semences de discorde parmy les Huguenots, afin d'estre Maistresse dans ce Party là, comme elle l'estoit dans celuy des Catholiques. Henry tenoit lors sa petite Cour à Nerac. Auparavant il l'avoit tenuë à Agen, où il estoit fort aimé du peuple, à cause de sa bonté & de sa justice. Mais il arriva qu'en un bal quelques jeunes gens de sa suite soufflerent les chan-

chandelles pour faire des insolences. 1578.
Ce qui scandalisa tellement les Habitans, qu'ils livrerent leur ville au Mareschal de Biron, que le Roy avoit envoyé pour Gouverneur dans la Province de Guyenne.

Le Roy de Navarre perd Agen, & la Reole par deux fautes de jeunesse.

Peu de temps aprés, Henry perdit aussi la Reole par une autre folie de jeunes gens. Il en avoit donné le Gouvernement à un vieux Capitaine Huguenot nommé Ussac, qui avoit le visage horriblement difforme. Sa laideur ne l'empescha pas pourtant de devenir passionné d'une des filles de la Reine mere; Car elle en avoit mené grand nombre des plus coquettes, pour mettre le feu par tout. Le Vicomte de Turenne, depuis Duc de Bouillon, âgé pour lors de vingt & un, ou vingt-deux ans, s'en voulut railler avec quelques autres de son âge. Nostre Henry au lieu de leur imposer silence, comme il devoit, se mit de la partie, & comme il avoit beaucoup d'esprit, leur aida à lancer quelques traits de moquerie contre ce vieillard amoureux. Il n'y a point de passion qui rende un cœur si sensible que celle-là. Ussac ne put souffrir la raillerie, mesme de son Maistre, & au prejudice de son hon-

1578. honneur & de sa Religion, il partit de la main & livra la Reole à Duras. Ce Seigneur ayant esté en faveur auprés de nostre Henry, l'avoit quitté par dépit de ce qu'il luy témoignoit moins d'affection qu'à Roquelaure, qui estoit sans doute l'un des plus honnestes hommes & des plus agreables de son temps.

Ces deux pertes, d'Agen, & de la Reole, luy donnerent & doivent donner à tout Prince deux instructions très-necessaires.

Deux belles reflexions.

„ La premiere, que c'est à un Prince
„ à regler ses Courtisans, dautant
„ qu'on luy impute tous leurs desor-
„ dres, & qu'on presume quand ils en
„ font, que c'est luy mesme qui les
„ commet, parce qu'il est obligé de
„ les empescher.
„ La seconde, qu'il doit sur toutes
„ choses s'abstenir de la raillerie. Car
„ il n'y a point de vice qui fasse tant
„ d'ennemis, ni qui soient plus dan-
„ gereux, parce qu'ils demeurent cou-
„ verts. Tel mot qui sortant de la
„ bouche d'un particulier ne seroit
„ qu'une legere piqueure, est un coup
„ de poignard sortant de celle d'un
„ Prince, & laisse dans le cœur des
ressen-

ressentimens mortels. Et il ne faut " 1578.
point flatter les Grands de cette per- "
suasion, que leurs sujets & leurs in- "
ferieurs doivent tout souffrir d'eux; "
parce que là où il s'agit de l'hon- "
neur, plus la personne qui le blesse "
est superieure, plus la playe en est "
grande ; de mesme que l'impression "
d'un corps est plus forte, plus il a de "
poids & qu'il tombe de plus haut. "

La Reine mere avoit mené, com- *La Rei-*
me nous avons dit, la Reine Margue- *ne Mar-*
rite à son mari : l'un & l'autre des deux *guerite*
n'aimoit
époux n'en estoient point trop con- *pas be-*
tens. Marguerite, qui aimoit le grand *aucoup*
éclat de la Cour de France, où elle *son ma-*
ri, ni luy
nageoit, s'il faut ainsi dire, en pleine *elle.*
intrigue, croyoit qu'estre en Guyen-
ne, c'estoit un bannissement pour elle;
Et Henry connoissant son humeur &
sa conduite, l'eust mieux aimée loin
que prés. Toutefois comme il vid
que c'estoit un mal sans remede, il
se resolut de la souffrir, & luy laissa
une entiere liberté. Il la consideroit
plûtost comme sœur du Roy, que
comme sa femme. Aussi pretendoit-il
qu'il y avoit eu des nullitez en son
mariage, mais il attendoit à les faire
voir en temps & lieu. Cependant s'ac-
com-

1578.
Mais il tiroit avantage de ses intrigues.

commodant à la saison, & au besoin de ses affaires, il taschoit de tirer des avantages de ses intrigues & de son credit. Il n'en receut pas un petit dans la conference, que luy & les Deputez des Huguenots eurent à Nerac avec la Reine mere. Car tandis qu'elle pensoit les enchanter par les charmes des belles filles, qu'elle avoit exprés menées avec elle, & par l'eloquence de Pibrac, Marguerite luy opposa les mesmes artifices, gagna les Gentils-hommes qui estoient auprés de sa mere, par les attraits de ses filles, & elle-mesme employa si adroitement les siens, qu'elle enchaisna l'esprit & les volontés du pauvre Pibrac; de sorte qu'il n'agissoit que par son mouvement, & tout au rebours des intentions de la Reine mere; Laquelle ne se défiant pas qu'un homme si sage pust estre capable d'une telle folie, y fut trompée en plusieurs articles: & portée insensiblement à accorder beaucoup plus aux Huguenots qu'elle n'avoit resolu.

La Reine mere, Monsieur, & les Guises s'ennuïent de la Paix.

A peine huit mois s'estoient écoulez depuis la Paix, que la Reine mere, Monsieur & les Guises commencerent de s'en ennuyer. La Reine mere, parce qu'elle ne vouloit pas que le Roy

Roy fust long-temps sans avoir besoin de ses negotiations, & de son entremise: Monsieur, pource qu'en rallumant la guerre, il pensoit se rendre redoutable au Roy, & se faire donner des forces pour aller la porter dans les Païs-bas, qui estant revoltez contre l'Espagnol, le demandoient pour leur Souverain: Les Guises enfin, parce qu'ils avoient peur que l'ardeur de la Ligue ne se refroidist durant un trop long calme.

Dans ces veuës, ils pressoient le Roy de redemander les places de seureté, qu'on avoit données aux Huguenots; Et sous main, Monsieur & la Reine mere faisoient dire à nostre Henry qu'il ne les rendist pas, qu'il tinst bon, que sa cause estoit juste, & que son salut consistoit dans les armes. Marguerite, qui sçavoit son foible, & qui vouloit aussi la guerre, l'y excitoit par les persuasions des Damoiselles, qu'elle chisoit à ce dessein, & par les mesmes moyens animoit pareillement tous les braves qui l'approchoient; Elle-mesme ne s'épargnant pas auprés du Vicomte de Turenne pour ce sujet. Tellement que ce Prince, peut-estre avec peu de justice, & certes fort mal à

1579.

Ils portent sous main le Roy de Navarre à la rupture.

C 5 pro-

1579. propos, se porta à la rupture, & engagea les Huguenots dans une nouvelle guerre civile. On la nomma pour les raisons que je viens de dire, *La guerre des amoureux.*

Elle luy fut fort desavantageuse.

Ce fut la plus desavantageuse qu'ils eussent point encore faite : Elle leur fit perdre quantité de bonnes places, & les affoiblit si fort, que si on eust achevé de les pousser, ils ne s'en fussent jamais relevez. Mais Monsieur, qui

Monsieur luy moyenne la Paix.

desiroit transporter toutes les forces de l'un & de l'autre Parti dans les Païs-Bas, se rendit Mediateur de la Paix, & la leur obtint par un Edict, qui

1580. fut dressé en suite de la Conference de Fleix.

Tres-dommageable à l'Estat, estant cause que les deux Henris se plongerent dans les plaisirs.

Cette Paix causa presque autant de maux à l'Estat, qu'avoient fait toutes les guerres precedentes. Les deux Cours des deux Rois, & les deux Rois mesme se plongerent dans les voluptez; Avec cette difference toutefois, que nostre Henry ne s'endormoit pas si fort dans les plaisirs, qu'il ne songeast quelquefois à ses affaires, estant reveillé & vivement piqué par les remonstrances des Ministres de sa Religion, & par les reproches de ses vieux Capitaines Huguenots, qui luy parloient avec une

une grande liberté. Mais Henry III 1580. s'abîma tout-à-fait dans la mollesse, & dans la faineantise. Il sembloit n'avoir ni cœur, ni mouvement ; Et ses Sujets ne sentoient point qu'il fust au monde, que parce qu'il les chargeoit à toute heure de nouveaux imposts, dont l'argent alloit tout au profit de ses Favoris.

Il en avoit toûjours trois ou quatre à la fois ; Et pour lors il commença de donner ses bonnes graces à Joyeuse, & aux deux Nogarets, sçavoir Bernard, & Jean-Loüis, dont l'aisné mourut cinq ou six ans aprés, & le cadet fut Duc d'Espernon, l'un des plus memorables & des plus merveilleux Sujets, que la Cour ait jamais veû élever dans la faveur, & qui certes avoit des qualitez aussi eminentes que sa fortune. Cependant les dons excessifs que le Roy faisoit à tous ces Favoris, excitoient les crieries du peuple, parce qu'il en estoit foulé : Et leur grandeur monstrueuse choquoit les Princes, parce qu'ils se croyoient méprisez; de sorte qu'ils se rendirent odieux à tout le monde. La haine qu'on leur portoit, retomboit sur le Roy ; Et la violence, dont ils l'obligeoient d'user

Henry III a des Favoris qui font grand tort à ses affaires.

en-

1580. envers ses Parlemens pour verifier ses Edicts de creations & d'imposts, l'augmentoit encore davantage. Car si son autorité y faisoit passer ses volontez absoluës, il attiroit des maledictions. Et si la vigueur des Compagnies Souveraines, comme il arriva plusieurs fois, les arrestoit, il attiroit le mépris.

Le peuple, qui se licencie facilement à la médisance contre son Prince, quand il a perdu pour luy les sentimens d'estime & de veneration, disoit des choses estranges de luy & de ses Favoris. Les Guises, que les Mignons (on appelloit ainsi les Favoris) choquoient en toutes occasions, taschant de leur oster leurs Charges & leurs Gouvernemens pour s'en revestir eux-mesmes, ne manquoient pas de souffler le feu, & d'accroistre les animositez des peuples, particulierement des grandes villes, que les Favoris ont toûjours redoutées, & qui ont toûjours haï les Favoris. Ce furent là les principales dispositions à l'agrandissement de la Ligue, & à la perte de Henry III.

Il n'est point de nostre sujet de raconter icy toutes les intrigues de la Cour durant cinq ou six ans, ni la guerre

Dispositions à la Ligue, & à la perte de Henry III.

re des Païs-Bas, dont Monsieur * ne rapporta que de la honte. Il nous faut dire seulement, que l'an mille cinq cens quatre-vingts quatre Monsieur mourut à Chasteau-Thierry sans avoir esté marié; que Henry III n'avoit point aussi d'enfans, & que l'on ne sçavoit que trop bien qu'il estoit incapable d'en avoir, à cause d'un mal incurable, qu'il avoit contracté dans Venise à son retour de Pologne. Voilà pourquoy dés que Monsieur fut jugé à mort par les Medecins, les Guises & la Reine mere commencerent à travailler chacun de leur costé pour s'asseurer de la Couronne, comme si la succession eust esté ouverte. Car ni l'un ni l'autre ne comptoient pour rien nostre Henry, d'autant qu'il estoit au delà du septiéme degré, au delà duquel dans les successions ordinaires il n'y a plus de parenté: Et que d'ailleurs il n'estoit point de la Religion dont les Rois de France avoient toûjours esté depuis Clovis; Et par consequent estoit incapable de porter la Couronne, & le titre de Tres-Chrestien. Adjoustez à cela qu'il estoit éloigné de deux cens lieuës de Paris, & comme relegué dans un coin de la Guyenne, où il leur sembloit qu'il

1584.

* Monsieur ayant voulu surprendre Anvers, & traittant mal les peuples des Pais-Bas, qui l'avoient appelle, en fut chassé.

Mort de Monsieur donne sujet de penser à la succession de la Couronne.

estoit

1584. estoit aisé de l'enveloper & de l'opprimer.

La Reine mere vouloit faire regner les enfans de sa fille mariée au Duc de Lorraine.

La Reine mere s'estoit mis dans la teste de faire regner les enfans de sa fille mariée au Duc de Lorraine, qu'elle vouloit qu'on traittast de Princes du Sang, comme si la Couronne de France pouvoit tomber en quenoüille. Et elle ne se portoit pas à cela seulement par l'amour qu'elle avoit pour eux; mais aussi par une haine secrete qu'elle avoit contre nostre Henry, pource qu'elle voyoit que contre ses souhaits, le Ciel luy frayoit le chemin pour venir au Throsne.

On croit que le Duc de Guise pensoit à regner luy-mesme.

Au reste elle se trompoit fort pour une habile femme, de croire que le Duc de Guise la favoriseroit dans son dessein: Il y a bien de l'apparence, & la suite le témoigna assez, que comme il se vid poussé par les Favoris, & mal traitté du Roy pour l'amour d'eux, il songea à s'asseurer de la Couronne
,, pour luy-mesme. Car les mauvais
,, traittemens ne font pas moins que de
,, jetter dans le dernier desespoir les
,, ames aussi nobles & aussi élevées
,, qu'estoit celle de ce Prince. Mais comme il connoissoit bien que de luy-mesme il ne pourroit parvenir à une

chose

chose si haute, dautant qu'il luy seroit fort difficile de destourner l'affection que les peuples François ont naturellement pour les Princes du Sang, il s'avisa de gagner le vieux Cardinal de Bourbon, qui estoit oncle de nostre Henry. Il luy promit donc que la mort de Henry III arrivant, il employeroit ses forces & celles de ses amis pour le faire Roy; & ce bon homme tout cassé de vieillesse se laissant flatter de ces vaines esperances, se rendit le jouët de l'ambition de ce Duc, qui par ce moyen attiroit dans son Party un grand nombre des Catholiques, qui consideroient la Maison de Bourbon.

La question estoit, si l'oncle devoit preceder le fils de son frere aisné dans la succession; Et à dire vray, la chose n'estoit pas sans difficulté, parce que dans la Coustume de Paris, qui est la Capitale du Royaume, & dans plusieurs autres Coustumes, la representation collaterale n'a point de lieu. Ce poinct de droit fut lors diversement agité par les Jurisconsultes, & il s'en fit plusieurs Traittez, les uns en faveur de l'oncle, les autres du neveu: mais ce n'estoient que des combats de plume, il faloit que l'espée vuidast

1584. vuidast ce different. Il sembla à plusieurs grands Politiques que le Duc de Guise pechoit extrémement contre ses interests, & contre son dessein, de reconnoistre que le Cardinal de Bourbon devoit succeder à la Couronne; veu que c'estoit avouër qu'aprés sa mort, qui ne pouvoit pas tarder long-temps, elle appartiendroit à nostre Henry son neveu: Mais il faisoit peut-estre son compte qu'il l'auroit opprimé avant qu'il en pust venir là.

Henry III connut son dessein, ou en fut averty par ses Favoris.

Henry III connoissoit assez son dessein, ou plûtost en estoit averty par ses Favoris, qui voyoient en cela leur ruine toute certaine. Voilà pourquoy il eust bien desiré ramener le Roy de Navarre dans l'Eglise Catholique, afin d'oster aux Ligueux le specieux pretexte qu'ils avoient d'entretenir la Ligue. Il envoya donc vers luy le Duc d'Espernon, qui essaya de le convertir par des raisons d'interest, & de Politique. Nostre Henry l'écouta, mais il luy témoigna que ce n'estoient pas des motifs assez puissans pour le faire changer, & le renvoya avec beaucoup de civilitez.

Il envoya le Duc d'Espernon vers le Roy de Navarre, pour l'obliger à rentrer dans l'Eglise Catholique; mais il le refuse.

Les Huguenots furent si vains, que de publier, & de faire imprimer la Con-

Conférence de ce Prince avec Esper- *1584.*
non, pour monstrer qu'il estoit inébranlable dans sa Religion, & peut-
estre aussi pour l'y engager plus fortement. Le Duc de Guise de son costé *Le Duc*
ne manqua pas d'en faire son profit, & *de Guise*
en fait
de remonstrer aux peuples Catholiques *son pro-*
l'opiniastreté de ce Prince, & ce qu'il *fit.*
en faloit esperer s'il venoit une fois
à la Couronne avec de tels sentimens.

Pour luy en fermer donc le chemin,
il fait que les zelez renouvellent ouvertement la Ligue, & la promenent har- *La Li-*
gue
diment dans Paris, où quelques nou- *s'établit*
veaux Religieux inspiroient cette ar- *à Paris.*
deur dans les ames par les confessions.
La premiere assemblée publique s'en
tint au College de Fortet, qu'on appella le berceau de la Ligue. Plusieurs
Bourgeois, plusieurs gens de pratique,
mesme quelques Curez de Paris y en-
trerent. On la porta à Rome, & la pre-
senta-t-on au Pape Gregoire XIII,
afin qu'il l'approuvast; mais il ne le
voulut jamais, & tant qu'il vescut il la
desavoüa toûjours.

Si tost qu'elle fut un peu grande &
forte, ceux qui l'avoient engendrée,
firent voir que ce n'estoit pas seulement

1584.

Et se tourne enfin contre Henry III.

ment afin de pourvoir à la seureté de la Religion pour l'avenir, mais pour s'approcher eux-mesmes du Throsne dés cette heure là; & qu'ils n'en vouloient pas seulement au Roy de Navarre, qui devoit succeder, mais au Roy Henry III, qui regnoit. Ils avoient à gages certains nouveaux Theologiens, qui osoient bien soustenir qu'on doit deposer un Prince, qui s'acquite „ mal de son devoir, Qu'il n'y a que la „ puissance bien ordonnée, qui soit de „ Dieu; autrement quand elle est déré- „ glée, que ce n'est pas autorité, „ mais brigandage; & qu'il est aussi „ absurde de dire que celuy là soit Roy, „ qui ne sçait pas gouverner, & qui est „ dépourveu d'entendement, comme „ de croire qu'un aveugle puisse servir „ de guide, ni qu'une statuë immobile „ puisse faire mouvoir des hommes vi- „ vans.

Cependant le Duc de Guise s'estoit retiré en son Gouvernement de Champagne, feignant d'estre mal-content; mais c'estoit pour faire signer la Ligue au Duc de Lorraine, luy donnant esperance qu'il feroit succeder son fils à la Couronne, à laquelle il pretendoit avoir droit par sa mere, fille de Hen-

Henry II. Il se tint pour cet effet une Conference à Joinville, où il se trouva aussi des Agens du Roy d'Espagne, qui signerent le Traitté, & donnerent, à ce qu'on disoit, de grandes sommes d'argent au Duc de Guise en lettres de change.

Au partir delà, ce Duc assemble des troupes de tous costez; ses amis se saisissent d'autant de Places qu'ils peuvent, non seulement sur les Huguenots, mais aussi sur les Catholiques. Le Roy eust dissipé facilement ces nouvelles levées s'il se fust mis en campagne; mais la Reine mere, qui semblable aux Medecins interessez, vouloit augmenter le mal pour en profiter, le retient & l'amuse dans son Cabinet, & luy persuade que s'il luy laisse manier cette affaire, elle ramenera aussi tost le Duc de Guise à son devoir. Pour cet effet elle entre en conference avec luy à Vitry; & ainsi luy donne le temps de fortifier son Party. Quand il se void en estat de ne rien craindre, il rompt la conference, & fait mine de vouloir venir droit à Paris.

Le Roy bien estonné prie sa mere de conclure un accommodement à quelque prix que ce soit; ce qu'elle fait

1584. Traitté de Joinville, où les Espagnols entrent dans la Ligue, & fournissent de l'argent. La Ligue saisit plusieurs Places.

La Reine mere entre en conference avec le Duc de Guise. Qui la rompt quand il se voit en estat de ne craindre plus rien.

1584. fait par le Traitté de Nemours, par lequel il accorde au Duc de Guise, & autres Princes de sa Maison plusieurs Gouvernemens, de grandes sommes d'argent, & avec cela un Edict sanglant contre les Huguenots. Il portoit defense de professer d'autre Religion que la Catholique sur peine de confiscation de corps & de biens, commandement à tous Ministres & Predicans de sortir du Royaume dans un mois, & à tous Huguenots d'en sortir dans six, ou d'abjurer leur fausse Religion. On appella cet Edict, l'Edict de Juillet, & la Ligue contraignit encore le Roy de le porter luy-mesme au Parlement, & de l'y faire verifier.

Le Roy estonné luy accorde tout ce qu'il veut.

1585. Peu aprés arrivent nouvelles de Rome, que Sixte V, qui avoit succedé à Gregoire XIII, avoit enfin approuvé la Ligue, & outre cela fulminé des Bulles terribles contre le Roy de Navarre, & contre le Prince de Condé, les declarant heretiques, relaps, chefs, fauteurs, & protecteurs de l'Heresie; comme tels tombez dans les censures & les peines portées par les Loix & les Canons, privez eux & leurs descendans de toutes terres & dignitez, incapables de succeder à quelque Princi-

Le Pape Sixte V excommunie le Roy de Navarre, & le Prince de Condé.

pau-

pauté que ce soit, specialement au 1585. Royaume de France; absout leurs Sujets du serment de fidelité, & leur defend de leur obeïr.

Ce fut lors que nostre Henry eut besoin de toutes les forces de son courage & de sa vertu, pour soustenir de si rudes chocs. Il s'estoit en quelque façon endormy dans les voluptés: Le bruit de ces grands coups le réveilla; il recueillit tous ses sens; il rappella toute sa vertu, & commença de la faire paroistre avec plus de vigueur qu'il n'avoit point encore fait. Et certes, il avoüa depuis qu'il avoit grande obligation à ses ennemis, de l'avoir poussé de la sorte; pource que s'ils l'eussent laissé en repos, l'oisiveté l'eust peut-estre enseveli dans un coin de la Guyenne, & il n'eust point esté contraint de songer à ses affaires; de sorte que quand Henry III fust venu à mourir, il n'eust point esté en estat de recueillir la Couronne. *La vertu de nostre Henry se réveille.*

Il fit alors deux actions de grand éclat. La premiere fut, qu'il ordonna au Plessis Mornay, Gentilhomme qui avoit beaucoup d'erudition, & à qui on ne pouvoit rien reprocher, sinon qu'il estoit Huguenot, de répondre *Il fait deux belles actions.*

dre au Manifeste de la Ligue par une Apologie, & par une Declaration qu'il luy fit dresser. Dans cette derniere piece, comme les Chefs de la Ligue semoient diverses calomnies contre son honneur, il supplioit avec toute soûmission le Roy son Souverain, de ne point trouver mauvais qu'il prononçast, sauf le respect deû à sa Majesté, qu'ils en avoient faussement & malicieusement menti. Et de plus, que pour épargner le sang de la Noblesse, & éviter la desolation du pauvre peuple, & les desordres infinis, que cause la licence de la guerre, sur tout les blasphemes, les violemens, & les incendies; il offroit au Duc de Guise, Chef de la Ligue, de vuider cette querelle de sa personne à la sienne, un à un, deux à deux, dix à dix; en tel nombre qu'il voudroit avec armes usitées entre des Cavaliers d'honneur; soit dans le Royaume en tel lieu que sa Majesté ordonneroit, soit dehors en tel endroit que le Duc de Guise choisiroit luymesme.

Il défie le Duc de Guise au combat singulier.

Cette Declaration eut grand effet sur les esprits; Ils disoient qu'on ne pouvoit point justement employer la force contre celuy, qui se soûmettoit ainsi à la à la raison; Et la pluspart de la Noblesse approuvoit ce genereux procedé, & disoit tout haut, que le Duc de Guise ne devoit point refuser un si grand honneur.

Ce Duc ne manquoit point de courage pour accepter ce défi : mais il consideroit que tirer l'espée contre un Prince du Sang, c'estoit en France une espece de parricide; Que d'ailleurs il eust reduit la cause de la Religion & du public à une querelle particuliere. Ainsi il repondit sagement, qu'il revereroit les Princes du Sang; qu'il estimoit la personne du Roy de Navarre, & qu'il n'avoit rien à démesler avec luy; mais qu'il s'interessoit seulement pour la Religion Catholique, qui estoit menacée, & pour la tranquillité de l'Estat, qui dépendoit absolument de l'unité de la Religion.

Pourquoy le Duc de Guise n'accepte pas ce défi.

L'autre action fut telle. Comme il eut entendu le bruit des foudres que le Pape avoit lancées contre luy, il dépescha vers le Roy pour luy en faire ses plaintes, & luy remonstrer que cet attentat le touchoit de plus prés que luy; qu'il devoit penser que si le Pape s'ingeroit de decider de sa succes-

L'autre belle action de nostre Henry.

1585.

1585

cession, & empieteroit ce poinct, de declarer un Prince du Sang incapable de la Couronne, il pourroit bien après cela passer plus outre, & le détroner luy-mesme, comme on disoit qu'autrefois Zacharie avoit dégradé Childeric III.

Sur ces remonstrances, le Roy empescha la publication de ces Bulles dans son Royaume. Mais nostre Henry ne se contenta pas de cela. Comme il avoit des amis à Rome, il s'en trouva d'assez hardis pour afficher les oppositions de luy & du Prince de Condé, par les carrefours de la ville, dans lesquelles ces deux Princes appelloient de cette Sentence de Sixte a la Cour des Pairs de France ; donnoient un démenti à quiconque les accusoit du crime d'Heresie, s'offroient à prouver le contraire dans un Concile General ; enfin protestoient qu'ils vengeroient sur luy, & sur tous ses Successeurs, l'injure faite à leur Roy, à la Maison Royale, & à toutes les Cours de Parlemens.

Il fait afficher aux carrefours de Rome des oppositions à la Sentence du Pape Sixte V.

Lequel s'en irrite d'abord, mais après en conçoit grande estime pour luy.

Il sembloit que cette opposition dûst irriter au dernier poinct l'esprit de Sixte V. De faict il en témoigna d'abord une furieuse émotion. Toutetefois quand sa colere se fut un peu rassise, il admira le grand courage de ce Roy, qui de si loin avoit sceu venger une injure, & attacher des marques de son ressentiment jusqu'aux portes de son Palais. De sorte qu'il conceut une si haute estime pour luy, (tant il est vray que la vertu se fait reverer par ses ennemis mesme) qu'on luy entendit souvent dire, que de tous ceux qui regnoient dans la Chrestienté, il n'y avoit que ce Prince, & Elizabeth Reine d'Angleterre, à qui il eust voulu communiquer les grandes choses qu'il rouloit dans son esprit, s'ils n'eussent pas esté Heretiques. Ainsi toutes les prieres de la Ligue ne le purent jamais obliger de fournir aux frais de cette guerre; ce qui fit avorter la pluspart de ses entreprises, parce qu'elle avoit fait en partie son compte sur un million qu'il luy avoit promis. *Si bien qu'il refuse de fournir de l'argent à la Ligue.*

Or comme de leur costé les Chefs de la Ligue taschoient d'engager avec eux tout ce qu'ils pouvoient de Seigneurs & de Villes; nostre Henry de sa part reünissoit avec luy tous ses amis de l'une & de l'autre Religion; Le Mareschal de Damville-Montmorency, Gouverneur de Languedoc; *Le Roy de Navarre fait une Ligue pour se defendre.*

1585. Le Duc de Montpensier Prince du Sang, qui estoit Gouverneur de Poitou, avec son fils le Prince de Dombes; Le Prince de Condé, qui tenoit une partie du Poitou, de la Xaintonge & de l'Angoumois; Le Comte de Soissons, & le Prince de Conty son frere. De ces cinq Princes du Sang, les trois derniers estoient ses cousins germains, les deux premiers l'estoient en un degré plus esloigné; Et tous professoient la Religion Catholique, horsmis le Prince de Condé. Il avoit aussi de son Parti Lesdiguieres, qui de simple Gentilhomme s'estoit par sa valeur élevé à un si haut poinct, qu'il estoit le maistre du Dauphiné, & faisoit trembler le Duc de Savoye; Claude de la Trimouille, qui possedoit de grandes terres en Poitou & en Bretagne, & s'estoit fait Huguenot depuis peu, pour avoir l'honneur de marier sa fille au Prince de Condé; Henry de la Tour, Vicomte de Turenne, qui par complaisance, ou par veritable persuasion avoit épousé la nouvelle Religion; Chastillon fils de l'Admiral de Coligny; la Boulaye Seigneur Poitevin; René Chef de la Maison de Rohan; François Comte de la Roche-

Rochefoucaud; George de Clermont d'Amboise; le Seigneur d'Aubeterre; Jacques de Caumont-la-Force; le Seigneur de Pons, Saint Gelais-Lansac, & plusieurs autres Seigneurs & Gentils-hommes de marque, la plufpart de la nouvelle Religion. En mesme temps il dépescha aussi vers Elisabeth Reine d'Angleterre, & vers les Princes Protestans d'Allemagne, de si habiles negociateurs, qu'ils se joignirent tous ensemble par une forte union pour se maintenir les uns les autres. Tellement que tout cela estant uni ensemble il arriva tout le contraire de ce que la Ligue avoit pensé; Et nostre Henry se trouva fortifié de telle sorte, qu'il n'eut plus d'apprehension d'estre accablé sans avoir les moyens de se defendre.

1585.

Je ne feray point icy le détail des exploits de l'un & de l'autre Parti durant les années mil cinq cens quatrevingts cinq, & mil cinq cens quatrevingts six, parce que je n'y remarque rien de fort considerable.

1585.
1586.

Le Roy Henry III s'ennuyoit extrémement de cette guerre, qui se faisoit à ses dépens & à son grand prejudice, puisque l'on disputoit sa succession,

Le Roy Henry III haïssoit la Ligue, & les

cession, luy vivant & se portant bien, & qu'on le consideroit déja comme un homme mort. Il n'aimoit ni l'un ni l'autre Parti: mais il cherissoit si fort ses Favoris, estrange aveuglement! qu'il eust bien desiré s'il eust esté en son pouvoir, de partager son Estat entre eux. La Ligue de son costé pretendoit avoir assez de force pour l'emporter; Et nostre Henry s'attendoit bien qu'il romproit les desseins des uns & des autres. La Reine mere ayant d'autres veuës pour les enfans de sa fille, mariée au Duc de Lorraine, promit au Roy de trouver les moyens de calmer toutes ces tempestes. Pour cet effet elle procura une treve avec nostre Henry, pendant laquelle on moyenna une entreveuë d'elle & de luy au Chasteau de Saint Brix prés de Coignac, où ils se rendirent l'un & l'autre au mois de Decembre.

Il y eut bien de la peine à trouver des seuretez pour l'un & pour l'autre, mais particulierement pour la Reine mere; parce qu'elle estoit merveilleusement défiante. Nostre Henry fit sur cela une action de grande generosité. Voicy comment. Il avoit esté accordé une treve pour la seureté de ce

Marginalia:
Huguenots, & n'aimoit que ses Favoris. 1586.
La Reine mere s'entremet d'accommodement avec le Roy de Navarre.
Leur entreveuë & conference à Saint Brix.
Belle action & bien genereuse de ce Prince.

pourparler ; de sorte que si l'un des 1586. deux Partis l'eust rompuë, il eust esté en faute, & on eust pû arrester avec justice tous ceux qui en estoient. Or quelques gens de nostre Henry feignant d'estre traistres, avoient leurré des Capitaines Catholiques trop ardens au butin, de quelque intelligence sur Fontenay, qu'ils leur eussent laissé prendre. Par ce moyen les Catholiques fussent demeurez convaincus de perfidie, & il y eust eu sujet d'arrester la Reine mere. Mais ce genereux Prince ayant eu le vent de cette supercherie, s'en fascha fort contre ceux qui la tramoient, & leur defendit de la continuer. N'estoit-ce pas avoir en effet les veritables sentimens de l'honneur dans le fond de l'ame, & non pas à l'exterieur seulement ?

Comme il témoigna sa generosité en cette rencontre, il fit voir sa fermeté & la force de son esprit dans toute la Conference. La Reine luy demandant, qu'est-ce qu'il vouloit ; il luy répondit, en regardant les filles qu'elle avoit amenées : Il n'y a rien là que je veuïlle, Madame ; comme luy voulant dire par là, qu'il ne se laisseroit plus piper à de semblables appas. Elle

Sa fermeté, & la force de son esprit dans toute la Conference.

taschoit sur tout de le desunir d'avec les autres Chefs de son Parti, ou de le rendre suspect, luy offrant tout ce qu'il demanderoit en son particulier, mais il conuut bien sa ruse, & tint ferme sur ce poinct, qu'il ne pouvoit rien traitter sans en communiquer à ses amis.

Aprés un long entretien, comme elle luy demanda encore si la peine qu'elle avoit prise ne produiroit aucun fruit, elle qui ne souhaittoit que le repos: Il luy répondit: Madame, je n'en suis pas cause, ce n'est pas moy qui vous empesche de coucher dans vostre lict, c'est vous qui m'empeschez de coucher dans le mien, la peine que vous prenez vous plaist & vous nourrit, le repos est le plus grand ennemi de vostre vie.

Il fit plusieurs autres reparties fort vives & fort spirituelles; Mais on remarqua sur toutes, celle qu'il fit au Duc de Nevers de la Maison de Gonzague, qui accompagnoit la Reine mere. Ce Duc s'avança une fois de luy dire, qu'il seroit bien plus honorablement auprés du Roy, que parmi des gens où il n'avoit point d'autorité, & que s'il venoit à avoir affaire d'argent

à la

à la Rochelle, il n'auroit pas le credit d'y faire un impost: Il luy repartit fierement: Monsieur, je fais " à la Rochelle tout ce que je veux, " parce que je n'y veux rien que ce que " je dois. "

Cette Conference de Saint Brix n'ayant donc abouti qu'à de nouvelles aigreurs, & la Reine mere s'en estant retournée, les Guises qui tentoient toutes sortes de moyens pour se venger des Favoris, firent offrir leur service à nostre Henry, & le Duc de Mayenne luy manda qu'il y avoit lieu d'accommoder les choses, s'il y vouloit entendre; qu'il iroit le trouver avec quatre chevaux par tout où il voudroit, & qu'il luy donneroit sa femme & ses enfans en ostage. Cette negociation n'eut point de suite, & je n'ay pû trouver quel fut le sujet qui l'interrompit.

Le reste de l'Hyver se passa dans les deux Cours en festins & en danses; car parmi les miseres & les troubles de l'Estat, la Reine Catherine avoit introduit cette habitude de danser en tous lieux & en toutes saisons. Ce qu'elle faisoit, disoit-on, pour amuser ses enfans, & les autres Grands de

1586. Belle repartie au Duc de Nevers.

Conference de Saint Brix n'aboutit à rien.

Danses & festins dans la Cour des deux Rois.

1586.

Blaise de Monluc Mareschal de France, qui écrivoit en ce temps là, dit dans ses Memoires, qu'il faloit, quelque affaire qu'il y eust, que le bal marchast toûjours.

la Cour dans ces vains divertissemens, n'y ayant rien qui dissipe davantage l'esprit, & qui soit plus capable, s'il faut ainsi dire, de dissoudre les forces de l'ame, que le son ravissant des violons, l'agitation continuelle du corps, & les charmes des Dames. A l'exemple de la Cour, le Bal & les Mascarades regnoient dans tout le Royaume; Et mesme les remonstrances des Ministres n'avoient sceu empescher qu'on ne dansast chez la pluspart des Seigneurs Huguenots, quoy-qu'il y en eust toûjours quelques-uns, qui ne le pouvoient souffrir.

1587.
Armée des Protestans Allemans entre en France.

Au Printemps les entreprises recommencerent de part & d'autre: mais ce n'estoit rien en comparaison de ce qui se fit sur la fin de la campagne. Les Princes Protestans d'Allemagne, envoyoient une armée au secours des Huguenots, composée de cinq mille Lansquenets, seize mille Suisses, & six mille Reistres. Elle traversa la Lorraine & la Champagne, puis passa la Seine, & marcha vers la Loire, comme si elle eust voulu la passer, ou la costoyer en remontant. Au mesme temps le Roy de Navarre avoit ramassé ses troupes vers la Rochelle, & s'effor-

forçoit de venir au devant d'elle ju- 1587.
sques sur les bords de la Loire ; Mais il
en estoit empesché par une armée du
Roy, que commandoit le Duc de
Joyeuse, qui avoit ordre de le suivre
partout. Le Duc de Guise ayant aussi *Elle est*
recueilli les forces de son Parti, quoy- *suivie*
qu'elles fussent petites, suivoit tantost *par le*
les Reistres, tantost les costoioit, ou *Duc de*
les devançoit, & se mesloit souvent *Guise.*
parmi eux sans beaucoup de danger;
dautant que ce trop pesant corps d'Estrangers ne se pouvoit pas facilement
remuer, estant embarrassé d'un grand
bagage, n'ayant pas de Chef assez accredité, ni assez intelligent pour le
conduire, & tous ses Capitaines estant
en discorde & mauvaise intelligence.

A cause de tous ces defauts cette armée ne sceut jamais prendre une bonne resolution. La Loire estoit gueable
en cent endrois, car c'estoit sur la fin
de Septembre, & neantmoins elle ne
la voulut point passer : mais vint s'es- *Elle ne*
tendre dans les campagnes de Beauf- *fait rien*
se, attendant des nouvelles du Roy *qui vail-*
de Navarre, au lieu de monter dans le *le.*
Nivernois, & de gagner la Bourgongne. L'intention du Roy de Navarre estoit de monter le long de la Dor-
D 5 dogne,

1587.

dogne, & de là entrer en Guyenne; puis y ayant recueilli toutes ses forces, aller rencontrer l'armée des Protestans en Bourgongne, à la faveur des Provinces qui luy estoient amies. Le Duc de Joyeuse le poursuivoit opiniastrément, s'imaginant qu'il fuyoit, parce qu'en effet il évitoit le combat, n'ayant pour but que la jonction des Allemans.

Le Roy de Navarre la veut joindre: mais le Duc de Joyeuse a une armée qui luy fait teste.

Ce nouveau Duc estoit bien décheu de sa faveur auprés du Roy, qui avoit reconnu qu'il inclinoit du costé de la Ligue, non pas qu'il aimast les Guises, mais parce qu'il s'estoit laissé mettre dans la teste, par ses flateurs, qu'il meritoit d'estre le Chef de ce grand Parti; & il tenoit la destruction des Huguenots si certaine, qu'il avoit obtenu du Pape, la confiscation des Terres Souveraines de nostre Henry. Desirant donc soustenir sa reputation & sa faveur, qui estoient fort chancelantes, il le talonna si vivement qu'il l'atteignit auprés de Coutras.

Ce Duc l'atteint auprés de Coutras.

Quelle estoit l'armée de Joyeuse.

L'armée de Joyeuse estoit, pour ainsi dire, toute d'or, brillante de clinquant, d'armes damasquinées, de plumes à gros bouillon, d'escharpes en broderie,

rie, de casaques de velours, dont chaque Seigneur selon la mode du temps avoit paré ses compagnies. Celle du Roy de Navarre estoit toute de fer, n'ayant que des armes grises, & sans aucun ornement, de grands colets de Bufle, & des habits de fatigue. La premiere avoit l'avantage du nombre, six cens chevaux & mille hommes de pied plus que l'autre, la moitié de son infanterie d'arquebusiers à cheval, sa cavalerie presque toute de lanciers, & plusieurs montez sur des chevaux de manege. Elle avoit pour elle le nom & l'autorité du Roy, & l'asseurance des recompenses ; mais elle estoit la moitié de nouvelles troupes ; elle manquoit d'ordre & de discipline ; elle avoit un General sans autorité, cent Chefs au lieu d'un, & tous jeunes gens élevez dans les delices de la Cour, avec beaucoup de cœur, mais sans aucune experience.

1587.

Quelle estoit celle de ce Roy.

L'autre au contraire, estoit composée de toute l'élite de son Parti, des vieux débris des batailles de Jarnac & de Montcontour, de gens nourris dans le mestier, endurcis par le choc continuel des adversitez & des combats : Elle avoit à sa teste trois Princes

ces du Sang ; le premier d'entr'eux bien obeï & reveré comme presomptif heritier de la Couronne, l'amour des Soldats, & l'espoir des bons François : outre cela elle estoit armée de la necessité de vaincre ou de mourir ; qui est plus forte ni que l'acier ni que le bronze.

Son exhortation à son armée, & aux Princes du Sang.

Les ordres donnez, le Roy de Navarre appella tous ses Chefs, & dessus une petite eminence il les exhorta en peu de paroles, mais convenables à sa qualité & au temps, prenant le Ciel à témoin qu'il ne combattoit point contre son Roy, mais pour la defense de sa Religion, & de son droit. Puis s'adressant aux deux Princes du Sang, Condé & Soissons, *Je ne vous diray rien autre chose*, leur dit-il, *sinon que vous estes de la Maison de Bourbon, & vive Dieu je vous monstreray que je suis vostre aisné.*

Sa valeur brilla ce jour là pardessus celle de tous les autres. Il avoit mis sur son casque un bouquet de plumes blanches, pour se faire remarquer, & parce qu'il aimoit cette couleur ; de sorte que quelques-uns se mettant devant luy à dessein de defendre & couvrir sa personne, il leur cria :

à quartier, je vous prie, ne m'offusquez pas, je veux paroistre; Bravoure necessaire tout-à-fait à un Conquerant, mais qui sans doute seroit une temerité & une faute insupportable à un Roy bien establi. Il enfonça les premiers rangs des Ennemis, fit des prisonniers de sa main, & en vint jusqu'à colleter un nommé Chasteau-Regnard Cornette d'une Compagnie de Gens-darmes, luy disant, *rend toy Phelistin*.

" 1587.
" *Sa valeur &*
" *bravoure.*

La bataille gagnée, quelqu'un ayant veu les fuyards qui faisoient alte, luy vint dire que l'armée du Mareschal de Matignon paroissoit, il receut cette nouvelle comme un nouveau sujet de gloire, & se tournant bravement vers les gens; *Allons*, dit-il, *mes amis, ce sera ce qu'on n'a jamais veû; deux batailles en un jour*.

Ce ne fut pas seulement sa valeur, qui se fit admirer en cette ocasion, ce fut sa justice, sa moderation, & sa clemence. Pour sa justice, on raconte ce qui suit.

Il avoit débauché une fille d'un Officier de la Rochelle, ce qui avoit deshonoré cette famille, & fort scandalisé les Rochelois. Un Ministre, com-

Action de grande justice & d'humilité Chrestienne.

1587. comme les escadrons estoient prests d'aller à la charge, & qu'il faloit faire la priere, prit la liberté de luy remonstrer que Dieu ne pouvoit pas favoriser ses armes, si auparavant il ne luy demandoit pardon de cette offense, & s'il ne reparoit le scandale par vne satisfaction publique, & ne rendoit l'honneur à une famille à qui il l'avoit osté. Le bon Roy écouta humblement ces remonstrances, se mit à genoux, demanda pardon à Dieu de sa faute, pria tous ceux qui estoient presens, de vouloir servir de témoins de sa repentance, & d'asseurer le pere de la fille, que si Dieu luy faisoit la grace de vivre, il repareroit tout autant qu'il pourroit l'honneur qu'il luy avoit osté. Une soûmission si Chrestienne tira les larmes des yeux de toute l'assistance, & il n'y en avoit pas un qui n'eust donné mille vies pour un Prince, qui se portoit si cordialement à faire raison à ses inferieurs.

S'estant ainsi vaincu luy-mesme, Dieu le rendit vainqueur de ses Ennemis, & que sçait-on s'il ne l'exalta pas pour s'estre humilié si Chrestiennement? L'armée ennemie fut toute taillée en pieces, avec perte de cinq mille hom-

Bataille de Cotstrai, qu'il

hommes, de son canon, bagage, en- *gagne.*
seignes, & de tous ses Chefs, horsmis *Joyeuse*
deux ou trois, entre autres du Duc de *y est tué.*
Joyeuse, & de Saint Sauveur son frere, 1587.
qu'on trouva estendus sur la place.

Le soir nostre Vainqueur trouvant son logis tout plein de prisonniers & de blessez de l'Ennemi, fut contraint de faire porter son couvert dans celuy du Plessis-Mornay; mais le corps de Joyeuse estant estendu sur la table de la sale, il falut qu'il montast en haut, & là durant qu'il soupa, on luy presenta les prisonniers, cinquante-six enseignes de gens de pied, & vingt-deux guidons & cornettes.

Ce fut un beau & glorieux spectacle pour ce Prince, d'avoir sous ses pieds son Ennemi, qui avoit obtenu du Pape la confiscation de ses Terres, de voir sa table environnée de tant de nobles captifs, & sa chambre toute tapissée d'enseignes. Mais à dire vray, c'en fut un bien plus agreable aux ames genereuses, que parmi tant de sujets de vanité & d'orgueil, & dans de si justes ressentimens des injures atroces qu'on luy avoit faites (choses qui portent les esprits les plus doux à l'insolence & à la cruauté) on ne remarqua ni

en

1587.
Sa moderation & sa clemence merveilleuse dans sa victoire.

en son visage, ni en ses paroles, ni en ses actions, aucun signe, qui fist voir que sa constance, ou sa bonté fussent tant soit peu alterées. Au contraire se monstrant aussi courtois & humain dans la victoire, qu'il s'estoit monstré brave & redoutable dans le combat, il renvoya presque tous les prisonniers sans rançon, rendit le bagage à plusieurs, prit grand soin des blessez, donna les corps de Joyeuse & de Saint Sauveur au Vicomte de Turenne, qui les luy demanda estant leur parent, & dépescha le lendemain son Maistre des Requestes vers le Roy, pour le supplier de luy vouloir donner la Paix. D'où l'on jugea dés lors, qu'un si grand courage viendroit à bout de tous ses ennemis, & qu'il n'y auroit rien capable de renverser celuy qu'une telle prosperité n'avoit pas seulement ébranlé.

Il ne la poursuit pas, & pourquoy ?

On le blasma neantmoins de n'avoir point poursuivi chaudement sa victoire, & d'avoir laissé rompre cette armée triomphante, faute de l'avoir employée en suite à quelque grand exploit. On crut, & il y avoit bien de l'apparence, qu'il n'avoit pas voulu pousser les choses si avant, de peur de trop offenser le Roy, avec lequel il desiroit

roit encore garder quelques mesures, esperant toûjours qu'il se pourroit reconcilier avec luy, & retourner à la Cour, où il avoit besoin d'estre present pour estre en passe de prendre la Couronne, si Henry III venoit à mourir. Enfin, soit pour cette raison, ou pour d'autres, il se retira en Gascogne, & de là en Bearn, sous pretexte de quelques affaires, n'emmenant avec luy que cinq cens chevaux, & le Comte de Soissons, qu'il retenoit auprés de luy par l'esperance de luy faire épouser sa sœur. Le Prince de Condé s'en retourna à la Rochelle, & Turenne en Perigord.

1587.

Cependant, cette grande armée de Reistres, ayant receu plusieurs échecs en divers endroits, mais specialement à Auneau en Beausse, où le Duc de Guise tua ou fit prisonniers trois mille Reistres; puis au Pont de Gien, où le Duc d'Espernon prit douze cens Lansquenets, & presque tout le canon, entendit volontiers à un accommodement, que le Roy luy fit proposer; & aprés cela se retira par la Bourgongne, & par la Comté de Montbeliard, mais toûjours poursuivie jusques bien avant dans ce Comté par le Duc de Guise.

Défaite des Reistres.

Le reste de l'armée Allemande se retire.

Sur

1588.

Pronostics des malheurs de l'an 1588.

Sur cela commença l'année mil cinq cens quatre-vingts huit, que tous les Astrologues Judiciaires avoient dans leurs pronostics appellée la merveilleuse année: pource qu'ils y prevoyoient si grand nombre d'accidens estranges, & tant de confusion dans les causes naturelles, qu'ils avoient asseuré que si elle ne voyoit la fin du monde, elle en verroit au moins un changement universel. Leur pronostic fut secondé par quantité d'effroyables prodiges, qui arriverent par toute l'Europe. En France, la terre trembla tout du long de la riviere de Loire, & en Normandie aussi: La Mer fut battuë six semaines durant de tempestes, qui sembloient vouloir confondre le Ciel & la Terre: Il parut en l'air divers phantosmes de feu: & le vingt-quatriéme de Janvier Paris fut couvert d'un si effroyable brouillas, qu'il n'y avoit point de si bons yeux, qui pussent rien voir en plein midi, sinon avec l'aide des flambeaux. Tous ces prodiges sembloient signifier ce qui arriva bientost, la mort du Prince de Condé, les barricades de Paris, le renversement de tout ce Royaume, le meurtre de Messieurs de Guise, & ensuite le parricide de Henry III.

Quant

Quant au Prince de Condé, il mourut au mois de Mars, à Saint Jean Dangeli, où il faisoit alors sa residence. Quoyqu'il y eust une secrete jalousie entre luy & le Roy de Navarre, jusqu'à faire deux brigues dans le Parti; si est-ce que ce Roy ressentit cette perte avec une extréme douleur, & s'estant enfermé dans son Cabinet avec le Comte de Soissons, il fut ouï en jetter les hauts cris, & dire qu'il avoit perdu son bras droit. Toutefois aprés que sa douleur se fut évaporée, il recueillit ses esprits, & jettant toute sa confiance en la protection divine, il sortit, disant avec un cœur plein d'une asseurance Chrestienne, *Dieu est mon refuge & mon support, c'est en luy seul que j'espere, je ne seray point confondu.*

C'estoit veritablement une grande perte pour luy, il avoit desormais à supporter luy seul tout le poids des affaires, & estant denué de cet appuy, il demeuroit plus exposé aux attentats de la Ligue, laquelle n'avoit qu'à faire un semblable coup en sa personne, pour estre au dessus de toutes ses affaires. Il avoit donc juste sujet de craindre ses attentats; toutefois le Duc de Guise

1588. Mort du Prince de Condé.

Le Roy de Navarre en est fort affligé.

Mais dans son affliction, il met sa confiance en Dieu.

1588. Guise avoit le cœur si noble & si grand, que tandis qu'il vescut, il ne voulut jamais souffrir que l'on prist de si detestables voyes.

La Ligue s'en rejouït.

La hardiesse de la Ligue s'accrut merveilleusement par la mort du Prince; Elle en témoigna des rejouïssances extraordinaires, & publia que c'estoit un coup de la justice de Dieu, & des foudres Apostoliques.

Les Huguenots s'en affligent.

Les Huguenots au contraire en estoient dans une consternation extréme, considerant qu'ils avoient perdu en luy leur Chef le plus asseuré ; parce qu'il estoit fort persuadé de leur Religion, & qu'ils n'avoient pas la mesme opinion du Roy de Navarre. En effet, la confusion & le desordre estoient si grands parmi eux, qu'il sembloit que si on eust continué de les pousser fortement, on les auroit bien-tost abbatus.

Sentimens de Henry III.

Le Roy les haïssoit cruellement, & y eust volontiers consenti: mais il vouloit ménager les choses de telle sorte, que leur destruction ne fust pas l'aggrandissement du Duc de Guise, & sa perte de luy-mesme.

Le Duc de Guise le presse de luy donner des forces

Mais ce Duc n'ignorant pas ses intentions, le pressoit continuellement de luy donner des forces pour achever d'exterminer les Huguenots,

nots, dans la ruine desquels il esperoit infailliblement enveloper le Roy de Navarre. *pour exterminer les Huguenots.*

Il avoit cet avantage sur le Roy, qu'il avoit acquis l'amour des peuples, principalement par deux moyens. Le premier estoit de s'opposer aux nouveaux imposts. Le second, de choquer toûjours les Favoris, & de ne fléchir jamais devant eux. Le contraire de cela avoit fait tomber le Roy dans un extréme mépris, & avoit mesme refroidi quantité de ses serviteurs. En voici un exemple. *1588. Le Duc de Guise est fort aimé, & Henry III fort haï.*

Le Roy avoit deux grands hommes dans son Conseil, Pierre d'Espinac Archevesque de Lyon, & Villeroy Secretaire d'Estat. Le Duc d'Espernon, qui estoit fier & hautain, les voulut traitter de haut en bas; ils se piquerent contre luy, & pour cela se rangerent d'affection au Parti du Duc de Guise; mais sans doute demeurans toûjours, dans le cœur, tres-fideles aux interests du Roy & de la France, comme il a bien paru depuis, specialement en la personne de Villeroy. *D'Espinac & Villeroy se rangent d'affection au Duc de Guise, & pourquoy?*

Cependant, le Roy vivoit à son ordinaire dans les profusions d'un luxe odieux, & dans l'oisiveté d'une retraite con- *Mauvaise conduite de Henry III.*

contemptible, passant son temps, ou à voir danser, ou à flater des petits chiens, dont il avoit grande quantité de toutes sortes, ou à faire parler des perroquets, ou à découper des images, & autres occupations plus dignes d'un enfant que d'un Roy.

Conduite & occupations du Duc de Guise.

Mais le Duc de Guise ne perdoit point le temps, il se faisoit de nouveaux amis; entretenoit les vieux; caressoit les peuples; témoignoit grand zele aux Ecclesiastiques; prenoit la defense de ceux qu'on vouloit opprimer; paroissoit par tout avec l'éclat & avec la gravité d'un Prince; mais sans fast & sans orgueil. Les Parisiens estoient enyvrez d'estime pour luy; il n'y eut que le Parlement presque tout entier, & la pluspart des autres Officiers, qui ne suivirent point ses mouvemens, & qui conserverent toûjours l'affection, qu'ils devoient au service du Roy.

Il y avoit un nombre infini de gens, qui avoient signé la Ligue: Et dans les seize quartiers de Paris, comme on n'avoit pû gagner les Quarteniers, on avoit éleu quelques-uns des plus échauffez Ligueux, qui devoient faire leur fonction; à cause dequoy on appella la depuis à Paris, les principaux de ce Parti, & leur faction, *les Seize*. Ce n'est pas qu'ils ne fussent que seize, car ils estoient plus de dix mille, mais tous répandus dans les seize Quartiers.

Or le Roy incité principalement par le Duc d'Espernon, resolut de chastier les plus ardens de ces Seize, qui en toutes occasions se monstroient furieux ennemis de ce Favori. Par ce moyen il pensoit abbatre la Ligue, & ruiner entierement la reputation & le credit du Duc de Guise. Il fit donc entrer secretement des troupes dans Paris, & donna les ordres pour se saisir de ces gens-là.

Le Duc de Guise en ayant avis, accourt de Soissons où il estoit, resolu de perir plûtost que de laisser perdre ses amis. En un mot, les Barricades se font le mois de May, jusques aux portes du Louvre, & les troupes du Roy sont taillées en pieces, ou desarmées. La Reine mere à son ordinaire s'entremet d'accommodement; mais le Roy craignant d'estre envelopé, prend l'épouvente, & se retire à Chartres.

La Ligue devenant maistresse de Paris par ce moyen, s'empare de la Bastille,

1588.

Ce que c'estoit que les Seize.

Henry III les veut chastier.

Le Duc de Guise accourt pour les defendre.

Les Barricades. 1588.

Le Roy se retire à Chartres.

La Ligue se rend

le, de l'Hostel de Ville, du Louvre, & du Temple; change le Prevost des Marchands, & le Lieutenant Civil. Au mesme temps elle s'asseure d'Orleans, de Bourges, d'Amiens, d'Abbeville, de Montreuil, de Rouën, de Reims, de Chaalons, & de plus de vingt autres villes en diverses Provinces. Les peuples criant par tout, *vive Guise, vive le Protecteur de la Foy.*

maistresse de Paris.
1588.

Les Parisiens deputent vers le Roy à Chartres.

Le Roy, non sans raison, en est fort allarmé. Les Parisiens deputent vers luy à Chartres, pour demander pardon; mais avec cela ils demandent l'extirpation de l'Heresie. Tout le monde augmente ses frayeurs; personne ne luy fortifie le courage. En cette détresse, il ne trouve point de plus seur moyen d'écarter le danger, qui le menaçoit, que d'essayer à desarmer ses Sujets. Pour cet effet, il envoye un Maistre des Requestes au Parlement, luy faire entendre que sa derniere intention estoit d'oublier tout le passé, pourveu que tout le monde se remist dans son devoir, & de travailler soigneusement à la reformation de son Royaume, pour laquelle il trouvoit bon d'assembler les Estats Generaux

Le Roy pardonne tout, pourveu qu'on pose les armes.

raux à la fin de l'année, où l'on pour- 1588.
voiroit à luy asseurer un Successeur
Catholique & du Sang Royal: Protestant qu'il observeroit inviolablement toutes les resolutions des Estats; mais qu'il vouloit qu'elles fussent libres & sans faction, & que dés ce
jour là tous ses Sujets missent les armes
bas.

Il faschoit fort au Duc de Guise de
les poser; il craignoit s'il estoit sans
defense, de demeurer à la merci de ses
ennemis, particulierement du Duc *Le Duc*
d'Espernon. Il suscita donc les Pari- *de Guise*
siens, par une celebre deputation, à de- *demande*
mander la continuation de la guerre *l'expul-*
contre les Huguenots; & l'expulsion *sion d'Es-*
de ce Duc. Le Roy aprés quelque resi- *pernon,*
stance, luy accorda l'un & l'autre. Car *qui enfin*
il fit verifier au Parlement un Edict *luy est*
tres-avantageux en faveur de la Ligue, *accordee.*
& fort sanglant contre les Huguenots,
& il donna congé au Duc d'Espernon,
qui se retira dans son Gouvernement
d'Angoumois.

Aprés cela le Duc de Guise vint *Aprés*
trouver le Roy à Chartres, sous la pa- *quoy il*
role de la Reine mere, y donna de *vint en*
grandes asseurances de sa fidelité, & *Cour à*
receut toutes les marques qu'il pouvoit *Chartres.*

E sou-

1588. souhaitter de l'affection du Roy, jusques-là qu'il le fit Grand Maistre de la Gendarmerie Françoise.

Cependant, la Ligue prend le dessus en toutes les Provinces au deçà la Loire, & fait nommer les Deputez des Estats à son gré. Au mois de Novembre les Estats s'assemblerent dans la ville de Blois. Ce n'est pas icy le lieu d'en raconter toutes les intrigues. Enfin, le Roy persuadé qu'on avoit conspiré de le détrosner, y fit tuer dans le Chasteau le Duc de Guise, & le Cardinal son frere, & retint prisonnier le Cardinal de Bourbon, l'Archevesque de Lyon, le Prince de Joinville, qui aprés la mort du pere s'appella Duc de Guise, & le Duc de Nemours, frere uterin du premier Duc.

Les Estats de Blois.

Mort de Messieurs de Guise.

La Reine mere, sous la parole de laquelle les Guises pensoient estre en asseurance, fut si touchée des reproches qu'on luy en faisoit, & des mépris du Roy son fils, qui aprés cela croyoit n'avoir plus besoin d'elle, qu'elle en mourut de douleur & d'ennuy peu de jours aprés, regrettée de personne, pas mesme de son fils, & haïe universellement de tous les Partis.

Mort de la Reine Catherine de Medicis.

Les dif-

Veritablement, s'il y eut jamais d'action

d'action ambiguë & problematique, *ce* *fut* *celle-là.* Les serviteurs du Roy disoient qu'il y avoit esté contraint par l'audace extréme des Guises; & que s'il ne les eust prevenus, ils l'eussent tondu & renfermé dans un Convent. Mais la mauvaise reputation où il estoit, l'estime generale que ces Princes avoient acquise, & les circonstances odieuses de ce meurtre le faisoient paroistre horrible, mesme aux yeux des Huguenots, qui disoient que cela ressembloit fort au massacre de la Saint Barthelemy.

Serens jugemens sur la mort de Messieurs de Guise. 1588.

Nostre Henry garda sagement la mediocrité dans cette rencontre; il deplora leur mort, & donna des loüanges à leur valeur. Mais il dit qu'il faloit bien que le Roy eust eu quelques puissans motifs, pour les traitter de la sorte. Qu'au reste les jugemens de Dieu estoient grands, & sa grace tres-speciale en son endroit, l'ayant vengé de ses ennemis sans qu'il y eust trempé ni la conscience, ni la main; Et que souvent certains Gentils-hommes s'estant offerts à luy, avec une determinée resolution d'aller tuer le Duc de Guise, il leur avoit toûjours fait connoistre, qu'il avoit

Nostre Henry en parla fort sagement.

E 2 cette

cette proposition en horreur, & qu'il ne les tiendroit jamais en qualité de ses amis, ni de gens de bien, s'ils y pensoient davantage.

Il ne change rien dans sa conduite.

Son Conseil estant assemblé sur cette grande nouvelle, trouva qu'il ne devoit rien changer pour cela dans la conduite de ses affaires ; pource que le Roy, quand mesme il le voudroit, n'oseroit pas de quelques mois parler de paix avec luy, de peur de donner à croire qu'il auroit tué les Guises, pour favoriser les Huguenots : tellement qu'il continua la guerre, & prit quelques places.

Cependant, la suite des affaires luy frayoit le chemin pour l'amener dans le cœur du Royaume, & le remettre à la Cour, qui estoit le poste qu'il devoit le plus souhaitter.

1589. Henry III s'estant trop amusé à Blois, la Ligue se rasseure, & fait rage.

Henry III s'estant amusé aprés le meurtre des Guises, à examiner les Cahiers des Estats à Blois, au lieu de monter promptement à cheval, & de se monstrer aux endroits où sa presence estoit la plus necessaire : la Ligue, qui d'abord avoit esté estourdie d'un si grand coup, reprit ses esprits ; les grandes villes, & principalement Paris, qui estoient possedées de cette

manie,

manie, ayant eu loisir de se remettre de leur consternation, passerent de la peur à la pitié, & de la pitié à la fureur. Les Seize éleurent à Paris le Duc d'Aumale pour leur Gouverneur; les Predicateurs & les gens d'Eglise se déchaisnerent horriblement contre le Roy; le peuple arracha ses armes par tout où il les trouva, & les traisna dans la bouë; le Parlement, qui vouloit s'opposer à cette rage, fut emprisonné à la Bastille, par Bussi le Clerc simple Procureur, mais fort accredité parmi les Seize. Il falut pour estre mis en liberté, qu'il prestast serment à la Ligue. Et au sortir de la Bastille il y en eut plusieurs, qui continuerent de tenir le Parlement à Paris, & les autres se déroberent peu à peu, & allerent trouver le Roy, qui transporta le Parlement à Tours, où ils tinrent leur seance jusqu'à la reduction de Paris, l'an mil cinq cens quatre-vingts quatorze. Ceux-cy témoignerent sans doute plus de fidelité à leur Roy; mais ceux qui demeurerent à Paris, luy rendirent après de bien plus grands services, comme nous le marquerons en son lieu.

La vefve du Duc de Guise presenta

Le Parlement est emprisonné à la Bastille, par Bussi le Clerc. Pour en sortir il luy falut prester serment à la Ligue. Une partie demeura à Paris, & l'autre alla trouver le Roy, qui les transfera à Tours.

Ceux du Parlement, qui demeurerent à Paris, firent le procés à Henry III.

sa Requeste à ceux-cy, pour informer de la mort de son mari, & demanda des Commissaires pour faire le procés à ceux qui s'en trouveroient convaincus. Elle eut des conclusions favorables du Procureur General, & l'on proceda fort avant sur ce sujet, mesme contre la personne de Henry III. Mais je ne puis pas dire jusqu'à quel poinct, parce que les feüilles furent arrachées des Registres du Parlement, quand le Roy Henry le Grand rentra dans Paris.

Belle reflexion à faire aux Rois.

„ On ne sçauroit assez detester de
„ semblables revoltes contre le Souve-
„ rain. Mais ces exemples luy doivent
„ bien apprendre, qu'encore qu'il
„ tienne sa puissance d'enhaut, neant-
„ moins l'obeïssance dépend du capri-
„ ce des peuples; & qu'il doit se con-
„ duire de telle sorte; qu'il n'attire
„ pas leur haine: Autrement puisque
„ les hommes ont bien l'audace de
„ blasphemer contre Dieu, comment
„ ne l'auroient-ils pas de se revolter
„ contre les Rois?

Henry III est excommunié par Sixte V.

Sur ces entrefaites Henry III apprit que le Pape Sixte V l'avoit excommunié pour le meurtre du Cardinal de Guise. Ce grand embrasement s'allus'alluma en peu de temps d'un bout à l'autre de la France. Le Duc de Mayenne, qui estoit à Lyon pour faire la guerre aux Huguenots de Dauphiné, estant averti par un courrier de Roissieu son secretaire, qui prevint celuy du Roy, sort de cette ville-là, vient en son Gouvernement de Bourgongne, s'asseure de Dijon, & de la Province; de là passe en Champagne, qui luy tend les bras; puis à Orleans, qui s'estoit déja revolté, & à Chartres, que ses approches font aussi soûlever; Et enfin il vient à Paris. Les Seize, & plusieurs de ses amis estoient d'avis qu'il prist le titre de Roy, lequel ils luy eussent fait donner par le Conseil, que la Ligue avoit establi; mais il le refusa, & se contenta de celuy de Lieutenant General de l'Estat & Couronne de France, qu'il prit, comme si le Throsne eust esté vacant. Aussi rompit-on les Seaux du Roy, & l'on en fit d'autres, où d'un costé estoit l'Escu de France, & de l'autre un Throne vuide, & pour inscription à l'entour, le nom & la qualité du Duc de Mayenne, en cette sorte: *Charles Duc de Mayenne, Lieutenant de l'Estat & Couronne de France.*

Toute la France prenant parti en

1589.

Le Duc de Mayenne s'asseure de la Bourgongne, de la Champagne, & vient à Paris.

Il prend la qualité de Lieutenant General de l'Estat & Couronne de France, & on rompt les Seaux du Roy.

1589.

Henry III a peur, & se retire à Tours.

cette occasion, & quasi toutes les Villes & Provinces du Royaume se rangeant du costé du Duc de Mayenne, le Roy eut peur d'estre envelopé à Blois, & se retira à Tours. Il ne luy restoit plus qu'un moyen de se defendre contre tant de perils, qui l'alloient environner; c'estoit d'appeller à son secours le Roy de Navarre, qui avoit cinq ou six mille hommes, vieux soldats, & fort affectionnez. Il n'osoit

Il tasche en vain d'appaiser le Duc de Mayenne.

le faire, de peur de passer pour fauteur des Heretiques, & d'encourir le blasme de violer les Edicts, qu'il avoit si solemnellement jurez dans les Estats de Blois contre les Huguenots. Il tenta donc toutes sortes de voyes pour appaiser le ressentiment du Duc de Mayenne, & luy offrit des conditions tres-avantageuses; mais quelle asseurance, disoient les Ligueux, ce Duc pouvoit-il jamais prendre, ses freres ayant esté tuez de la sorte qu'ils l'avoient esté? Ainsi, comme il ne voulut écouter aucune proposition

Il appelle enfin le Roy de Navarre & luy donne Saumur.

d'accommodement, Henry III fut contraint de se tourner du costé du Roy de Navarre.

Ce Prince avant toutes choses voulut avoir un passage sur la riviere de Loire.

Loire. On luy donna la ville de Sau- 1589.
mur, où il establit Gouverneur le Plef-
fis-Mornay, qui fortifia le chasteau,
& en fit comme la teste des places du
Parti Huguenot. S'estant en suite de *Le Roy*
cela approché de Tours, ses vieux Ca- *de Na-*
pitaines Huguenots le retinrent quel- *varre est*
que temps dans la défiance, & l'em- *dissuadé*
pescherent d'aller voir le Roy, duquel *par ses*
ils craignoient, disoient-ils, qu'en un *gens de se*
temps où une trahison luy estoit si ne- *commet-*
cessaire, pour se tirer du labyrinthe, *tre à sa*
où l'action de Blois l'avoit jetté, il *foy.*
ne voulust acheter son absolution
au prix de la vie du Roy de Navarre.

 Le Duc d'Espernon, qui estoit revenu en Cour pour servir son Maistre
au besoin, & le Mareschal d'Aumont
avoient beau le presser, & luy donner
leur parole; ses amis ne pouvoient
consentir qu'il s'exposast ainsi à la foy
d'un Prince, qui, à ce qu'ils croyoient,
n'en avoit gueres. Veritablement
leurs craintes estoient justes, & nostre Henry les avoit sans doute aussi
bien qu'eux; toutefois après qu'il eut
bien consideré qu'il s'agissoit de sauver la France, de servir son Roy, & de
s'ouvrir un chemin pour defendre la

E 5   Cou-

1589.
Neantmoins il se resout d'y aller, quoy qui en puisse arriver.

Couronne, qui luy appartenoit, il resolut de tout hazarder, & de se resigner entierement à la sainte garde du souverain Protecteur des Rois.

La ville de Tours est située comme dans une Isle, un peu au dessus du lieu, où la riviere de Cher se mesle avec la Loire, ayant costoyé ce grand fleuve trois ou quatre lieuës. Les gens du Roy de Navarre ne vouloient point qu'il s'engageast entre ces rivieres, mais que l'abouchement se fist au delà du Cher. Il l'emporta presque luy seul, contre eux tous. Neantmoins pour les contenter, il falut qu'il tinst conseil sur le bord de la riviere, & qu'il permist à ses Capitaines de la passer les premiers, comme pour sonder le gué. Il passa aprés eux, & arriva au Plessis lés Tours sur les trois heures de l'aprés midi en habit de guerre, tout crasseux, & tout usé de la cuirasse, luy seul ayant un manteau, & tous ses gens estans en pourpoint, tous prests d'endosser les armes, afin de monstrer qu'il n'estoit point venu pour faire sa Cour, mais pour bien servir.

Il passe pour cet effet la riviere de Cher.

Il alla au devant du Roy, qui entendoit Vespres aux Minimes. La foule

du

du peuple estoit si grande, qu'ils furent 1589. long-temps dans l'allée du mail sans se pouvoir joindre. Nostre Henry estant à trois pas du Roy, se jetta à ses pieds, & s'efforça de les baiser, mais le Roy ne voulut pas le permettre, & le relevant l'embrassa avec grande tendresse. Ils reïtererent leurs embrassemens trois ou quatre fois, le Roy le nommant son tres-cher Frere, & luy appellant le Roy son Seigneur. On entendit alors pousser avec grande joye les cris de *vive le Roy*, que l'on n'avoit point ouïs depuis long-temps, comme si la presence de nostre Henry eust fait renaistre l'affection des peuples, qui sembloit esteinte pour Henry III.

Son Entreveuë du Roy, & de luy à Tours.

Aprés que les deux Rois se furent entretenus quelque temps, nostre Henry repassa la riviere, & alla loger au faux-bourg Saint Simphorien ; car il avoit esté obligé de le promettre ainsi à ces vieux Huguenots, qui crurent qu'on leur tendoit des pieges par tout. Mais luy, qui estoit poussé d'un autre motif, & qui avoit ce genereux principe, Qu'il ne faut point ménager sa vie, quand il y a quelque chose à gaguer, qui doit estre plus precieux

Il repasse la riviere, & couche au fauxbourg; mais le lendemain vient seul revoir le Roy.

à un

1589. à un grand courage que la vie mesme, sortit le lendemain dés six heures du matin, sans avertir ses gens, & passant le pont avec un page seulement, vint donner le bon jour au Roy. Ils s'entretinrent long-temps en deux ou trois conferences, où nostre Henry donna de grandes marques de sa capacité, & de son jugement. Leur resolution en gros, fut de dresser une puissante armée pour attaquer Paris, qui estoit la principale teste de l'Hydre, & faisoit remuer toutes les autres; Ce qui leur seroit facile, pource que le Roy attendoit de grandes levées du costé des Suisses, où il avoit envoyé Sancy pour cela; joint que le dessein de ce siege estant publié, y attireroit infailliblement grand nombre de soldats & d'aventuriers, dans l'espoir d'un si riche pillage.

Ils resolvent d'assieger Paris.

Les deux Rois ayant passé deux jours ensemble; celuy de Navarre s'en alla à Chinon pour faire avancer le reste de ses troupes, qui refusoient encore de se mesler avec les Catholiques.

Le Duc de Mayenne manque de

Durant son absence le Duc de Mayenne, qui s'estoit mis aux champs, vint donner dans le faux-bourg de Tours, pensant surprendre la ville, &
le

le Roy dedans, par le moyen de quel- *surpren-*
ques intelligences. Le combat y fut *dre Henry III à*
fort sanglant, & peu s'en falut que le *Tours*
dessein du Duc ne reüssit; Mais com- *1589.*
me aprés les premiers efforts, il eut
perdu l'esperance d'y reüssir, il se retira tout doucement.

Depuis, les troupes du Roy estant *Les deux*
merveilleusement grossies, ils marche- *Rois*
rent conjointement luy & le Roy de *marchent*
Navarre vers Orleans, prirent toutes *vers Pa-*
les petites places d'alentour, de là de- *ris, avec*
scendirent en Beauce, & se rabatirent *leurs ar-*
tout d'un coup vers Paris. Tous les *mées.*
postes des environs, comme Poissy,
Estampes, & Meulan, furent forcez,
ou obtinrent capitulation, dont ils "
ne voulurent pour seureté, que la pa- "
role du Roy de Navarre, auquel ils "
se fioient plus qu'à tous les écrits de "
Henry III. Aussi faisoit-il profession "
de tenir sa parole, mesme aux depens "
de ses interests. "

Considerez un peu le different " *Grande*
estat, où ces deux Rois s'estoient mis " *& utile*
par leur conduite differente. L'un " *refle-*
pour avoir souvent manqué de foy, " *xion à*
estoit abandonné de ses Sujets, & ses " *faire sur*
plus grands sermens ne trouvoient " *les dif-*
point de croyance parmi eux. L'au- " *ferentes*
" *condui-*
" *tes de*

Henry III & du Roy de Navarre.
1589.

„ tre pour l'avoir toûjours exactement
„ gardée, estoit reclamé, mesme par
„ ses plus grands ennemis. En toutes
„ occasions il donnoit des marques de
„ sa valeur, de son experience au faict
„ de la guerre, & sur tout de sa pru-
„ dence, & des nobles inclinations qu'il
„ avoit à bien faire; & à obliger tout le
„ monde. On le voyoit à toute heure
„ aux endroits les plus dangereux has-
„ ter les travaux, animer les soldats,
„ les soustenir dans les sorties, consoler
„ les blessez, & leur faire distribuer
„ quelque argent. Il remarquoit tout,
„ s'enqueroit de tout, & vouloit faire
„ avec les Mareschaux de Camp tous
„ les logemens de son armée: Il obser-
„ voit adroitement ceux qu'on faisoit
„ dans l'armée de Henry III, où sou-
„ vent reconnoissant des defauts, il
„ n'en disoit rien de peur d'offenser
„ ceux qui les avoient faits, en décou-
„ vrant leur ignorance; & quand il se
„ croyoit obligé de les marquer, il le
„ faisoit avec tant de circonspection,
„ qu'ils ne luy en sçavoient point mau-
„ vais gré. Il n'estoit point chiche de
„ loüanges pour les belles actions, ni
„ de caresses & de bon accueil envers
„ tous ceux qui l'approchoient, Il s'en-
tre-

tretenoit avec eux, quand il en avoit « 1589.
le temps, ou du moins les obligeoit «
de quelque bon mot, de sorte qu'ils «
s'en alloient toûjours satisfaits. Il ne «
craignoit point de se rendre familier; «
parce qu'il estoit asseuré, que plus on «
le connoistroit, plus on auroit d'esti- «
me & d'affection pour luy. Enfin la «
conduite de ce Prince estoit telle, qu'il «
n'y avoit point de cœur qu'il ne ga- «
gnast, & qu'il n'avoit point d'ami, «
qui n'eust volontiers esté son martyr. «

Déja Paris estoit assiegé, le Roy s'es- *Paris est*
tant logé à Saint Clou, & nostre Henry *assiegé.*
à Meudon, tenant avec ses troupes ce
qui est depuis Vanvres jusqu'au pont de
Charenton. Déja Sanci estoit arrivé
avec les levées de Suisses, & l'on travailloit aux ordres pour donner un assaut
general, afin d'enlever les faux-bourgs
de deçà la riviere. Le Duc de Mayenne,
qui estoit dans la ville avec ses troupes,
attendant celles que le Duc de Nemours
luy devoit amener, estoit en grande apprehension de ne pouvoir soustenir le
furieux choc qui se preparoit: Quand *Henry*
un jeune Jacobin du Convent de Paris, *III est*
nommé Jacques Clement, par une reso- *tué par*
lution aussi diabolique & detestable, *un Ja-*
que determinée, vint frapper le Roy *cobin.*
Hen-

1589. Henry III d'un coup de couteau dans le ventre, dont il mourut le lendemain. Si ce Moine frenetique n'eust pas esté tué sur le champ par les gardes du Roy, on eust peut-estre appris beaucoup de choses, qui n'ont jamais esté sceuës.

Nostre Henry le vient voir comme il mouroit.

Nostre Henry estant averti sur le soir bien tard, de ce funeste accident, & du danger où estoit le Roy, se rendit à son logis accompagné seulement de vingt-cinq à trente Gentils-hommes. Y estant arrivé un peu auparavant qu'il expirast, il se mit à genoux pour luy baiser les mains, & receut

Ce que le Roy luy dit, & à ceux qui estoient presens.

ses dernieres embrassades. Le Roy le nomma par plusieurs fois son bon frere, & son legitime Successeur, luy recommanda le Royaume, exhorta les Seigneurs là presens de le reconnoistre, & de ne se point desunir. Enfin aprés l'avoir conjuré d'embrasser la Religion Catholique, il rendit l'esprit, laissant toute son armée dans un estonnement & dans une confusion qui ne se peut exprimer, & tous les Chefs & Capitaines dans des irresolutions, & des agitations differentes, selon leurs humeurs, leurs attachemens, & leurs interests.

SE-

SECONDE PARTIE DE LA VIE DE HENRY LE GRAND,

Contenant ce qu'il fit depuis le jour qu'il parvint à la Couronne de France, jusqu'à la Paix, qui fut faite l'an mil cinq cens quatre-vingt dix-huit, par le Traitté de Vervin.

LA mort du Roy Henry III changea entierement la face des affaires. Paris, la Ligue, & le Duc de Mayenne, passerent tout d'un coup d'une grande tristesse à une furieuse joye ; & les serviteurs du defunt Roy, d'une esperance toute prochaine de le voir vengé, à une extréme desolation.

Ce Prince, qui avoit esté l'objet de la haine des peuples, n'estant plus, il sembloit que cette haine devoit cesser, & par consequent la chaleur de la Ligue se ralentir ; mais d'autre costé, non seulement tous ceux qui composoient cette faction, mais encore beaucoup d'autres, qui eussent tenu pour crime de se liguer contre Henry III leur

1589. Changement que causa la mort de Henry III.

leur Roy legitime & Catholique, crurent estre obligez en conscience de s'opposer à nostre Henry, au moins jusques à ce qu'il fust rentré dans le sein de la vraye Eglise. Condition qu'ils croyoient absolument necessaire pour succeder à Charlemagne & à Saint Louïs. Tellement que si la Ligue perdoit cette chaleur que la haine luy donnoit, elle en prenoit une bien plus specieuse du zele de la Religion, & avec cela avoit un pretexte tres-plausible de ne point poser les armes, que Henry ne professast la Foy de ses Ancestres.

Problesme, si Henry III mourut en un temps favorable pour Henry IV, ou non.

Il estoit bien mal-aisé de juger si le poinct auquel arriva ce malheureux parricide, fut bon ou mauvais pour luy. Car d'un costé il sembloit que la providence ne l'avoit attiré de l'extremité du Royaume, où il estoit comme relegué, & ne l'avoit amené par la main sur le plus beau theatre de la France, à la veuë de Paris, que pour qu'il y fist connoistre sa bonté & sa vertu, & qu'il fust en estat de recueillir une succession, à laquelle on ne l'eust jamais appellé, s'il n'eust esté present. Mais d'autre part, quand on consideroit la multitude des puissans ennemis, qui luy alloyent tomber sur les bras,

bras, le peu d'argent & de forces qu'il avoit, l'obstacle de sa Religion, & mille autres difficultez, on ne pouvoit certes juger, si la Couronne luy estoit écheuë pour en joüir, ou si elle luy estoit tombée sur la teste pour l'ecraser; Et il y avoit sujet de dire, que si cette conjoncture l'élevoit, c'estoit sur un Throsne tremblant, & dressé sur le bord des precipices.

1589.

Tandis que Henry III estoit à l'agonie, nostre Henry tint plusieurs conseils tumultuairement dans le mesme logis, avec ceux qu'il estimoit ses plus fideles serviteurs. Lors qu'il sceut qu'il avoit rendu l'esprit, il se retira en son quartier à Meudon, où il prit le dueil de violet. D'abord il fut suivi d'un assez bon nombre de Noblesse, qui l'accompagna autant par curiosité que par affection; La Huguenote avec les troupes qu'il avoit amenées, luy presta serment tout aussi-tost; mais ce nombre estoit bien petit. Quelques-uns des Catholiques, comme le Mareschal d'Aumont, Givry, & Humieres, luy jurerent service jusqu'à la mort, & de bonne grace, sans desirer de luy aucune condition. Mais la plus grande part des autres estant ou éloignez d'in-

Henry IV tint plusieurs conseils.

Quelques Catholiques le reconnoissent, plusieurs ne veulent pas.

d'inclination, ou piquez de quelque mécontentement, ou croyant avoir trouvé alors le temps de se faire bien acheter, se tenoient plus à l'écart, & faisoient de petites assemblées en divers lieux, où ils formoient quantité de desseins fantastiques.

Quelques-uns se proposoient de se faire Souverains. Le Mareschal de Biron entre autres, mais le Roy luy en fait perdre l'envie.

Chacun d'eux se proposoit de se faire Souverain de quelque Ville, ou de quelque Province, comme les Gouverneurs avoient fait dans la decadence de la Maison de Charlemagne. Le Mareschal de Biron, entre autres, vouloit avoir la Comté de Perigord; Et Sancy, pour ne le rebuter pas, en parla au Roy. Cette proposition estoit fort dangereuse, car s'il la refusoit, il l'irritoit; & s'il luy accordoit sa demande, il ouvroit le chemin à tous les autres, d'en faire de pareilles, & ainsi il faloit mettre le Royaume en pieces. Il n'y avoit que son esprit & ses lumieres, qui le pussent tirer d'un pas si difficile. Il charge donc Sancy de l'asseurer de sa part de son affection, dont il luy donneroit volontiers en temps & lieu, toutes les marques qu'un bon Sujet devoit attendre de son Souverain; mais en mesme temps il luy fournit tant de puissantes raisons, pour les-

lesquelles il ne pouvoit luy accorder ce qu'il desiroit, que Sancy en estant persuadé le premier, il ne luy fut pas difficile de faire le mesme effet sur l'esprit de Biron, lequel il obligea non seulement de renoncer à cette pretention, mais encore de protester qu'il ne souffriroit jamais qu'aucune piece de l'Estat fust démembrée en faveur de qui que ce fust.

Il faloit sans doute que le Grand Henry raisonnast bien puissamment, & qu'il expliquast ses raisonnemens de la bonne maniere; puisqu'il pouvoit en des occasions si importantes, persuader des esprits si habiles, contre leurs propres interests.

Biron estant ainsi gagné, s'en alla avec Sancy, s'asseurer des Suisses que Sancy avoit amenez au feu Roy; mais qui estans tous des Cantons Catholiques, faisoient difficulté de porter les armes pour un Prince Huguenot, & sans nouvel ordre de leur Superieur. Quant aux troupes Françoises du defunt Roy, il n'estoit pas si facile de les gagner; les Seigneurs qui les commandoient, ou qui tenoient les Chefs dans leur dépendance, avoient chacun diverses visées, & vouloient les uns une cho-

Biron & Sancy asseurent les Suisses Catholiques au service du Roy.

chose, & les autres une autre, selon leur interest, ou leur caprice.

Quelle estoit la disposition des Princes du Sang vers le Roy.

Il y avoit six Princes de la Maison de Bourbon: sçavoir le vieux Cardinal de Bourbon, le Cardinal de Vendosme, le Comte de Soissons, le Prince de Conti, le Duc de Montpensier, & le Prince de Dombes son fils, lesquels au lieu d'estre son plus ferme appuy, ne luy causoient pas peu d'inquietude; parce qu'il n'y en avoit aucun d'eux, qui n'eust sa pretention particuliere, laquelle alloit toûjours à luy faire obstacle.

Seigneurs dans l'armée, & dans la Cour, mal-intentionnez.

Plusieurs des Seigneurs, qui estoient dans l'armée, n'estoient aussi gueres bien intentionnez, particulierement Henry, Grand Prieur de France, fils naturel de Charles IX (depuis Comte d'Auvergne & Duc d'Angoulesme,) le Duc d'Espernon, & Termes-Bellegarde, qui dans la crainte, qu'ils avoient euë autrefois qu'il ne les éloignast de la faveur de leur Maistre, l'avoient choqué en diverses rencontres.

Pour les Courtisans, comme François d'O, & Manou son frere, Chateau-Vieux, & plusieurs autres, comme ils sçavoient que nostre Henry detestoit leurs

leurs vilaines débauches, & qu'il ne seroit pas si mauvais ménager, que d'épuiser ses finances pour fournir à leur luxe, ils n'avoient pas beaucoup d'inclination pour luy, & neantmoins faute de pouvoir trouver mieux, ils se vouloient declarer en sa faveur; mais avec des conditions, qui le tinssent en bride, & qui l'obligeassent en quelque façon à dépendre d'eux.

Pour cet effet ils firent une assemblée de quelque Noblesse chez d'O, homme voluptueux, prodigue, & par consequent pas fort scrupuleux, mais qui pour lors faisoit le conscientieux, afin de se rendre necessaire; Et là ils resolurent de ne le point reconnoistre, qu'il ne fust Catholique. François d'O, accompagné de quelques Gentils-hommes, eut la hardiesse de porter au Roy la resolution de cette assemblée, & y adjousta un discours estudié, pour luy persuader de retourner à la Religion Catholique. Mais le Roy qui s'estoit déja remis de ses plus grandes craintes, leur fit une réponse tellement meslée de douceur & de gravité, de vigueur & de retenuë, qu'en les repoussant courageusement sans les rabrouër,

1589.

Assemblée de Noblesse chez d'O, veut que le Roy se convertisse. D'O luy en porte la parole.

Il luy répond adroitement & courageusement.

brouër, il leur témoigna qu'il desiroit bien les conserver, mais qu'aprés tout il ne craignoit guere de les perdre.

Autre plus grande assemblée de Noblesse resout de le reconnoistre pourveu qu'il se fasse instruire.

Quelques heures après, la Noblesse en suite de diverses petites assemblées, en tint une grande chez François de Luxembourg Duc de Piney. Là s'estant fait plusieurs propositions, les Ducs de Montpensier & de Piney avoient adroitement ménagé les esprits, & ramené les opinions les plus fascheuses à cette resolution. Que l'on reconnoistroit Henry pour Roy à ces conditions : 1. Pourveu qu'il se fist instruire dans six mois, car on presupposoit que l'instruction causeroit necessairement la conversion. 2. Qu'il ne permist aucun exercice que de la Religion Catholique. 3. Qu'il ne donnast ni charge ni employ aux Huguenots. 4. Qu'il permist à l'assemblée de deputer vers le Pape, pour luy faire entendre & agréer les causes, qui obligeoient la Noblesse de demeurer au service d'un Prince separé de l'Eglise Romaine.

Le Duc de Piney porte cette resolution au Roy, qui l'a agrée.

Le Duc de Piney fit entendre cette resolution au Roy, qui les remercia de leur zele pour la conservation de l'Estat, & de l'affection qu'ils avoient pour

sa

sa personne, leur promit qu'il perdroit plûtost la vie, que le souvenir des bons services qu'ils luy rendoient, & leur accorda facilement tous les poincts qu'ils demandoient, horsmis le second. Au lieu duquel il s'engagea de restablir l'exercice de la Religion Catholique par toutes ses Terres, & d'y remettre les Ecclesiastiques dans la possession de leurs biens: Et de cela il fit dresser une Declaration, & après que les Seigneurs & Gentils-hommes de marque l'eurent signée, il l'envoya à cette partie du Parlement, qui estoit seante à Tours pour la verifier.

Il y en eut plusieurs qui la signerent à regret, & quelques-uns qui refuserent absolument; entre autres le Duc d'Espernon, & Loüis de l'Hospital-Vitry. Ce dernier, inquieté, ce disoit-il, du scrupule de conscience, se jetta dans Paris, & se donna pour quelque temps à la Ligue; mais auparavant il abandonna le Gouvernement de Dourdan, que le defunt Roy luy avoit donné. Telle estoit alors la maxime des vrais gens d'honneur dans les guerres civiles, qu'en quittant un Parti, quel qu'il fust, ils quittoient aussi les places qu'ils en tenoient, &

1575.

Et accorde une Declaration touchant l'exercice de la Religion Catholique par toutes ses Terres. Plusieurs la signent à regret, & d'autres refusent, comme Vitry qui se fait Ligueux.

les

Et le Duc d'Espernon, qui se retire.

les remettoient à ceux qui les leur avoient conferées.

Le Duc d'Espernon protestant qu'il ne seroit jamais ni Espagnol, ni Ligueux, mais que sa conscience ne luy permettoit pas de demeurer auprés du Roy, luy demanda congé de se retirer en son Gouvernement. Le Roy aprés avoir tenté en vain de le retenir, luy donna congé avec beaucoup de caresses & de loüanges, mais estant fort fasché en son cœur de cet abandonnement, pour lequel on croit qu'il garda contre luy un ressentiment secret tant qu'il vescut.

Le Duc de Mayenne est bien empesché quel Parti prendre.

Le Duc de Mayenne n'estoit pas peu empesché dans Paris, sur la resolution qu'il devoit prendre. Il voyoit que tous les Parisiens, mesme ceux qui avoient tenu le parti du defunt Roy, avoient bien resolu de pourvoir à la seureté de la Religion; mais que tous vouloient un Roy, à la reserve de quelques-uns des Seize, qui s'imaginoient pouvoir faire une Republique & mettre la France en Cantons, comme sont les Suisses; mais ceux-là n'estoient pas assez forts, ni en nombre, ni en richesses, ni en capacité pour conduire un tel dessein. Tellement que la plus part

part de ses amis luy conseilloyent de 1589. prendre le titre de Roy; toutefois quand il voulut sonder le gué pour cela, il trouva que cette proposition n'agreoit, ni au peuple, ni mesme au Roy d'Espagne, duquel il devoit tirer son principal appui, & les moyens de sa subsistance.

Là dessus on luy donna deux autres conseils; l'un, de s'accorder de bonne grace avec le nouveau Roy, qui sans doute dans la conjoncture où estoient les choses, luy eust accordé des conditions tres-avantageuses : L'autre, qu'il fist entendre par une Declaration aux Catholiques de l'armée Royale, que tous les ressentimens demeurans esteints par la mort de Henry III, il n'avoit plus d'interest que celuy de la Religion; Que ce poinct estant d'obligation divine, & regardant tous les bons Chrestiens, il les sommoit & conjuroit de se joindre avec luy pour exhorter le Roy de Navarre de rentrer dans l'Eglise, auquel cas ils promettoient de le reconnoistre aussitost pour Roy; Mais s'il refusoit de le faire, ils protestoient de substituer en sa place un autre Prince du Sang. Cet avis estoit le meilleur. Aussi luy estoit-

On luy donne deux conseils.

1589. il propose par Jeannin President au Parlement de Bourgongne, l'une des plus sages & des plus fortes testes qui fust dans son Conseil, & qui agissoit dans les affaires sans détours & sans ruses, mais un grand sens, & une singuliere probité.

Il les rejette, & fait proclamer Roy le vieux Cardinal de Bourbon.

Le Duc de Mayenne rejetta également tous ces deux avis, & en prit un troisiéme, sçavoir de faire proclamer Roy le vieux Cardinal de Bourbon, qui estoit alors detenu prisonnier par ordre de nostre Henry, & de se reserver toûjours la qualité de Lieutenant General de la Couronne. Il dressa en suite plusieurs Declarations; l'une qu'il envoya aux Parlemens; l'autre aux Provinces, & à la Noblesse, les invitant de faire un effort pour delivrer leur Roy, & défendre la Religion.

Le Roy tente en vain de traiter avec ce Duc.

Au mesme temps le Roy le tentoit par diverses negociations, & le faisoit exhorter de rechercher plûtost son avancement dans son amitié, que dans les troubles & dans les miseres de la France. Mais à cela le Duc répondoit qu'il avoit engagé sa foy à la cause publique, & presté serment au Roy Charles X (c'est ainsi qu'on appelloit le vieux

vieux Cardinal de Bourbon, car il se 1589. nommoit Charles,) auquel, selon le sentiment de la Ligue, la Couronne appartenoit, comme au plus proche parent du defunt. Et cependant il entretenoit des menées & des pratiques dans l'armée Royale, où ses emissaires débauchoient de jour à autre plusieurs personnes, mesme de ceux que le Roy croyoit les plus asseurez. Il y en avoit plusieurs d'assez genereux pour resister à l'argent; mais rien n'estoit à l'epreuve des intrigues des femmes de Paris, qui attiroient adroitement les Gentils-hommes & les Officiers dans la Ville, & n'épargnoient rien pour les engager.

Comme le Roy eut reconnu qu'il en demeuroit à toute heure quelquesuns dans ces filets, & qu'il estoit à craindre que ceux qui en revenoient, chiflez par des Maistresses, n'en rapportassent quelques pernicieux desseins; Que d'ailleurs il sceut que le Duc de Nemours s'avançoit avec ses troupes pour joindre le Duc de Mayenne; Que le Duc de Lorraine luy devoit aussi envoyer les siennes; & qu'il estoit à craindre que tous ensemble ne l'enveloppassent, & ne luy cou- *Il leve le pas-siege de*

devant Paris, & pourquoy.
1589.
Escrit aux Princes Protestans pour se justifier.

passent le chemin de la retraite: il trouva à propos de décamper de devant Paris.

Avant que de lever le piquet, il écrivit aux Princes Protestans pour leur rendre compte de ce qu'il faisoit, & pour les asseurer que rien n'estoit capable d'ébranler sa fermeté, ni de le separer d'avec Christ. Il parloit encore alors selon sa pensée, & sa conscience, n'ayant point d'envie de changer. Ce que pourtant les Ministres de sa Religion ne croyoient pas, & le veilloient de si prés sur ce sujet-là, qu'ils s'en rendoient importuns.

Ses grandes peines quatre ans durant à contenter les Catholiques, & les Huguenots.

Ce fut certes une peine indicible, qu'il eut à souffrir trois ou quatre ans durant, que d'entendre d'un costé les exhortations de ces gens-là, & de l'autre les remonstrances tres-instantes des Catholiques, car il faloit qu'il calmast les défiances des premiers, & qu'il entretinst les seconds de continuelles esperances de se faire instruire. De combien d'adresse eut-il besoin? De combien de patience? Avec quelle accortise, & avec quelle prudence falut-il manier tant d'esprits differens? Certes cela ne se pouvoit sans y employer toutes les forces de son jugement,

ment, & de son esprit. Ainsi il connut bien à quel point il est necessaire à un Prince d'avoir exercé de bonne heure son esprit, & de s'estre instruit à parler, à negotier, & à bien dire, pour pouvoir se servir de ses talens dans le besoin. Sans mentir il eut bien pour lors à se louër de ceux, qui ayant eu le soin de l'élever, l'avoient formé en sa jeunesse à manier les affaires, à traitter avec les hommes, & à gagner les affections de tout le monde."

1589.
Il eut besoin de grande prudence, adresse, & eloquence.

Les derniers devoirs qu'il desiroit rendre à son Predecesseur luy servirent d'un honneste pretexte de lever le siege de devant Paris. Pour mettre son corps en un lieu, où le ressentiment des serviteurs du Duc de Guise ne luy pûst faire outrage, il le conduisit à Compiegne, & le deposa en l'Abbaye de Saint Cornille, où il luy fit faire toutes les ceremonies funebres aussi honorablement que la confusion du temps le pût permettre. N'y pouvant assister luy-mesme à cause de sa Religion, il en commit le soin à Bellegarde & à Espernon. Ce dernier l'accompagna jusques là, puis se retira en Angoumois.

Il conduit le corps de Henry III à Saint Cornille de Compiegne.

Il y eut trois avis sur l'endroit, où nos-

Trois avis

touchant le lieu, où il se devoit retirer.
1589.

nostre Henry se devoit retirer en levant le siege de Paris. Le premier estoit de repasser la Loire, & d'abandonner à la Ligue les Provinces de deçà, parce que difficilement il pouvoit les maintenir. Le second, de remonter le long de la Marne, & de se saisir des Ponts & des Villes pour y attendre un secours de Suisses Protestans, & d'Allemans, qui luy devoit venir. Et le troisiéme, de descendre en Normandie, pour s'asseurer de quelques Villes dont les Gouverneurs n'estoient point encore attachez à la Ligue, & pour y recueillir les deniers dans les Receptes des Tailles, & y joindre le secours d'Angleterre, que la Reine Elizabeth luy avoit promis, & qui ne pouvoit pas beaucoup tarder.

Il suit le dernier, qui estoit d'aller en Normandie.

Il s'attacha au dernier de ces avis. Ainsi la Noblesse qui l'accompagnoit desirant s'aller rafraischir chez elle pour quelque temps, il luy donna congé. Il envoya une partie de ses troupes en Picardie, sous la conduite du Duc de Longueville; une autre en Champagne, sous celle du Mareschal d'Aumont; & avec trois mille hommes de pied François, deux Regimens Suisses, & douze cens chevaux, qu'il retint seulelement avec luy, il descendit en Normandie.

Le Duc de Montpensier, qui en estoit Gouverneur, le vint joindre avec deux cens Gentils-hommes, & quinze cens fantassins. Rolet Gouverneur du Pont de l'Arche, homme de cœur & d'esprit, luy apporta les clefs de la place, ne demandant pour recompense que l'honneur de le servir. Emar de Chattes, Commandeur de Malte, en fit autant de la ville de Dieppe. Aprés quoy le Roy approcha de Rouën, où il croyoit avoir quelque intelligence.

Cette entreprise le mit en un extréme danger; mais en revanche elle luy donna une belle occasion d'acquerir de la gloire en se tirant d'un si dangereux pas. Voici comment.

Le Duc de Mayenne vient au secours de Rouën avec toutes ses forces, & passe la riviere à Vernon. Le Roy bien estonné se retire à Dieppe, & mande au Duc de Longueville & à d'Aumont de luy ramener en diligence ce qu'ils avoient de troupes. Le Duc cependant reprend toutes les petites places des environs de Dieppe pour l'environner & l'investir là dedans. En effet

Rolet luy apporte les clefs du Pont de l'Arche; & Chattes de Dieppe. Il veut assieger Rouën, mais le Duc de Mayenne vient au secours, & le pousse à Dieppe, où il l'investit.

il

1590.

il le ferra de si prés, que s'il ne se fust point amusé à contre-temps d'aller à Bins en Hainaut, conferer avec le Duc de Parme, il eust dans ce desordre dissipé la plus grande partie de sa petite armée. Il avoit déja fait courir le bruit par toute la France, & écrit avec asseurance à tous les Princes estrangers, qu'il tenoit le Roy de Navarre, il l'appelloit ainsi, acculé dans un petit coin, d'où il ne pouvoit sortir qu'en se rendant à luy, ou en sautant dans la mer. Le peril paroissoit si eminent, mesme à ses plus fideles serviteurs, que le Parlement qui estoit à Tours, luy envoya exprés un Maistre des Requestes, luy proposer que le seul expedient qu'ils voyoient de sauver l'Estat, c'estoit de les associer luy & le Cardinal de Bourbon son oncle, à la Royauté, donnant à l'un la conduite des affaires, & à l'autre celle des armes. Il y avoit aussi la plus grande partie des Capitaines de son armée, qui estoit d'avis, que laissant ses troupes à terre bien retranchées dans leurs postes, il s'embarquast au plûtost pour prendre la route d'Angleterre, ou de la Rochelle, de peur que s'il tardoit davantage, il ne se trouvast

Le Duc fait courre le bruit qu'il ne luy peut échaper.

Le Parlement de Tours luy conseilloit d'associer le Cardinal de Bourbon à la Royauté. D'autres luy conseilloient de se retirer en Angleterre.

investi par mer, aussi bien que par terre. Or sur la proposition du Parlement, il fit réponse qu'il avoit donné bon ordre que les intrigues du Duc de Mayenne ne pussent delivrer le Cardinal de Bourbon, comme on l'apprehendoit; Et le Mareschal de Biron parla si vertement à ceux, qui luy conseilloient de s'embarquer, qu'ils s'en desisterent.

1590.
Il se mocque des uns & des autres.

Il parut bien-tost à l'épreuve que les forces de la Ligue, qui estoient trois fois plus grandes que les siennes, n'estoient pas redoutables à proportion de leur nombre, & que plus il y avoit de Chefs, moins les efforts en estoient à craindre. Le Roy s'estoit logé au Chasteau d'Arques, qui est sur un costau, pour fermer le passage de la vallée, qui va à Dieppe. Le Duc avoit formé le dessein de prendre ce port de Mer. Par quatre ou cinq reprises, & à divers jours, il essaya d'attaquer le fauxbourg du Polet, & par quatre ou cinq fois il fut repoussé, nostre Henry y faisant toûjours des merveilles, & s'exposant si fort, qu'une fois il pensa estre surpris, & envelopé des ennemis. Enfin le Duc aprés avoir perdu là onze jours de temps, & mille ou

Le Duc de Mayenne assiege Dieppe.

Journée d'Arques.

Ce Duc leve le siege, & se retire, va en Picardie,

F 6

ou douze cens hommes, leva le siege, & se retira en Picardie.

& pourquoy.
1590.

On crut qu'il passa en cette Province, sur la crainte qu'il avoit que les Picards, gens sinceres & francs, mais fort simples, ne se laissassent surprendre aux artifices des agens d'Espagne, qui les vouloient engager à se jetter sous la protection du Roy leur Maistre.

Ce qui l'empêcha de reüssir dans son siege.

On remarqua aussi que ce qui l'empescha de reüssir dans l'entreprise de Dieppe, & qui le tint deux ou trois jours sans y rien entreprendre à l'heure qu'il y faisoit bon; ce fut la jalousie, & les piques d'entre les Chefs, qui l'accompagnoient; particulierement du Marquis du Pont-à-Mousson fils du Duc de Lorraine, du Duc de Nemours, & du Chevalier d'Aumale. Car comme ils croyoient la prise du Roy infaillible, ou du moins sa fuite asseurée, & qu'ils disposoient déja du Royaume, comme de leur conqueste, ils se regardoient tous d'un œil de jalousie, & chacun d'eux formoit des desseins dans sa teste, pour en avoir la meilleure part.

Il ne fçaus

On remarqua encore que dans un de ces combats de Dieppe, le Duc de Mayen-

Mayenne ayant eu d'abord quelque *pas se* avantage, eust remporté une entiere *servir de* victoire, s'il se fust avancé plus viste *son a-* seulement d'un quart d'heure ; mais *vantage.* comme il marchoit trop lentement, 1590. il laissa échaper l'occasion, que jamais depuis il ne rencontra. Ce qui fit dire au Roy, qui reconnut bien cette faute: *S'il n'y va pas d'une autre façon, je suis asseuré de le battre toûjours à la campagne.*

J'ay rapporté ces particularitez, *Trois* parce qu'elles font connoistre les de- *causes* fauts de ce grand Corps de la Ligue, & *pour les-* les veritables causes, qui empesche- *quelles ce* rent ses progrez, & la reduisirent au *grand* neant. J'en trouve trois principales. *Corps de*
la Ligue
La premiere fut la défiance, que le *ne reüs-* Duc de Mayenne eut des Espagnols. *sissoit pas* Car bien qu'il ne pust se passer d'eux, *en ses* il ne laissoit pas de les regarder com- *desseins.* me ses ennemis secrets; Et eux ne l'as- *La dé-* sistoient pas pour l'amour de luy-mes- *fiance* me, mais dans le dessein de profiter *d'entre* du débris de la France. Ainsi comme *les Espa-* ils virent qu'il ne concouroit pas avec *gnols, &* eux pour leurs fins, & qu'il pensoit à *le Duc* son avantage sans faire le leur, ils ne *de* luy donnoient que de foibles secours, *Mayen-* ensorte qu'ils le laisserent dechoir si *ne.*
F 7 bas,

1590. bas, qu'après ils ne purent le relever quand ils le voulurent faire.

La jalousie d'entre les Chefs de la Ligue.

La seconde fut la jalousie d'entre les Chefs, qui ne s'accorderent jamais entre eux. Ils pensoient plus à se traverser & à se ruiner l'un l'autre, qu'à accabler leur ennemi commun, & s'embarrassoient de telle sorte par leurs divisions & partialitez, qu'ils manquoient toûjours leurs plus grandes entreprises : là où dans le Parti du Roy, il n'y avoit qu'un seul Chef, auquel tout se rapportoit, & par les ordres duquel tout se passoit.

La lenteur & paresse du Duc de Mayenne.

La troisiéme estoit la pesanteur du Duc de Mayenne, qui se remuoit fort lentement en toutes choses. Ses flateurs appelloient cela gravité. Ce defaut procedoit principalement de son naturel, & estoit augmenté non seulement par la masse de son corps, grand & gros à proportion, & qui par consequent avoit besoin de beaucoup de nourriture, & de beaucoup de sommeil; mais encore par la froideur, & par l'engourdissement que luy avoit laissé dans l'habitude du corps une certaine maladie, qu'il avoit contractée à Paris peu de jours après la mort de Henry III, de laquelle, dit-on, il s'ess'estoit voulu réjouïr mal à propos.

Le Roy Henry IV n'estoit pas de mesme: Car quoyqu'il aimast assez la bonne chere, & à se divertir avec ses familiers, lors qu'il en avoit le loisir; neantmoins tandis qu'il avoit des affaires, ou de guerre, ou d'autre nature, il n'estoit à table qu'un quart d'heure, & dormoit à peine deux ou trois heures de suite; Tellement que le Pape Sixte V ayant esté bien informé de sa façon de vivre, & de celle du Duc de Mayenne, pronostica hardiment que le Bearnois, il l'appelloit ainsi, comme faisoient tous les Ligueux, ne pouvoit manquer d'avoir le dessus, puisqu'il n'estoit pas plus long-temps au lict, que le Duc de Mayenne estoit à table.

1590. Grande activité & vigilance de Henry IV.

Les Officiers & serviteurs se formant sur l'exemple des Maistres, ceux du Roy estoient prompts, alertes, vigilans, qui executoient ses ordres aussi-tost qu'ils estoient sortis de sa bouche, qui prenoient garde à tout, & luy donnoient avis de tout. Au contraire ceux du Duc estoient lents, nonchalans, paresseux, & qui pour quelque occasion pressante que ce fust, ne vouloient rien perdre de leurs aises, & de leurs divertissemens.

Les Officiers & serviteurs ressembloient à leurs Maistres.

Il

1590.

Il me semble que pour l'intelligence de nostre Histoire, il estoit necessaire de marquer ces circonstances, qui sont tout-à-fait essencielles, & fort instructives.

Nous avons dit sur la fin de la premiere Partie, qui estoient les principaux Chefs de la Ligue, & comme ils tenoient presque toutes les meilleures Villes & les plus riches Provinces du Royaume. Ce ne seroit jamais fait de rapporter par le menu toutes les factions, les combats, les entreprises, & les changemens, qui se firent dans chaque Province cinq ou six ans durant. Nous suivrons seulement le gros des affaires, & verrons comme la Providence Divine, & la vertu incomparable de nostre Heros, tirerent la France du labyrinthe de ses miseres; en sorte que l'Estat & la Religion, qui se vouloient détruire par une guerre irreconciliable, furent sauvez miraculeusement l'un & l'autre, & refleurirent avec autant de bon-heur & de gloire que jamais.

Cette Histoire ne suivra que le gros des affaires.

On faisoit croire aux Parisiens que le Roy estoit pris.

Quoyque le Duc de Mayenne se fust retiré de devant Dieppe, neantmoins les peuples estoient entierement persuadez que le Roy ne luy pouvoit écha-

DE HENRY LE GRAND. 135

1590.

échaper, particulierement les Parisiens, à qui la Duchesse de Montpensier faisoit croire par des courriers apostez, qu'elle faisoit arriver de jour à autre, tantost qu'il demandoit à se rendre, tantost qu'il avoit esté pris, & enfin qu'on l'amenoit à Paris; si bien qu'il y eut des Dames, qui louërent des fenestres à la ruë Saint Denis pour le voir passer.

Tandis qu'on les amusoit de ces faux bruits, ils furent bien estonnez d'apprendre, qu'ayant receu un renfort de quatre mille Anglois, il s'estoit mis en marche, & qu'il venoit droit à Paris. Il y avoit quelques intelligences, qui luy promettoient que s'il pouvoit gagner les faux-bourgs, ils le feroient entrer dans la ville. Il attaqua donc ceux de Saint Germain, Saint Michel, Saint Jacques, Saint Marceau, & Saint Victor, & les emporta d'emblée, mais il ne pût gagner le quartier de l'Université, comme il esperoit, parce qu'on n'amena pas son canon assez à temps. Sur les huit heures du matin, c'estoit le jour de la Toussaints, il entra au faux-bourg Saint Jacques, où il reconnut que le peuple n'avoit nulle aversion pour luy,

Ils sont bien estonnez d'apprendre qu'il vient à eux. Il prend les fauxbourgs de Saint Germain, &c.

1590.

Sa moderation en cette rencontre.

luy; Car il ne le vid point effrayé, ni s'enfuyant éperduëment, mais se tenant à ses fenestres pour le regarder, & criant, *vive le Roy.* Aussi usa-t-il de son avantage avec une grande moderation: Il defendit toutes sortes de violences & de pillages, & mit ordre que le service divin fust continué; de sorte que ses gens y assisterent paisiblement avec les Bourgeois, tandis que luy montant au clocher de Saint Germain consideroit attentivement ce qui se faisoit dans la ville.

Les Ducs de Nemours & de Mayenne y accourent. Le Roy se retire à Montlehery. Puis il prend Estampes, Vendosme, le Mans, & Alençon.

Le soir le Duc de Nemours estant accouru avec de la cavalerie, & le Duc de Mayenne le lendemain avec son infanterie, le Roy délogea, & se retira à Montlehery: mais auparavant il mit son armée en bataille à la veuë de Paris, & la tint quatre heures sous les armes, pour faire connoistre aux Parisiens la foiblesse de leurs Chefs.

Aprés cela, Estampes, Vendosme, le Mans & Alençon ne purent soustenir sa presence & ses armes, & se rendirent à luy. De la façon qu'il y alloit, & que se defendoient les Chefs de la Ligue, il eust reconquis tout le Royaume en moins de quinze mois, s'il n'eust point manqué d'argent. Ce seul

Le dé-

seul défaut retardoit le cours de ses prosperitez. Les rançons qu'il imposoit aux Villes reduites par force, les emprunts qu'il faisoit, & les deniers qu'il pouvoit tirer des Tailles ne suffisoient pas à moitié pour entretenir ses troupes en corps d'armée; C'est pourquoy il fut contraint quatre ou cinq ans durant de faire la guerre d'une façon extraordinaire. Quand ses troupes avoient servi quelques mois, & consumé outre leur paye, ce qu'elles avoient picoré dans leurs quartiers, il les y renvoyoit tant pour se refaire, que pour preserver leurs païs des invasions de la Ligue. Semblablement lors que les Gentils-hommes volontaires avoient dépensé l'argent qu'ils avoient apporté de leurs maisons, il leur donnoit congé de s'en retourner pour y ménager dequoy fournir à un autre voyage, les invitant par son exemple à retrancher la dépense superfluë des habits, & des equipages, & les traittant outre cela avec tant de civilité & d'accortise, qu'ils ne luy manquoient jamais dans les occasions pressantes, & revenoient le plûtost qu'ils pouvoient, le servant, s'il faut ainsi dire, par quartier.

faut d'argent arreste ses progrez. 1590.

De quelle façon il faisoit subsister ses troupes.

Ce-

1590.
Il reduit presque toute la Normandie, & assiege Dreux.

Cependant il fondit tout d'un coup en Normandie, & la reduisit presque toute, ayant pris les villes de Dompfront, Falaise, Lisieux, Bayeux, Honfleur, cette derniere par un siege bien meurtrier. Puis au retour de là, il prit encore Meulan sur la Seine à sept lieuës de Paris, & mit le siege devant Dreux.

Au bruit de ses conquestes le Duc de Mayenne fut obligé pour sa reputation de sortir de Paris, d'assembler ses troupes, & de recevoir contre son inclination quinze cens Lanciers, & cinq cens Carabins du Duc de Parme, Gouverneur des Païs-Bas. Ces troupes estoient commandées par le Comte d'Egmont.

Le Duc de Mayenne marche pour secourir Dreux.
Le Roy vient au devant pour le combatre.

Aprés que ce Duc eut repris quelques petites places, qui incommodoient Paris & les environs, il passa la Seine sur les Ponts de Mantes, pour aller secourir Dreux, s'imaginant qu'il le pouvoit faire sans rien hazarder. De fait au bruit de sa marche le Roy leva le siege, mais ce fut à dessein de le combatre, & se vint pour cet effet loger à Nonancourt sur le passage de la riviere d'Eure.

Deux

Deux choses principalement le firent

rent resoudre à donner bataille: l'une que manquant d'argent, il ne pouvoit pas tenir plus longtemps ses troupes en corps d'armée, & que s'il les menoit en Normandie, il leur feroit consumer inutilement tout le revenu de cette Province, qui seule luy valoit plus que toutes les autres qu'il tenoit. L'autre, qu'il voyoit une gayeté extraordinaire dans tous ses gens de guerre, qui ne faisoient que sauter de joye, quand on leur disoit qu'ils alloient trouver l'Ennemi, & monstroient à leurs visages, & à leur contenance, qu'un jour de combat estoit un jour de feste pour eux.

raisons l'y obligent. 1590.

Le Duc de Mayenne n'estoit nullement d'avis d'exposer sa fortune & son honneur au hazard d'une journée, quand il consideroit la valeur des troupes du Roy au prix des siennes, la grande experience, & l'incomparable vertu de ce Prince: & avec cela son heureuse fortune, qui avoit pris un entier ascendant sur la sienne; de sorte qu'il ne croyoit plus la pouvoir vaincre qu'en l'evitant. Mais les reproches des Parisiens; les instances du Legat, que le Pape avoit envoyé pour appuyer les interests de la Ligue; la cabale Espagno-

Quelles causes engagerent le Duc de

Mayenne à la bataille. 1590.

spagnole, qui de quelque costé que la chance tournast, se promettoit de grands avantages de cette bataille, & la honte enfin d'avoir perdu plus de quarante places en six mois, sans se mettre en devoir d'en secourir aucune, l'amenerent comme par force au secours de Dreux. Et quand il fut si proche, le faux avis qu'il eut que le Roy se retiroit vers la ville de Verneüil au Perche, & les bravades du Comte d'Egmont, qui se vantoit d'estre capable luy seul avec ses troupes, de défaire l'armée du Roy, l'engagerent à passer la riviere d'Eure sur le Pont d'Yvry en grande diligence.

A dire le vray, le Roy & luy furent également surpris; le Roy d'apprendre qu'il avoit passé si-tost; le Duc de voir que le Roy, qu'il croyoit avoir pris la route de Verneüil, s'en venoit droit à luy. Mais quand ils eussent voulu, ils ne s'en pouvoient plus dédi-

Bataille d'Yvry, le 14 Mars.

re, il faloit en venir aux mains. Ce qui arriva le quatorziéme de Mars auprés du bourg d'Yvry.

On void bien au long dans les Histoires la description du champ de bataille, l'ordonnance des deux armées, les charges que firent les escadrons &
les

les bataillons de part & d'autre, & les 1590.
fautes des Chefs de la Ligue. Ainsi nous
n'en dirons que ce qui touche la personne de nostre Prince.

On y admira sa rare intelligence, *Merveilleuse*
son merveilleux genie, & son activité *intelligence de*
infatigable dans le mestier de la guerre. *Henry*
On y admira comme il sceut donner *IV.*
les ordres sans s'embarasser, & avec
aussi peu de confusion, que s'il eust
esté dans son cabinet; Comme il sceut
parfaitement ranger ses troupes; &
comme ayant reconnu le dessein des
ennemis, il changea toute l'ordonnance de son armée en un quart d'heure; Comme dans le combat il estoit par
tout, remarquoit toutes choses, & y
donnoit ordre de mesme que s'il eust
eu cent yeux, & autant de bras; le
bruit, l'embarras, la poussiere, & la
fumée luy augmentant plûtost le jugement & la connoissance, que de le
troubler.

Les armées estant en presence prestes de donner, il leva les yeux au Ciel, *Ses prieres à*
& joignant les mains appella Dieu à *Dieu.*
témoin de son intention, & invoqua
son assistance, le priant de vouloir reduire les rebelles à reconnoistre celuy que l'ordre de la succession leur
avoit

1590. avoit donné pour legitime Souverain; Mais, Seigneur, disoit-il, s'il t'a plû en disposer autrement, ou que tu voyes que je deusse estre du nombre de ces Rois que tu donnes en ta colere, oste-moy la vie avec la Couronne; agrée que je sois aujourd'huy la victime de tes saintes volontez, fay que ma mort delivre la France des calamitez de la guerre, & que mon sang soit le dernier qui soit répandu en cette querelle.

Aussi-tost il se fit donner son habillement de teste, sur la pointe duquel il y avoit un pennache de trois plumes blanches, & l'ayant pris, avant que de baisser la visiere, il dit à son escadron:

Son exhortation à ses gens.

Mes compagnons, si vous courez aujourd'huy ma fortune, je cours aussi la vostre; je veux vaincre ou mourir avec vous. Gardez bien vos rangs, je vous prie: si la chaleur du combat vous les fait quitter, pensez aussi-tost au ralliment, c'est le gain de la bataille. Vous le ferez entre ces trois arbres que vous voyez là haut à main droite (c'estoient trois poiriers;) & si vous perdez vos enseignes, cornettes, & guidons, ne perdez point de veuë mon pennache blanc: vous le trouverez toûjours au chemin de l'honneur & de la victoire.

La

La décision de la journée ayant esté assez long-temps incertaine, luy fut enfin favorable. La principale gloire luy en estoit deuë, dautant qu'il donna impetueusement dans ce formidable gros du Comte d'Egmont, & que s'estant meslé dans cette forest de lances l'épée à la main, il les rendit inutiles, & les contraignit d'en venir à de courtes armes ; à quoy les siens avoient beaucoup d'avantage, parce que les François sont plus agiles & plus adroits que les Flamans. Tellement qu'en moins d'un quart d'heure, il le perça, le dissipa & le mit en déroute ; ce qui causa le gain entier de la bataille.

1590. La bataille gagnée par le Roy.

De seize mille hommes qu'avoit le Duc, à peine s'en sauva-t-il quatre mille. Il demeura plus de mille chevaux sur la place avec le Comte d'Egmont ; quatre cens prisonniers de marque, & toute l'infanterie ; car les Lansquenets furent tous taillez en pieces. On luy prit tout son bagage, canon, enseignes & cornettes : sçavoir vingt cornettes de cavalerie, la cornette blanche du Duc, la Colonele de ses Reistres, le grand estendart du Comte d'Egmont, & soixante enseignes de gens de pied.

Grande perte des Ligueux.

G Le

1590.
Le Duc de Mayenne se sauve à Mantes, & de là à Paris.

Le Duc de Mayenne s'y porta aussi vaillamment qu'il le devoit, & tascha plusieurs fois à faire quelque ralliement ; mais enfin de peur d'estre envelopé, il se retira vers le Pont d'Yvry, & l'ayant passé le fit rompre pour arrester ceux qui le poursuivoient, & se sauva à Mantes, de là à Saint Denis, puis à Paris. Une partie des fuyards prit ce chemin avec luy, & l'autre prit celuy de la plaine, & gagna la ville de Chartres.

Le Roy expose trop sa personne, & Biron le luy remonstre librement.

Le Roy s'estant meslé durant la déroute dans un escadron de Walons, courut si grand risque de sa personne, que son armée le crut mort durant quelque temps. Surquoy le Mareschal de Biron accoustumé à parler librement, & qui n'avoit point combatu, mais s'estoit tenu à quartier avec un gros de reserve, pour empescher le ralliement des ennemis, ne put s'empescher de luy dire ; *Ah ! Sire, cela n'est pas juste, vous avez fait aujourd'huy ce que Biron devoit faire, & il a fait ce que devoit faire le Roy.*

Cette remonstrance fut approuvée de tous ceux qui l'entendirent, & les principaux Chefs prirent la liberté de supplier le Roy de ne plus exposer ainsi sa sa personne, & de considerer que Dieu ne l'avoit pas destiné pour estre Carabin, mais pour estre Roy de France; que tous les bras de ses Sujets devoient combatre pour luy, mais qu'ils demeureroient tous perclus, s'ils avoient perdu la teste, qui les faisoit mouvoir.

Pardessus tous les Chefs il emporta le prix de la vaillance; mais outre cela, sa clemence, sa generosité, & sa courtoisie ajoûterent un merveilleux éclat à ses belles actions; Et la maniere dont il usa de la victoire, fut une preuve certaine qu'il la tenoit de sa conduite, plûtost que de la Fortune. *Sa clemence, & sa generosité après la victoire.*

Il aima mieux recevoir les bataillons Suisses à composition, que de les tailler en pieces comme il le pouvoit; Il leur rendit leurs enseignes, & les fit reconduire dans leur païs par des Commissaires. Par là il gagna l'affection des cinq petits Cantons Catholiques.

Il n'eut rien plus à cœur que de faire connoistre à ses Sujets qu'il desiroit épargner leur sang, & qu'ils avoient affaire à un Roy clement & misericordieux, non pas à un cruel & impitoyable ennemi: Il fit crier dans la

G 2 dé-

1590. deroute, sauvez les François, & main basse sur l'Estranger. Il prit à merci tous ceux qui demandoient quartier, & en arracha tant qu'il put, des mains des soldats acharnez à la tuerie. Il traitta les prisonniers, particulierement les Gentils-hommes, non seulement avec humanité, mais encore avec courtoisie; & il combla d'honneur, de loüanges & de remerciemens toute la Noblesse, qui avoit combatu pour luy; partageant avec eux la gloire de la journée, & leur donnant des caresses pour arres des recompenses qu'ils devoient esperer de luy, lors qu'il seroit en pouvoir.

Sa reconnoissance & justice.

Je ne puis oublier une action qu'il fit de merveilleuse bonté, & qui fut aussi de grande efficace pour luy concilier les cœurs des Officiers, & des Gentils-hommes. Le Colonel Thische, ou Theodoric de Schomberg, commandant quelques compagnies de Reistres, avoit esté forcé la veille de la bataille par les crieries de ces brutaux, de luy demander les monstres qui leur estoient deuës, & de luy representer qu'à moins de cela ils ne vouloient point combatre. Les Suisses & les Allemans de ce temps-là en usoient ainsi;

Belle action qu'il fit.

l'Hil'Histoire nous en fournit cent exemples. Le Roy tout en colere d'une telle demande, luy répondit: *Comment, Colonel Thische, est-ce le faict d'un homme d'honneur de demander de l'argent quand il faut prendre les ordres pour combatre?* Le Colonel se retira tout confus, sans rien repartir. Le lendemain comme le Roy eut arrangé ses troupes, il se souvint qu'il l'avoit mal traitté, & sur cela poussé d'un remords, qui ne peut tomber que dans une ame genereuse, il alla le trouver, & luy dit: *Colonel, nous voicy dans l'occasion, il se peut faire que j'y demeureray; il n'est pas juste que j'emporte l'honneur d'un brave Gentil-homme comme vous: je declare donc que je vous reconnois pour homme de bien, & incapable de faire une lascheté.*

Cela dit, il l'embrassa cordialement, & alors le Colonel ayant de tendresse la larme à l'œil, luy répondit, *Ah! Sire, me rendant l'honneur que vous m'aviez osté, vous m'ostez la vie, car j'en serois indigne si je ne la mettois aujourd'huy pour vostre service. Si j'en avois mille, je les voudrois toutes répandre à vos pieds.* De faict il fut tué en cette occasion,

1590. comme plusieurs autres braves Gentils-hommes.

Autre belle action. Je rapporteray encore une autre fort belle action, qui fait voir admirablement comme nostre Henry n'épargnoit ni les civilitez ni les caresses envers les Gentils-hommes, qui le servoient bien. Le soir comme il soupoit au Chasteau de Rosny, ayant esté averti que le Mareschal d'Aumont venoit luy rendre compte de ce qu'il avoit fait, il se leva pour aller au devant de luy, & l'ayant étroitement embrassé, il le convia à souper, & le fit asseoir à sa table avec ces obligeantes paroles: *Qu'il estoit bien raisonnable qu'il fust du festin, puisqu'il l'avoit si bien servi à ses nopces.*

Qu'est-ce qui empescha le Roy d'aller droit à Paris. La terreur fut si grande dans Paris aprés la perte de cette bataille, que si le Roy y fust allé tout droit, on ne fait point de doute qu'il n'y eust esté receu sans beaucoup de difficulté. Quelques uns disoient que c'estoit le Mareschal de Biron, qui l'en détournoit; pour-ce qu'il craignoit qu'aprés cela, n'ayant plus tant de besoin de luy, il ne le consideraft moins. D'autres pensoient que c'estoient ses Ministres & Capitaines Huguenots, qui l'en dissuasuadoient; parce qu'ils avoient peur 1590. qu'il ne s'accommodast avec les Parisiens pour la Religion, & ainsi luy conseilloient d'avoir plûtost cette grande ville par famine. Ce que le Marquis d'O, pour lors Surintendant, appuyoit aussi fortement, afin que le Roy la prenant par ce moyen, pûst la traitter comme une ville de conqueste, en tirer de grands tresors, & supprimer les rentes de l'Hostel de ville, faisant banqueroute aux Bourgeois de toutes les debtes du Roy, qui estoient fort grandes.

Conseil diabolique.

La Vefve de Montpensier, l'un des principaux organes de la Ligue, qui avoit accoûtumé d'amuser le peuple de Paris de fausses nouvelles, ne put plastrer le mal de la perte de cette bataille, qu'en disant que veritablement le Duc l'avoit perduë, mais que le Bearnois estoit mort. Le Bourgeois le crut cinq ou six jours durant; & ce fut assez pour retenir sa premiere frayeur, & pour avoir le temps de donner les ordres cependant, & d'envoyer ramasser du secours de tous costez.

La Vefve de Montpensier amuse le peuple.

Aprés la bataille, le Roy ayant sejourné quelques jours à Mantes, à cause

Le Roy part de Mantes.

prend quelques villes, & vient bloquer Paris.
1590.

se des grandes pluyes ; se remit aux champs, prit Lagni, Provins, Montereau, & Melun, sans se laisser plus amuser aux propositions de tréve que Villeroy luy faisoit. Puis, aprés avoir en passant tenté la ville de Sens avec peu de succés, il vint bloquer Paris, & prit tous les postes & chasteaux des environs, où il logea des garnisons de cavalerie pour batre la campagne.

Le Duc de Mayenne n'estoit allé trouver le Duc de Parme, & avoit laissé le Duc de Nemours à Paris.

Le Duc de Mayenne n'estoit pas dedans, il y avoit laissé le Duc de Nemours pour Gouverneur, & estoit allé trouver le Duc de Parme à Condé sur l'Escaut, pour luy demander quelque assistance en son besoin. Il se trouvoit dans un extréme embarras, & dans une juste crainte de perdre Paris, soit qu'il le pûst secourir, soit qu'il le laissast prendre ; d'autant qu'il voyoit bien que s'il y introduisoit le secours Espagnol, les Seize se serviroient de cet avantage pour se relever, & peut-estre pour engager Paris, par dépit de luy, sous le joug des Espagnols. Car ces Seize ne l'aimoient point du tout, parce qu'il avoit cassé leur Conseil de Quarante, qui bridoit son autorité ; & que pour s'éloigner tout-à-fait du gouvernement

ment Republicain qu'ils vouloient introduire, il avoit creé un autre Conseil, un Garde des Seaux, & quatre Secretaires d'Estat, avec lesquels il gouvernoit les affaires sans les y appeller, sinon quand il vouloit avoir de l'argent.

Outre cet embarras, il luy survint un autre sujet d'inquietude. Ce fut le trépas du vieux Cardinal de Bourbon, qui mourut à Fontenay en Poictou, où il estoit gardé par le Seigneur de la Boulaye. Il avoit à craindre que cette mort ne donnast ouverture aux Espagnols, & aux Seize de demander la creation d'un Roy, & qu'ils ne le pressassent si fort, que dans le besoin qu'il avoit d'eux, il fust contraint de le souffrir. En effet ce fut la premiere condition que les Agens d'Espagne mirent dans le Traitté, qu'ils firent avec luy pour luy donner secours: Et luy, de peur de leur déplaire, témoigna qu'il souhaittoit ardemment la convocation des Estats pour eslire un Roy, & transfera le lieu de l'assemblée de la ville de Melun, où il l'avoit assignée, dans celle de Paris; c'est à dire d'une ville qu'il avoit perduë dans une qui estoit assiegée. Cependant

La mort du Cardinal de Bourbon le trouble.

Les Espagnols & les Seize le pressant de faire un Roy, il assigne les Estats à Paris.

1590.
Il se fait conserver le titre de Lieutenant General.

dant il employa ses amis auprés du Parlement, & à l'Hostel de Ville pour se conserver la qualité de Lieutenant General ; laquelle luy ayant esté continuée, il monstra qu'il ne craignoit rien tant que les Estats, & travailla de tout son pouvoir à les empescher. Ce qui, pour dire vray, acheva la ruine de son Parti.

Paris estant bloqué, le Legat, & les Seize n'oublierent rien pour encourager les peuples. Ils consulterent leur Faculté de Theologie, & en obtinrent telles resolutions qu'ils voulurent, contre celuy qu'ils nommoient le Bearnois ; Ils firent faire plusieurs processions generales & particulieres ; Et les Officiers presterent de nouveau serment de fidelité à la sainte Union. C'est ainsi qu'ils appelloient la Ligue.

Nemours apporte un grand ordre à defendre Paris.

Au mesme temps le Duc de Nemours apportoit un grand ordre pour mettre cette ville en defense ; Et les Bourgeois estant persuadez pour la plufpart, que si le Roy la prenoit, il y establiroit le Presche, & aboliroit la Messe, s'y portoient avec une ardeur extréme, & contribuoient tout ce qu'on vouloit de leur bourse, & mesme de leur travail, aux fortifications.

C'est

1590.

C'est une belle chose dans les Histoires de ce temps-là, que la relation de ce Blocus, les ordres que Nemours donna dans la ville, les garnisons qu'il y establit en divers quartiers, les sorties qui se firent durant le premier mois, les inventions dont on se servoit à animer le peuple, les efforts & les diverses pratiques des serviteurs du Roy pour l'introduire dans la ville, les negotiations qui se firent de part & d'autre pour essayer de traitter un accommodement; comme les vivres diminuant, on chercha les moyens de les faire durer; comme nonobstant toute l'œconomie qu'on y apporta la disette fut extréme; Et comme enfin cette grande ville estant à trois ou quatre jours prés de perir entierement par la famine, fut delivrée par le Duc de Parme.

J'en marqueray seulement quelques particularitez fort memorables. Il se trouva dans Paris quand il fut bloqué deux cens trente mille personnes seulement, dont il y en avoit bien prés de trente mille des païsans d'alentour, qui s'y estoient refugiez; & il s'en estoit retiré prés de cent mille naturels Habitans; si bien qu'en ce temps-

Nombre des Habitans de Paris.

1590.
temps-là il n'y avoit que trois cens mille ames à Paris, & aujourd'huy on croit qu'il y en a plus de deux fois autant.

Il n'est pas si aisé de le prendre par famine.

On avoit fait esperer au Roy, que lors que les Parisiens auroient veû sept ou huit jours durant, la hale & les marchez dégarnis de pain, les boucheries sans viande, les ports sans bled, sans vin & sans les autres commoditez, dont la riviere a de coustume d'estre couverte, ils iroient prendre leurs Chefs à la gorge, & les contraindroient de traitter avec luy ; ou que si une humeur seditieuse ne les portoit pas à cela si promptement, la faim les y forceroit dans quinze jours. En effet il n'y avoit que pour cinq semaines de vivres : mais on les ménagea fort, & ceux qui luy disoient cela, ne connoissoient pas bien le peuple de Paris. Car il est merveilleusement patient, & il n'y a point d'extremité qu'il ne soit capable de souffrir, pourveu qu'on le sçache conduire, principalement lors qu'il s'agit de la Religion. On ne sçauroit lire sans estonnement, quelle fut l'aveugle obeïssance, & la constante union de cette fiere & indocile populace pendant quatre mois entiers
de

de pertes, & de miseres horribles. La 1590. famine fut si grande, que le peuple mangea jusqu'aux herbes, qui croissoient dans les fossez, jusqu'aux chiens, aux chats & aux cuirs; quelques-uns mesme disent que les Lansquenets mangeoient les enfans qu'ils pouvoient attraper.

Les Huguenots ravis d'aise de tenir une ville bloquée, qui leur avoit tant fait de maux, insistoient fortement dans le Conseil du Roy, & crioient mesme tout haut, & le faisoient crier par des soldats, qu'il la faloit attaquer de vive force, & que dans six heures ce seroit une affaire vuidée. Mais le bon & sage Roy n'avoit garde de suivre ces conseils passionnez : il connoissoit bien qu'ils vouloient prendre Paris de force pour y égorger tout, en revanche des massacres de la Saint Barthelemy. D'ailleurs il consideroit " qu'il desoleroit une ville, dont la " ruine, comme une blessure faite au " cœur, seroit peut-estre mortelle à " toute la France; Qu'il dissiperoit en " un jour le plus riche & presque " l'unique tresor de son Estat; Et que " personne n'en profiteroit que la " simple soldatesque, qui devenant in- "

Les Huguenots vouloient fort qu'on le prist de force : Le Roy ne le vouloit pas.

1590.
„ solente d'un si riche butin, se fon-
„ droit dans les delices, ou l'abandon-
„ neroit aussi-tost.

Bouches inutiles affament Paris.

Ceux qui au dedans avoient pris le soin de la Police, avoient fait une grande faute de n'avoir pas mis dehors la pauvre populace, & les bouches inutiles: La disette s'augmentant, ils chercherent trop tard les moyens d'y remedier; Et n'en ayant pû trouver aucun, ils deputerent vers le Roy pour luy demander permission d'en laisser sortir certain nombre, qui esperant cette grace, s'estoient déja assemblez prés la porte de Saint Victor, & avoient pris congé de leurs amis & de leurs voisins avec des regrets, qui fendoient les cœurs les plus insensibles.

Le Roy estoit si clement & si debonnaire qu'il se laissoit aisément flechir à leur accorder cette faveur: mais ceux de son Conseil s'y opposerent si hautement, que de crainte de les fâcher, il fut contraint de renvoyer ces miserables. Sa clemence neantmoins ne put pas souffrir qu'on luy fist long-temps cette violence. Comme il eut appris de plusieurs, qui craignant moins la mort que la famine, sautoient

Grande clemence du Roy qui laisse

par-

par deſſus les murailles, l'eſtat pitoya- *ſortir les*
ble de la ville, & qu'ils luy eurent re- *miſera-*
preſenté au vray ce qu'ils avoient veû *bles affa-*
de l'horrible neceſſité, & de l'incroya- *mez.*
ble obſtination des Ligueux: ſon cœur *1590.*
fut tellement ſerré de douleur, que
les larmes luy en vinrent aux yeux ; Et
s'eſtant un peu détourné pour cacher
cette émotion, il jetta un grand ſoû-
pir avec ces paroles: *O Seigneur, tu* *Ses gene-*
ſçais qui en eſt la cauſe, mais donne *reuſes*
moy le moyen de ſauver ceux que la ma- *paroles.*
lice de mes ennemis s'opiniaſtre ſi fort à
faire perir.

En vain les plus durs de ſon Conſeil, & ſpecialement les Huguenots,
luy repreſenterent que ces rebelles ne
meritoient point de grace ; Il ſe reſolut d'ouvrir le paſſage aux innocens.
Je ne m'eſtonne pas, dit-il, *ſi les Chefs*
de la Ligue & ſi les Eſpagnols ont ſi
peu de compaſſion de ces pauvres gens-
là, ils n'en ſont que les Tyrans ;
mais pour moy qui ſuis leur Pere &
leur Roy, je ne puis pas entendre le re-
cit de ces calamitez ſans en eſtre touché
juſqu'au fond de l'ame, & ſans deſirer
ardemment d'y apporter remede. Je ne
puis pas empeſcher que ceux que la fu-
reur de la Ligue poſſede, ne periſſent avec
elle :

elle ; mais quant à ceux qui implorent ma clemence, que peuvent-ils mais du crime des autres? je leur veux tendre les bras. Cela dit, il commanda qu'on laissast sortir ces miserables. Il y en eut plusieurs qui s'y traisnerent, quelques-uns s'y firent porter. Il en sortit cette fois là plus de quatre mille, qui se mirent à crier de toute leur force, *Vive le Roy.*

Depuis ce jour-là, comme l'on sceut qu'il ne s'en offensoit pas, les Capitaines quand ils estoient en garde, en laissoient toûjours échapper quelques bandes, & mesme prenoient la hardiesse d'envoyer des vivres & des rafraischissemens à leurs amis, à leurs anciens hostes, & particulierement aux ,, Dames. Car Paris estant la commu- ,, ne patrie des François, il y a peu de ,, gens, qui ne l'aiment, & qui n'y ayent ,, quelque gage d'amitié, qui leur de- ,, fend d'en procurer la perte à toute ,, outrance.

A l'exemple des Chefs, les soldats se licencioient à leur passer de la viande, des pains & des barils de vin pardessus les murailles, & recevant en échange quelques bonnes hardes à vil prix, ils se faisoient braves aux dépens des Marchands.

Ceux mesme de l'armée du Roy envoyoient des vivres dans Paris.

DE HENRY LE GRAND. 159

1590.

chands. Ce qu'on estoit en quelque façon contraint de tolerer, pource qu'il n'y avoit point d'argent de quoy les payer. Cela fit subsister Paris prés d'un mois plus qu'il n'eust fait; Mais il est presque impossible que cela n'arrive toûjours en pareilles occasions, comme on l'a veû il n'y a pas encore long-temps. Dieu veuille pour jamais preserver la France d'un si grand mal.

Ce qui le fait subsister.

Aprés tout, le Roy sçavoit bien certainement que cette grande ville ne pouvoit pas longuement subsister, & il desiroit en gagner entierement le cœur, afin d'y sapper les fondemens de la Ligue. C'est pourquoy il combatit leur opiniastreté avec un excés d'indulgence. Il donna des passeports aux Escoliers, ne pouvant pas refuser cela à leurs parens, qui estoient avec luy; puis aux Dames, & aux Ecclesiastiques; & à la fin mesme à ceux qui s'estoient monstrez ses plus cruels ennemis.

Cependant pour haster un peu les Chefs de la Ligue de venir à capitulation, il fut arresté en son Conseil qu'il se rendroit maistre des fauxbourgs. Le soir du vingt-septieme Juillet, il les fit tous attaquer à la fois; ils furent forcez en moins d'une heure,

Le Roy en prend tous les fauxbourgs en une nuit.

&

1590. & toutes les portes bloquées, ses gens ayant fait des logemens devant, & terrassé les maisons les plus proches du fossé.

Par ce dernier effort il prenoit les Parisiens à la gorge, & les pressoit de telle sorte qu'à peine pouvoient-ils respirer. C'est pourquoy leurs Chefs apprehendant que les defenses, les exhortations, & la crainte des supplices ne fussent plus capables de les retenir, conclurent aprés dix ou douze deliberations d'entrer en conference avec le Roy; non pas en intention de traitter avec luy, mais seulement de traisner la chose en longueur, afin de donner loisir au Duc de Mayenne de faire une tentative pour les secourir.

Le Duc de Mayenne s'avance à Meaux, mais il n'osé secourir Paris.

Ce Duc leur donnoit de ses nouvelles deux fois la semaine, & à chaque fois leur promettoit qu'il seroit à eux avec une puissante armée dans cinq ou six jours. Les ayant traisnez par ces esperances prés de six semaines, il s'avança enfin jusqu'à Meaux, dont Vitry estoit Gouverneur, & de là il leur monstroit quelque esperance de secours; toutefois il estoit trop foible pour le hazarder.

Le Duc de Parme qui avoit ordre d'Espad'Espagne de l'aller joindre, & de ne rien épargner pour secourir Paris, y apportoit grande repugnance. Il adprehendoit que pendant son absence le Cabinet ne luy donnast un successeur dans son Gouvernement, & qu'il ne perdist plus aux Païs-Bas, qu'il ne gagneroit en France; Neantmoins il receut enfin des commandemens si exprés, qu'il fut contraint d'obeïr. Il partit donc de Valenciennes le sixiéme d'Aoust, & arriva à Meaux le vingtdeuxiéme. Il n'avoit que douze mille hommes de pied, & trois mille chevaux; mais de l'artillerie, & des munitions pour une armée trois fois plus grande, & quinze cens chariots de vivres pour rafraischir Paris.

Le Duc de Parme s'y vient joindre avec une armée des Païs-Bas.

Comme c'estoit sans doute le plus grand Capitaine entre les Estrangers de ce siecle-là, pour tous les exploits qui dépendent du profond raisonnement, & de la judicieuse conduite: il avoit de telle sorte fait le plan de son dessein dans sa teste, si bien pris toutes ses mesures sur les cartes bien exactes du païs, & si bien medité tout ce qui luy pourroit arriver, & tout ce qu'il pourroit faire, qu'il se tenoit tout-àfait asseuré du succés.

Il avoit si bien pris ses mesures, qu'il se tenoit asseuré de faire lever le siege de Paris.

Ceux

1590.
Le Roy n'avoit point creu qu'il deuſt quitter les Païs-Bas.

Ceux qui eſtoient auprés du Roy, luy avoient toûjours fait croire que ce Duc ne ſortiroit point des Païs-Bas, & diſoient, s'il en ſortoit, ou qu'il ne pourroit faire qu'un ſi foible armement, qu'il n'oſeroit s'engager au cœur de la France, ou que s'il le faiſoit grand, il ne ſeroit jamais aſſez à temps pour delivrer Paris. Le Roy s'eſtoit un peu trop endormi ſur ce faux raiſonnement. Quand il ſceut qu'il marchoit tout de bon, il commença alors de craindre ce qui luy arriva ; & le peril luy parut d'autant plus grand, qu'il l'avoit moins preveû.

Il renouë la negotiation avec le Duc de Mayenne, qui feint d'y entendre pour l'amuſer.

Dans cette apprehenſion il fut bien aiſé de renoüer la negotiation avec le Duc de Mayenne, qui de ſon coſté feignit de deſirer l'accommodement plus que jamais, afin de l'amuſer, de peur qu'il n'attaquaſt Paris de vive force, & d'entretenir les Pariſiens de l'eſperance prochaine de leur delivrance ; car la famine les deſeſperoit ſi fort, qu'il n'eſtoit plus en ſon pouvoir de les retenir avec toutes ſes inventions que cinq ou ſix jours tout au plus.

Quand le Duc de Parme fut à deux journées de Meaux, il fit ſçavoir au au Roy que le Duc de Mayenne ne pouvoit plus traitter que conjointement avec luy. Alors le Conseil du Roy demeura fort estonné, & dans une grande irresolution de sçavoir ce qu'il faloit faire. Il y avoit sans doute de la honte pour le Roy, & un notable déchet à la reputation de ses armes, de lever un siege qui avoit duré quatre mois; Et c'estoit un tres-sensible déplaisir à ce Prince, qui estoit brave & glorieux, de le lever à la veille de la prise de cette grande Ville, dont la reduction eust esté le coup mortel de la Ligue.

Le Conseil du Roy fort empesché.

Il n'y avoit donc qu'un parti à prendre, mais qui sans doute estoit fort hazardeux, neantmoins le Roy le vouloit. C'estoit de laisser une partie des troupes dans les faux-bourgs, & de choisir une place de bataille, où le reste de l'armée pûst tenir teste au Duc de Parme sans lever le siege. Pour cet effet le Roy, appuyé de l'avis de la Nouë, Guitry, & le Plessis-Mornay, laissa seulement trois mille hommes devant Paris du costé de l'Université, & mit le reste de son armée en bataille dans la plaine de Bondy, qui estoit entre Paris & le Duc de Parme.

Le Roy vouloit prendre une place de bataille, & ne point lever le siege.

Mais

1590.
Biron fut d'avis de lever le siège, & l'emporta.

Mais le Mareschal de Biron improuvant tout-à-fait ce conseil, fit tant que l'on resolut de s'avancer jusqu'à Chelles en intention de donner bataille. On ne sçait pas s'il se porta à cela, ou par jalousie de ce qu'il n'avoit pas donné le premier conseil, ou parce qu'il luy sembloit dangereux de demeurer si prés de Paris, d'où il pouvoit sortir quinze ou seize mille hommes un jour de combat pour les charger par derriere. Quoyque c'en soit, son autorité estoit si grande parmi les gens de guerre, & il estoit si dangereux dans la conjoncture d'alors de contredire cet esprit chaud, qu'il l'en falut croire, & lever entierement le siege pour s'aller poster à Chelles.

Le Duc de Parme voyant cela, & ne jugeant pas à propos de combatre, se retrancha promptement dans un marais, & si bien qu'il ne craignoit point d'y estre forcé. Il se vanta mesme que le Roy ne sçauroit le contraindre dans ce poste-là de tirer seulement un coup de pistolet, & qu'avec cela il prendroit une ville à sa veuë, & déboucheroit un passage sur les rivieres pour faire entrer des vivres dans Paris. De fait il executa ponctuellement

Le Duc de Parme

ce qu'il avoit dit; Il ne fut point au *prend* pouvoir du Roy de l'obliger à la ba- *Lagny à* taille, & il prit Lagny sur Marne sans *la veuë* qu'il le pûst secourir. Ainsi Paris fut *du Roy,* entierement delivré, recevant dés le *court Pa-* lendemain une tres-grande quantité *ris.* de bateaux chargez de toutes sortes de *1590.* provisions. Sans que toutefois sa joye *Abon-* fust pareille à son soulagement, dau- *dance de* tant que la trop longue misere avoit *vivres* tellement desseiché les corps & aba- *amenée* tu les courages, qu'ils n'estoient plus *à Paris.* capables d'aucun sentiment de rejouïssance.

Les troupes du Duc de Nemours ayant repris cœur par ce rafraischissement, sortoient tous les jours avec les plus courageux de la Bourgeoisie, & retranchoient les vivres au camp du Roy; de sorte qu'en peu de temps la cherté commença de s'y mettre, les maladies s'y multiplierent, & l'impatience prit tellement les Gentilshommes, qui y estoient accourus sur l'esperance d'une bataille, que le Roy voyant cela assembla son Conseil pour chercher quelque remede à ces inconveniens. Il trouva que les dispositions estoient si mauvaises dans toute son armée, qu'il valoit mieux faire

1590. re retraite que de s'exposer à un plus grand affront. Mais comme il avoit regret de quitter l'entreprise de Paris, il tenta en passant, de l'emporter par escalade du costé de l'Université, entre la porte Saint Jacques & celle de Saint Marceau; Ce qu'ayant fait inutilement, il se retira à Senlis, & de là à Creil. En suite ne pouvant mieux faire, il prit Clermont en Beauvoisis, qui incommodoit Senlis & Compiegne: Puis, il mit une partie de ses troupes dans les villes d'alentour de Paris, en envoya une autre dans les Provinces pour les rasseurer dans l'obeïssance, & ne retint auprés de luy qu'un camp volant.

L'armée du Roy est contrainte de se séparer.

Lors qu'il fut retiré, les Ducs de Parme & de Mayenne s'elargirent dans la Brie. Parme sollicité instamment par les Ligueux, assiegea Corbeil. Il le pensoit prendre en quatre ou cinq jours, & il y mit un mois tout entier, faute que le Duc de Mayenne, par nonchalance, ou par jalousie, ne luy fournissoit des munitions que peu à peu. De sorte que voyant son armée se diminuer de beaucoup, & d'ailleurs se licencier à toute sorte de desordres à l'exemple des soldats François, il s'en re-

Le Duc de Parme assiege Corbeil, & le prend.

retourna en Flandres, fort mal content de la conduite de la nation Françoise, qu'il avoit trouvée, disoit-il, inconstante, & volage, pleine de jalousies & de divisions, insatiable, & peu reconnoissante. Son chagrin le faisoit parler ainsi.

1590.
Il s'en retourne en Flandres.

Avant que de partir il eut le déplaisir d'apprendre la perte de Corbeil, qui luy avoit tant cousté. Givry Gouverneur de Brie pour le Roy, le reprit en une nuit par escalade. Et la Ligue, quelques instances qu'elle en fist, ne sceut jamais obliger le Duc de Parme à demeurer en France jusqu'à tant qu'elle l'eust repris. Il luy laissa seulement huit mille hommes de ses troupes, promettant de revenir au Printemps avec une plus grande armée, & luy conseillant cependant d'amuser le Roy par des Traittez de Paix jusqu'à la prochaine campagne; Conseil que le Duc de Mayenne ne manqua pas de suivre, & par ce moyen retint encore en son Parti plusieurs Villes qui estoient prestes de l'abandonner.

Corbeil est repris par escalade.

L'expedition du Duc de Parme en France retarda beaucoup les affaires du Roy, mais elle n'avança point celles du Duc de Mayenne, au contraire

H

1590.

re elle les embrouilla, & y mit des dispositions qui à la fin les ruinerent. Car le Duc de Parme ayant connu les defauts du Duc de Mayenne, fit connoistre au Conseil d'Espagne qu'il estoit peu propre pour l'avancement de leurs interests, estant trop foible & trop peu autorisé pour tenir en liaison un si grand Parti, trop jaloux, trop lent & trop paresseux pour donner ordre à tout; Qu'ainsi il faloit que le Roy d'Espagne prist luy-mesme le soin de la Ligue, & s'en rendist absolument le maistre. Que pour cet effet il gagnast les Ecclesiastiques, & les peuples des grandes Villes, qui ayant beaucoup de disposition à voir changer l'estat du gouvernement, parce que sous les Regnes derniers il avoit esté fort rude aux peuples, se porteroient facilement, ou à joindre les villes ensemble en forme de Cantons, ou à faire un Roy dont la puissance fust si limitée, qu'il ne pust desormais les accabler d'imposts, ou de gens de guerre, comme avoient fait les deux derniers Rois.

Le Duc de Parme conseille au Roy d'Espagne de se rendre chef & maistre de la Ligue.

En effet le Roy d'Espagne trouvant cette voye la plus commode pour ses desseins, & pensant par là changer la France en Republique, ou y faire un

Le Roy d'Espagne ne considere plus tant

un Roy qui ne subsistast que par luy, ne considera plus tant le Duc de Mayenne comme il avoit fait, & ne l'assista que foiblement, mais se mit à entretenir les factions dans les grandes Villes, & particulierement celle des Seize à Paris, n'y épargnant point l'argent. On croit qu'il en dépensa de si grandes sommes à cela, que s'il en eust mis autant à entretenir des armées, il eust conquis une bonne partie de ce Royaume.

le Duc de Mayenne, & pense à se rendre maistre des grandes Villes par des factions.

1590.

Or nostre Henry s'estant apperceu de ses desseins, travailla de son costé à les rompre. Et premierement quant au Duc de Mayenne, il l'amadoüoit par caresses & par plusieurs bons traittemens; Ce qu'il faisoit à deux fins, sçavoir pour essayer de le gagner, & aussi pour le rendre plus suspect aux Espagnols. Pour le mesme effet il taschoit de luy augmenter le dégoust qu'il avoit déja de cette Nation, & avec cela luy promettoit de grands avantages s'il vouloit s'accommoder avec luy. Par ces moyens il le retint toûjours un peu, ralentit son ardeur, & l'empescha de porter les choses à l'extremité. Et quant aux peuples, comme il sçavoit que c'estoit le

Le Roy tasche de regagner ce Duc.

Il tasche aussi de

H 2   mau-

regagner les peuples.
1590.

mauvais gouvernement de son Predecesseur, qui en avoit alteré les affections, & qui avoit fourni de pretexte, & d'occasion à la Ligue de causer leurs emportemens, il n'obmettoit aucun soin ni aucune bonté pour les ramener doucement à leur devoir.

Ce bon & sage Roy consideroit que pour guerir un mal, il faut en oster les causes, & qu'ainsi il n'avoit qu'à corriger & adoucir les mauvaises humeurs, qui avoient mis l'Estat à l'extremité. Il connoissoit assez pour l'avoir veû, que trois choses principalement avoient rendu son Predecesseur odieux & contemptible.

Trois moiens par lesquels Henry III avoit perdu l'affection de ses Sujets. Sa negligence & inapplication.

La premiere estoit sa molesse & sa ,, faineantise, qui faisoient qu'au lieu ,, d'employer les beaux talens que ,, Dieu luy avoit donnez, à regir son ,, Estat & à faire les fonctions de Roy, ,, il negligeoit de s'y appliquer, & ne ,, prenoit point assez à cœur la con- ,, duite de ses affaires, mais s'addon- ,, noit presque tout à ses plaisirs; com- ,, me si la Royauté, qui est la plus ,, grande & la plus eminente des choses ,, d'icy bas, n'estoit qu'un vain diver- ,, tissement, & que Dieu eust fait les ,, Rois seulement pour l'amour d'eux mes-

mesmes, & non pas pour sa gloire, & " 1590.
pour le bien commun des hommes. " *La dis-*
sipation
La seconde estoit son mauvais " *de ses Fi-*
ménage, & la dissipation de ses Fi- " *nances.*
nances, qui l'avoient obligé de cher- "
cher des moyens extraordinaires & "
fascheux d'exiger de l'argent. Or il "
n'avoit pas dissipé ses Finances seu- "
lement par ses profusions extrémes, "
& par les dons immenses qu'il faisoit "
à ses Favoris, ce qui desesperoit les "
peuples ; mais plus encore par sa ne- "
gligence, pource qu'il ne se donnoit "
pas la peine d'en prendre connois- "
sance, & de veiller sur ceux à qui il en "
confioit l'administration. Lesquels "
oubliant qu'ils n'en estoient que les "
dispensateurs, les prodiguoient en "
mille foles despenses, & les distri- "
buoient à leurs creatures, comme si "
c'eust esté leur propre bien. "

La troisiéme estoit le peu de " *Ses ma-*
creance qu'on avoit en sa foy, & ses " *nieres*
manieres d'agir avec ses Sujets trop " *d'agir*
subtiles, trop fines, trop couvertes, en " *trop fi-*
sorte qu'il avoit ce malheur qu'on " *nes.*
estoit toûjours en perpetuelle de- "
fiance avec luy, que toutes ses pa- "
roles & ses démarches sembloient "
estre des pieges, & qu'on pensoit "

H 3   faire

1590.
„ faire prudemment de croire tout le
„ contraire de ce qu'il vouloit qu'on
„ cruſt.

Or noſtre Henry ayant reconnu que ces mauvaiſes voyes avoient conduit ſon Predeceſſeur au precipice, ſe reſolut, tant par l'inclination qu'il avoit au bien, que par bonne Politique, d'en ſuivre de toutes contraires.

Trois autres moyens tous contraires, par leſquels Henry IV gagna l'eſtime & l'affection de ſes Sujets. Son activité, & grandeur d'ame.

Premierement il voulut monſtrer à la Ligue, qui luy diſputoit le Sceptre, qu'il eſtoit digne de le porter. Et pour cela il agiſſoit continuellement : non
„ pas ſeulement à la campagne & dans
„ les choſes de la guerre, mais dans
„ le cabinet pour les deliberations
„ des affaires importantes, pour les
„ negociations, pour l'ordre & la diſ-
„ tribution de ſes Finances, pour la
„ diſpenſation des charges & des em-
„ plois, pour les connoiſſances des
„ principales Loix, de l'ordre & de la
„ police de ſon Royaume, enfin pour
„ toutes les occupations que doit a-
„ voir celuy qui ne ſe contente pas
„ d'eſtre Roy de nom, mais qui le
„ veut eſtre en effet. Il vouloit bien
„ avoir de fideles Miniſtres, mais il
„ n'avoit point de compagnons; il leur
„ commettoit le ſoin des affaires de telle

telle sorte qu'il demeuroit toûjours le maistre absolu, & eux les serviteurs. Il les aimoit tendrement, comme il est juste, & usoit d'une grande familiarité avec eux, mais il n'eust pas souffert qu'ils eussent manqué de soûmission & de respect. S'il prenoit leur conseil, c'estoit par forme d'avis, non pas d'instructions necessaires, & il les obligeoit bien plus souvent par raison à suivre le sien, qu'il ne suivoit le leur. Il les honoroit de ses graces & de ses bienfaits, mais avec proportion & mesure; Il ne donnoit pas tout à un seul, ou bien à deux ou trois, mais comme pere commun il distribuoit les recompenses à tous ceux qu'il en jugeoit dignes; Et il vouloit qu'ils les receussent de ses mains, non point de celles d'autruy, dautant qu'il sçavoit que donner & faire du bien est le plus glorieux attribut de la Souveraineté, qui ne se doit communiquer à personne.

1590.

En second lieu il prit un soin tres-particulier de bien faire administrer ses Finances, à quoy quatre motifs l'obligeoient. Le premier; qu'il estoit d'un naturel, non pas avare, mais ménager & qui haïssoit les profusions.

Le soin de ses Finances.

„ sions. Le second, qu'il aimoit ses
„ peuples, & qu'il les épargnoit le
„ plus qu'il luy estoit possible : car il
„ faisoit conscience de tirer l'argent de
„ leurs bourses pour d'autres choses
„ que pour des usages tres-necessaires.
„ Aussi n'a-t-il jamais eu auprés de
„ luy de ces Sang-suës de Cour, qui
„ tirent tout à eux, & qui ne se sou-
„ cient pas d'où il vienne pourveu
„ qu'ils en ayent. Le troisiéme, que
„ le besoin, où il avoit toûjours esté,
„ luy avoit fait connoistre la valeur &
„ la necessité de l'argent, & qu'il estoit
„ bon de le bien ménager, parce qu'il
„ estoit difficile d'en recouvrer. Le
„ quatriéme, que n'ayant pas esté élevé
„ dans l'ignorance des affaires, comme
„ trop souvent on y éleve les Princes,
„ il estoit bien informé que la pluspart
„ des maux, qui avoient affligé la Fran-
„ ce, procedoient de la mauvaise ad-
„ ministration des deniers publics.
Entre tous les soins donc qu'il prit de
bien gouverner son Estat, il n'en eut
point de plus grand ni de plus continuel que celuy de regler ses Finances,
& d'éclaircir cette matiere. Les Surin-
tendans l'avoient embrouillée & em-
barrassée de cent mille nœuds, afin
qu'on

qu'on ne pûst jamais la developer & la démesler, & ils avoient fait en sorte que ce maniement, comme disoit un Financier de ce temps-là, estoit une magie noire, où l'on ne pouvoit voir goute, & qu'ainsi le bien du Prince & le sang du pauvre peuple demeuroient toûjours à leur discretion.

Il y avoit pour lors dans les Finances un Gentil-homme Normand nommé François d'O, qui estoit Surintendant dés le Regne de Henry III. Cet homme, à dire vray, estoit horriblement prodigue en toutes sortes de dépenses. Ses profusions le rendoient plus ingenieux & plus subtil à trouver de nouvelles inventions pour arracher la substance des peuples jusques dans les mouëlles, & pour troubler de plus en plus l'ordre des Finances, afin qu'on ne connust point la depredation qu'il en faisoit. Or quoyque le Roy le connust bien pour tel qu'il estoit, neantmoins parce qu'il avoit une forte cabale avec les mignons & serviteurs de defunt Henry III, qui faisoient les zelez Catholiques, il fut contraint de le souffrir dans cette charge, en attendant que ses affaires fussent en meilleur estat. Cependant

1590.

François d'O Surintendant des Finances grand dissipateur.

Le Roy est contraint de le souffrir en cette charge, mais il luy rogne les ongles.

pour

1590. pour reprimer sa convoitise insatiable, il prit luy-mesme peu à peu la connoissance du maniement de ses deniers, & y apporta tout doucement les ordres, tantost par un moyen, puis par un autre : de sorte qu'il sceut avec le temps le brider & le reduire en telle façon qu'il ne pouvoit plus prendre que peu de chose en comparaison de ce qu'il prenoit auparavant.

Il seroit superflu de dire avec quelle netteté & avec quelle franchise nostre Henry agissoit avec tout le monde. ,, Aussi voyons nous dans tout le cours ,, de sa vie, que ses propres ennemis a- ,, voient plus de confiance en sa parole ,, seule, qu'ils n'en avoient aux écrits

Sa bonne foy & franchise. ,, de tous les autres. Il usoit bien de ,, prudence dans sa conduite, mais il ,, n'usa jamais ni de fourbe, ni de finesse, ,, ni d'artifice. Le prudent ne marche jamais que par des voyes droites ,, & vertueuses ; l'artificieux au contraire, par des voyes obliques & mauvaises : le prudent ne peut estre que ,, genereux & bon ; au lieu que l'artificieux ne peut estre que lasche, ,, trompeur & meschant. Or il est certain que toute la vie de ce grand Roy ,, n'a esté que generosité, bonté,

dou-

douceur & clemence, ayant une in- " 1590.
clination merveilleuse à obliger tou- "
tes sortes de personnes, au moins de "
caresses, de bon accueil & de douces "
paroles quand il n'en avoit pas d'au- "
tres moyens. Il reconnoissoit les "
moindres services quand il pouvoit ; "
Il se monstroit facile & affable à tout "
le monde, familier aux gens de guer- "
re, pitoyable envers les peuples de la "
campagne, jusqu'à s'excuser envers " *Sa bon-*
eux quand l'occasion s'en presentoit, " *té.*
des maux qu'ils souffroient, & pro- "
tester qu'il n'en estoit point la cause, "
qu'il desiroit ardemment la Paix que "
Jesus Christ a tant recommandée "
aux Chrestiens, & que c'estoient "
ses ennemis qui le forçoient de fai- "
re la guerre, laquelle il detestoit "
comme la source de tous crimes & "
de toutes miseres. Il paroissoit dans "
son visage une certaine gayeté, dans "
son discours une vivacité & une gra- "
ce d'esprit particuliere, dans toutes "
ses actions une resolution & une "
promptitude qui contentoient les "
plus difficiles, & animoient les plus "
froids. Bien qu'il fust encore Hu- "
guenot, il parloit avec respect du Pa- "
pe & des Ecclesiastiques, traittoit "

H 6 les

1590.
„ les Grands & les Gentils-hom-
„ mes comme ses compagnons, &
„ n'ayant pas assez dequoy leur don-
„ ner, il les flattoit de la gloire d'estre
„ le bras droit de l'Estat, & de luy
„ soustenir la Couronne sur la teste. Il

Il oublioit les injures, & n'avoit point de vengeance.

„ ne sçavoit ce que c'estoit que de ven-
„ geance, son grand cœur estoit sans
„ aucun fiel, il pardonnoit les injures,
„ & mesme les oublioit facilement
„ pourveu qu'il reconnust que l'on
„ s'en repentoit, & qu'on avoit dispo-
„ sition à bien faire, ou du moins à ne

Cela luy reconquit son Royaume plûtost que son épée.

„ plus faire de mal. C'est avec ces armes
„ plûtost qu'avec l'espée, qu'il vainquit
„ ses plus cruels ennemis, qu'il força
„ les cœurs les plus durs & les plus en-
„ venimez à l'aimer, & que des Li-
„ gueux les plus passionnez, il fit ses
„ plus fideles serviteurs ; estimant que
„ c'estoit un procedé convenable à la
„ grandeur & à la bonté d'un Souve-
„ rain, de ne pas perdre ceux qu'on
„ pouvoit acquerir, & de les retirer de
„ la faute plûtost que de les abismer.
Voilà donc comme il suivoit des routes toutes contraires à celles que son
Predecesseur avoit tenuës.

1591.
Divisions &

Depuis le depart du Duc de Parme, les deux Partis, celuy du Roy &
celuy

celuy de la Ligue, demeurerent quelque temps dans une assez grande foiblesse, & tous deux furent également tourmentez par le mal des divisions & des jalousies; avec cette difference neantmoins que celles du Parti du Roy furent esteintes par sa bonne conduite, & que celles de la Ligue allerent toûjours en croissant.

Jalousies dans le Parti de la Ligue, & dans celuy du Roy. 1591.

Il y avoit une furieuse jalousie entre le Duc de Nemours, & le Duc de Mayenne freres uterins. Elle n'estoit pas moindre entre le Duc de Mayenne, & le Duc de Lorraine; & plus grande de beaucoup entre le mesme & les Espagnols, qui luy suscitoient mille traverses par le moyen des Seize. Car comme il ne pouvoit les souffrir pour compagnons, ils ne pouvoient le souffrir pour maistre, & desiroient sur toutes choses que la Ligue eust un autre Chef que luy.

Dans le Parti du Roy semblablement il y avoit trois ou quatre factions. La premiere, celle des Huguenots rigides & opiniastres, qui ne vouloient point que le Roy parlast de se faire instruire, menaçoient de l'abandonner s'il y songeoit, & pour cet effet, l'observoient sans cesse, & trouvoient

Dans le Parti du Roy trois factions, des Huguenots, des Catholi-

ques, & des serviteurs de Henry III.
1591.

voient à dire à toutes ses démarches. La seconde, celle des Catholiques, qui estoient zelez, ou qui feignoient de l'estre: ceux-là taschoient de l'éloigner des Huguenots, & murmuroient lors qu'il leur vouloit donner des charges, ou des emplois, ou qu'il les entretenoit en particulier. La troisiéme, celle des serviteurs & Courtisans de Henry III, à qui l'humeur de nostre Henry deplaisoit, parce qu'il ne leur donnoit pas tout ce qu'ils vouloient, & qu'il ne se laissoit point mener à leur fantaisie. Ceux-là estoient la pluspart athées & libertins, & neantmoins communiquoient avec les Catholiques, & causoient beaucoup d'inquietude au Roy.

Des deux dernieres se forma le Tiers Parti.

De ces deux dernieres factions jointes ensemble, il s'en forma une qu'on nomma le Tiers Parti. Charles Cardinal de Bourbon, qu'on avoit appellé le Cardinal de Vendosme, tandis que le vieux Cardinal de Bourbon vivoit, en estoit le Chef. Ce Prince vain & ambitieux s'imaginant que la Couronne luy seroit deferée, si Henry IV son cousin en estoit exclus, suscita les Catholiques de presser sa conversion, dans la croyance qu'il avoit que la conscience

de

de ce Roy & ses affaires n'y estant pas encore disposées il n'y pourroit pas entendre, & que par consequent, il le seroit par ces sourdes menées passer pour un Heretique opiniastre, & obligeroit les Catholiques à l'abandonner, puis à se tourner de son costé. Cette faction fut la plus dangereuse affaire que nostre Henry eut jamais à démesler; quoyqu'il fist semblant de la mépriser, & qu'il nommast ceux qui en estoient, *les Tiercelets*. Elle n'éclata point à masque levé, & ne se separa point ouvertement de luy; mais pour cela mesme elle en estoit plus à craindre; Et elle produisit enfin ce bien, qu'il fut contraint de se faire instruire tout de bon, & de se convertir.

Quant aux Huguenots, comme ils virent qu'il prestoit l'oreille aux Docteurs Catholiques, ils s'aviserent, afin de l'enveloper de telle sorte qu'il ne leur pûst échaper, qu'il faloit solliciter puissamment la Reine Elizabeth, & les Princes Protestans d'Allemagne, de luy envoyer de grandes forces, par le moyen desquelles ils croyoient le faire venir à bout de la Ligue, après quoy il n'auroit plus besoin de se convertir, & que cependant ils le tiendroient toû-

Les Huguenots sollicitent les Protestans d'envoyer de puissans secours à Henry IV, afin de l'empescher de se faire Catholique.

1591. toûjours obsedé par ces troupes estrangeres. En effet Elizabet, qui avoit ardeur pour sa religion Protestante, s'interessa fort dans la cause de ce Roy, l'assista toûjours genereusement, & sollicita avec chaleur les Princes d'Allemagne d'y concourir avec elle.

Edict accordé aux Huguenots.

Au mesme temps les Huguenots pressoient à toute force qu'on leur donnast un Edict pour l'exercice libre de leur Religion. Ils le poursuivirent si fortement, qu'il fallut le leur accorder, & on l'envoya au Parlement seant à Tours ; mais on ne pût jamais obtenir qu'il le verifiast qu'avec ces mots, *par provision seulement*, se monstrant aussi ennemi de cette fausse Religion, qu'il l'estoit des factions de la Ligue.

Mort du Pape Sixte V.

Durant ce temps le Pape Sixte V mourut, laissant dans le tresor de l'Eglise cinq millions d'or, qu'il avoit amassez. Il estoit fort dégoûté de la Ligue, & tendoit les bras tant qu'il pouvoit à nostre Henry pour le rappeller dans l'Eglise, au lieu que la Ligue s'efforçoit de luy en fermer les portes, afin de l'exclurre de la Royauté. A Sixte succeda Urbain VII, qui ne tint le Siege que treize jours. Et à cet Urbain Gregoire XIV, lequel estant

tant vehement, & Espagnol d'inclination, embrassa avec ardeur le Parti de la Ligue, comme nous le verrons.

Je passe sous silence les diverses entreprises, qui se faisoient de part & d'autre. Les Parisiens en manquerent une sur Saint Denis. Le Chevalier d'Aumale, l'un de leurs Chefs, qu'on appelloit le Lion rampant de la Ligue, y fut tué au milieu de la ville, comme il s'en estoit presque rendu le maistre. Le Roy de son costé en tenta une autre sur Paris. On la nomma la journée des Farines, parce qu'il devoit surprendre la ville, sous pretexte d'un convoy de farines qu'on y amenoit; mais elle fut découverte, & obligea le Duc de Mayenne sur les vehementes crieries que firent les Seize, de recevoir quatre mille hommes de garnison Espagnole; ce qui retarda de plus d'un an la reduction de Paris.

Il est bon de sçavoir que l'un & l'autre Parti n'ayant pas de fonds, ne pouvoient pas tenir continuellement leurs troupes sur pied, & ne faisoient, pour ainsi dire, la guerre que par intervalles. Quand elles avoient esté trois mois ensemble, elles se retiroient; puis se rassembloient à quelque temps de là, &
selon

1591. Election de Gregoire XIV. Entreprise des Ligueurs sur S. Denis, où le Chevalier d'Aumale fut tué. Entreprise du Roy sur Paris, qu'on appella la journée des Farines.

1591. selon qu'elles estoient les plus fortes ou les plus foibles, elles faisoient des entreprises.

Chartres assiegé & pris par le Roy.

Le Roy ayant ramassé les siennes assiegea la ville de Chartres, où la Bourdaisiere commandoit. Il y avoit peu de gens de guerre dedans ; le siege neantmoins fut long, difficile & meurtrier. Sa longueur donna sujet au Tiers Parti de remuer quantité d'intrigues fort dangereuses: Mais la prise de cette place les reprima pour quelque temps. Il en rendit le gouvernement à Chiverni Chancelier de France, qui l'avoit eu avant que la Ligue s'en fust saisie.

Aprés cela le Duc de Mayenne, qui ne se voyoit pas en trop bon estat, suivant le conseil du Duc de Parme, renoüa une conference pour la Paix; qui s'estant separée sans rien faire, les Princes Lorrains & les principaux Chefs de la Ligue tinrent une assemblée generale à Reims. Il y fut resolu qu'estant tous ensemble trop foibles pour resister au Roy, & ayant manqué d'argent, il faloit necessairement nouër avec l'Espagne plus fort qu'on n'avoit pas fait : Et pour cela ils dépescherent

Le President Janin

le President Janin vers Philippe Second. Ce President estoit homme de forte

forte cervelle & bon François, qui travailloit pour la Ligue & pour le Duc de Mayenne, mais qui vouloit sauver l'Estat en sauvant la Religion; tellement qu'il taschoit bien de se servir des Espagnols, mais il ne vouloit point les servir, ni procurer leur avancement. Il ne faut pourtant pas douter que comme il avoit ses fins, ils n'eussent aussi les leurs, & qu'ils ne pensassent à se dédommager des frais qu'ils faisoient pour la Ligue, sur le Royaume de France.

va en Espagne de la part de la Ligue. 1591.

L'Espagnol a pour but de profiter du débris de la France.

L'Espagnol avoit pour aide & second dans son dessein le nouveau Pape Gregoire XIV, qui alloit encore plus viste & avec plus de chaleur que luy. Car sans avoir égard ni aux lettres, que Monsieur de Luxembourg, depuis Duc de Piney, luy écrivoit de la part des Princes & Seigneurs Catholiques, qui estoient dans le Parti du Roy, ni aux soûmissions & tres-humbles remonstrances, que luy faisoit le Marquis de Pisany, qui estoit à Rome deputé de leur part: il embrassa fortement les interests de la Ligue; il entretint correspondance avec les *Seize*, recevant des lettres d'eux & leur en écrivant; Et qui plus est, il déploya prodiga-

Gregoi-

te XIV envoye une armée à la Ligue. 1591.

digalement le tresor, que Sixte V avoit amassé, pour lever une armée de douze mille hommes, qu'il envoya au secours de la Ligue, & dont il donna le commandement au Comte Hercules Sfondrate son neveu, qu'il fit exprés Duc de Montmarcian pour l'autoriser davantage par ce nouveau titre. Il accompagna cette armée d'un Monitoire ou Bulle d'excommunication contre les Prelats, qui suivoient le Roy, & l'envoya par Marcelin Landriane son Nonce, avec quantité d'argent pour distribuer aux Seize de Paris, & aux Chefs des cabales dans les grandes Villes.

Et une Bulle d'excommunication contre les Prelats qui suivoient le Roy, & de l'argent aux Seize.

Le Parlement de Tours ayant eu avis de ce Monitoire, le fit lacerer par la main du Bourreau, & decerna prise de corps contre le Nonce. Celuy de Paris au contraire cassa cet Arrest, comme estant donné, disoit-il, par gens sans pouvoir, & ordonna qu'on obeïst au Sainct Pere & à son Nonce.

Tout cela ne fit pas grand mal.

Aprés tout, ces Bulles ne produisirent pas grand effet d'abord, & le Cardinal de Bourbon se tourmenta en vain pour faire souslever l'assemblée du Clergé, qui se tenoit à Chartres, contre l'Arrest de Tours. L'armée du Pape ne ne fit pas aussi de grands exploits, & se dissipa presque toute, avant que d'avoir rendu aucun service.

Il n'en arriva pas de mesme des troupes que le Roy avoit fait lever en Allemagne par le Vicomte de Turenne. Elles servirent beaucoup aux affaires du Roy, & luy donnerent de notables avantages. En recompense il honora ce Seigneur du baston de Mareschal de France, pour le rendre plus capable d'épouser Charlote de la Mark Duchesse de Bouillon, & Dame Souveraine de Sedan, laquelle quoyque Huguenote, avoit esté puissamment recherchée d'amitié & de force par le Duc de Lorraine, qui desiroit la marier à son fils aisné le Marquis du Pont. Le Roy fit ce mariage pour mettre un homme en teste au Duc de Lorraine, qui aidoit à soustenir la Ligue. Dequoy le nouveau Mareschal s'acquita fort bien, ayant entre autres beaux exploits surpris Stenay la nuit precedente de ses nopces.

Il n'en alla pas de mesme du costé de nostre Henry. Il fut utilement servi par le Vicomte du Turenne.

Le Roy avoit un autre grand Capitaine en Dauphiné, c'estoit Lesdiguieres, qui contenoit ce païs là, ayant reduit la ville de Grenoble; Et qui luy sauva la Provence, dont le Duc de Savoye

Et par le Duc de Lesdiguieres.

1591. voye pensoit s'emparer, & démembrer cette piece de la Couronne. Ce Duc estant gendre de Philippe II Roy d'Espagne, la puissance de son beaupere élevoit son ambition & son courage, & luy faisoit oublier l'affection & l'attachement que ses Predecesseurs avoient presque toûjours eu pour la France, jusqu'à se tenir fort honorez d'estre pensionaires de nos Roys. Mais la conduite & la vaillance de Lesdiguieres firent échoüer tous ses hauts desseins, specialement par les batailles d'Esparon-de-Palieres, & de Pontcharra, où ce Duc receut autant de perte que de confusion.

Il conçoit de la passion pour la belle Gabrielle.

Vers ce temps-là nostre Henry conceut de la passion pour la belle Gabrielle d'Estrées, qui estoit d'une tres-noble Maison ; Et cette passion alla si fort en augmentant, que tandis qu'elle vescut elle tint la principale place dans son cœur, jusques-là qu'en ayant eu trois ou quatre enfans, il avoit quasi resolu de l'épouser, quoyqu'il ne l'eust sceu faire qu'avec de grands embarras & des difficultez fort dangereuses. Aiant pris la ville de Noyon, il en donna le Gouvernement au Comte d'Estrées pere de cette belle, & peu aprés encore
la

la charge de Grand Maistre de l'Artil- 1591.
lerie, qui avoit déja esté tenuë par Jean
d'Estrées l'an mil cinq cens cinquante.

Comme il se reposoit un peu aprés *Le Duc*
le siege de Noyon, il apprit l'évasion *de Guise*
du Duc de Guise, qui aprés plusieurs *se sauve*
autres tentatives, s'estoit sauvé en *de la*
plein midi du Chasteau de Tours, où *prison.*
il estoit en prison depuis la mort de son
pere. La nouvelle d'abord n'en toucha
pas moins le Roy, qu'elle le surprit. Il
redoutoit ce grand nom de Guise, qui
luy avoit tant fait de peine. Il avoit
peur que ce jeune Prince ne recueillist
l'amour des peuples, que son pere
avoit possedé à un si haut poinct, &
il regrettoit d'avoir perdu un gage,
qui luy pouvoit servir à beaucoup de
choses. Toutefois aprés qu'il y eut un
peu resvé, il diminua ses apprehen-
sions, & dit à ceux qui estoient au- *Raison-*
tour de luy, qu'il avoit plus de sujet *nement*
de s'en réjouïr que de s'en mettre en *bien ju-*
peine, parce qu'il arriveroit, ou que *dicieux*
le Duc de Guise se rangeroit auprés de *de Henry*
luy, auquel cas il le traitteroit com- *IV sur*
me son parent, ou qu'il se jetteroit *l'évasion*
dans la Ligue, & qu'alors il seroit *du Duc*
impossible que le Duc de Mayenne & *de Guise.*
luy pussent demeurer long-temps en-
sem-

1591. semble sans se brouiller, & devenir ennemis.

Ce pronostic fut tres-veritable. Le Duc de Mayenne ayant veû les réjouïssances que toute la Ligue témoignoit de cette nouvelle, les feux de joye qu'en firent les grandes Villes, les actions de graces que le Pape en avoit renduës à Dieu publiquement, & les esperances que les Seize concevoyent de voir resusciter en ce Prince, la protection & les qualitez de son pere, dont ils avoient esté idolatres: Le Duc de Mayenne, dis-je, voyant tout cela fut frapé d'une forte jalousie ; & quoyqu'il luy envoyast de l'argent, avec prieres qu'ils pussent s'entrevoir, neantmoins il ne le comptoit pas comme un nouveau renfort, mais comme un nouveau sujet d'inquietude & de fascherie pour luy.

Le Duc de Mayenne devient jaloux de son neveu.

En effet ce jeune Prince noüa aussi-tost une grande liaison avec les Seize, & leur promit de prendre leur protection. Par ce moyen-là, & par l'appuy des Espagnols, ils s'enhardirent de telle sorte, qu'ils resolurent de perdre le Duc de Mayenne, ne cessant de décrier sa conduite parmi les peuples. On asseure qu'il y en eut quelques uns d'en-

Les Seize s'appuyent du Duc de Guise, & veulent perdre le Duc de Mayenne. Ils écri-

d'entre eux qui écrivirent une lettre au Roy d'Espagne, par laquelle ils se jettoient entre ses bras, & le supplioient s'il ne vouloit regner sur eux, de leur donner un Roy de sa race, ou de choisir un gendre pour sa fille, qu'ils recevroient avec toute obeïssance & fidelité. Ils s'aviserent outre cela de dresser un nouveau formulaire de serment pour la Ligue, qui excluoit les Princes du Sang, afin d'obliger tous les suspects, qui ne voudroient pas jurer une chose si contraire à leur sentiment, de sortir hors de la ville, & de leur abandonner leurs biens. Par cet artifice ils chasserent plusieurs personnes, entre autres le Cardinal de Gondy Evesque de Paris, qu'ils avoient pris en haine, parce qu'avec quelques Curez de la ville il travailloit adroitement à disposer les peuples en faveur du Roy.

Ecrivent au Roy d'Espagne. 1591.

Ils chassent le Cardinal de Gondy & plusieurs autres de Paris.

Il ne leur restoit qu'à se défaire du Parlement, qui les veilloit jour & nuict, & qui arrestoit leurs entreprises. Ils avoient poursuivi la condemnation d'un nommé Brigard, parce qu'il avoit correspondance avec les Royalistes; le Parlement l'ayant absous, ils en furent si irritez, que les plus passion-

I

nez

1591.

Par un horrible attentat ils font pendre le Président Brisson, & deux Conseillers.

nez d'entre eux, de complot fait, & de leur auterité privée, aiant fait prendre les armes à ceux de leur faction, allerent se saisir des personnes du Président Brisson, de Larcher & de Tardif Conseillers. Ils les menerent prisonniers au Chatelet, où aprés quelques formalitez, l'un d'eux leur prononça la Sentence de mort; en execution de laquelle ils les firent pendre tous trois à la fenestre de la chambre, puis le lendemain porter à la Greve, afin d'émouvoir le peuple en leur faveur. Mais la pluspart eurent horreur d'un si damnable attentat, & les plus zelez mesme de ce Parti-là demeurerent muets, ne sçachant s'ils devoient l'approuver ou le blasmer.

Quelques-uns vouloient aussi tuer le Duc de Mayenne, mais le cœur leur manqua.

Il se trouva quelques-uns de ces Seize assez determinez pour vouloir passer plus avant. Ils disoient qu'il faloit achever la tragedie, & se défaire du Duc de Mayenne s'il approchoit de Paris, il estoit pour lors à Laon; Qu'aprés cela ils pourroyent s'asseurer de la Ville, élire un Chef qui dependist d'eux, retablir le Conseil des Quarante aboli par ce Duc, & demander l'union des grandes Villes. Et certes, il y a apparence qu'ayant la Bastille, dont

dont Bussy estoit Gouverneur, le menu peuple, & la garnison Espagnole pour eux, ils eussent pû se rendre maistres de Paris, & aprés cela traiter tout à leur aise, ou avec le Roy, ou avec le Duc de Guise, ou avec les Espagnols; Mais ils manquerent de resolution. Cependant le Duc de Mayenne ayant hesité deux jours s'il viendroit à Paris, parce qu'il craignoit qu'ils ne luy en fermassent les portes, s'y rendit avec quelques gens de guerre, & voyant que le Parlement n'osoit entreprendre de faire le procés à ces gens-là, il se resolut à les chastier luy-mesme, quelque chose qui en pûst arriver; ainsi sans forme de procés dans son cabinet il en condamna neuf à mort. On n'en pût attraper que quatre, qu'il fit pendre dans le Louvre; les cinq autres se sauverent en Flandres. Le plus remarquable de ces cinq estoit Bussy-le-Clerc, qui avoit esté contraint de rendre la Bastille aux gens du Duc. On l'a veu traisner sa misere dans la ville de Bruxelles, & conserver toûjours sa haine contre les François, jusqu'au dernier soûpir de sa vie, qui finit peu avant la derniere declaration de la guerre entre les deux Couronnes.

Sur cela ce Duc vient à Paris, & en fait pendre quatre; ce qui abbat entierement la faction des Seize.

1591.
Il fait aussi quatre Présidens au Parlement.

Ce terrible coup ayant mis bas entierement la faction des Seize, le Duc fit quatre Présidens au Parlement, où il n'y en avoit plus ; car Brisson estoit resté seul, les autres estant allez à
,, Tours. Mais il monstra bien qu'il
,, entendoit mal ses interests, car à
,, mon avis il est impossible que le
,, Parlement & la Noblesse demeurent
,, long-temps separez d'avec le Roy;
,, & la force d'un Parti contraire à la
,, Royauté ne peut consister qu'en deux
,, choses, ou au peuple, ou aux gens de
,, guerre.

1592.
Le Roy assiege Rouen, où Villars estoit Gouverneur.

Lors que le Roy eut receu les secours d'Angleterre & celuy des Protestans d'Allemagne, il assiegea la ville de Roüen. Ce fut un des plus memorables sieges de ce temps-là, Villars Gentil-homme Provençal, qui en estoit Gouverneur, y fit des actions merveilleuses. Le Duc de Parme venoit à son secours, & avoit joint pour cela le Duc de Mayenne ; Mais Villars, qui craignoit qu'ils ne vinssent pas à temps, & mesme que le Duc de Mayenne ne luy ostast son Gouvernement s'il entroit le plus fort dans sa place, fit un effort pour se secourir luy mesme, & par une sortie qu'on pouvoit quasi nom-

Grande & me-

nommer une bataille, écarta les assie- *morable*
geans bien loin de ses murailles. *sortie.*
Les Ducs voyans cela, & qu'il n'estoit 1592.
plus pressé, se retirerent, & Parme logea ses troupes aux environs de Ruë
en Ponthieu. Mais deux mois aprés,
les vivres manquans à Villars, & le
courage des Bourgeois s'affoiblissant,
il fut contraint de leur écrire qu'ils se
hastassent de le venir delivrer. Les Ducs *La ville*
sur un avis si chaud rassemblerent leurs *pressée, le*
troupes en un jour, repasserent la Som- *Duc de*
me, & marchant sans bagage firent *Parme*
plus de trente lieuës en quatre jours, *vient au*
quoyqu'il y eust sur leur chemin quatre *secours.*
rivieres à passer.

Estant arrivez à une lieuë de Rouën,
ils se mirent en bataille dans une vallée
à costé de Dernetal. Le Roy qui estoit *Le Roy*
allé à Dieppe, trouvant à son retour *leve le*
son armée trop affoiblie & découragée *siege, &*
pour resister à ceux de dedans & de de- *se retire*
hors, leva le siege à son grand re- *au Pont*
gret, & les attendit à une lieuë de *de l'Ar-*
là douze heures durant en bataille, *che.*
puis se retira au Pont de l'Arche.
On tient que s'ils l'eussent poursuivi,
il eust eu bien de la peine d'éviter la
bataille & de la perdre. Mais le Duc
de Mayenne par jalousie qu'il avoit

I 3 du

1592.

du Duc de Parme, ou autrement, opiniastra qu'il faloit prendre Caudebec pour déboucher la Seine & avoir des vivres pour Rouën. Il falut que le Duc de Parme se rendist à son avis. Ils prirent Caudebec en vingt-quatre heures: mais Parme y fut blessé au bras d'une mousquetade, & quelques jours aprés le Duc de Mayenne tomba malade, de sorte que les deux Generaux estoient tout à la fois sur la litiere.

Le Duc de Parme prend Caudebec, y est blessé, & le Duc de Mayenne y tombe malade.

L'armée du Roy grossit, & il poursuit les deux Ducs.

Cependant dans cinq ou six jours l'armée du Roy se grossit de trois mille chevaux & de six mille fantassins accourus à son secours des Provinces circonvoisines; En sorte qu'il estoit plus fort que les ennemis d'environ cinq mille hommes. Alors la chance tourna. Il se met à les chercher, il les enferme prés d'Yvetot, & leur coupe les vivres; si bien qu'ils sont contraints de déloger de nuict, & de se venir poster prés de Caudebec. Les deux Generaux estant encore au lict, & leurs troupes fort consternées, le Mareschal de Biron leur enleva un quartier, & ensuite défit leur cavalerie legere. L'infanterie du Roy se preparoit au mesme temps de donner sur l'infanterie Walonne, qui sans doute dans la frayeur où elle estoit,

Biron leur enleve un quartier, mais ne veut pas les défaire entierement.

estoit, eust demandé quartier; mais Biron la rapella, de peur, disoit-il, qu'elle ne s'engageast entre deux quartiers des ennemis. On crut qu'il le faisoit ainsi pour ne pas achever une guerre, où il avoit le principal commandement. En voicy une preuve assez grande. Une autre fois le Baron de Biron son fils, qui depuis fut aussi Mareschal, luy ayant demandé cinq cens chevaux & autant d'Arquebusiers en croupe, pour aller investir le Duc de Mayenne, qui estoit en beau debut; comme le pere eut veû en effet que cette entreprise estoit infaillible, il le regarda d'un œil de colere, & luy dit en jurant: *Quoy donc, maraut, nous veux tu envoyer planter des choux à Biron?* On " peut connoistre par là d'où vient que " les guerres durent si long-temps; " c'est que les Chefs ont interest de les " prolonger, parce qu'ils y trouvent " leur avantage, tout de mesme que " les gens de pratique trouvent le leur " à prolonger les procez. "

Il veut faire durer la guerre.

Quelques jours aprés le Duc de Parme s'estant levé, repassa dans son esprit toutes les inventions & tous les stratagemes, qu'il avoit appris par un long usage, & par une profonde meditatation, pour se tirer d'un si mauvais pas. Il ne trouva point d'autre issuë que de passer la riviere, & de se retirer vers Paris en diligence. Il fit bastir pour cet effet deux forts vis à vis l'un de l'autre sur les deux bords de la Seine, avec des redoutes, qui commandoient sur l'eau, & des grands dehors, qui s'avançoient vers l'armée du Roy. A la faveur de ces forts, il passa durant une nuict obscure bagage, cavalerie, infanterie & artillerie, sur des pontons, & sur des bateaux couverts de planches, qu'il fit descendre de Rouën, sans que le Roy, qui en effet s'en apperceut trop tard, pût l'en empescher. Lors qu'il eut passé, il prit sa marche par les plaines de Neuf-bourg, & fit telle diligence qu'il arriva au Pont de Charenton en quatre jours, n'ayant sceu dormir de bon somme, ainsi qu'il l'avoüa depuis, qu'il ne fust dans la Brie.

Merveilleuse retraite du Duc de Parme, sans que le Roy la puisse empescher.

Aprés cela il ramena ses troupes aux Païs-Bas, estant tout couvert de gloire, d'avoir pour la seconde fois fait lever le siege à un grand Roy, lors qu'il y avoit le moins d'apparence, & d'avoir à sa veuë, trompant sa vigilance & ses soins, passé une grande riviere,

où

ou plûtost un bras de mer, sans qu'on 1592. le puît attaquer.

Cette action estoit si belle, que nos- *Le Roy* tre Henry ne pouvoit s'empescher de *admiroit* l'admirer, & l'estimoit plus glorieuse *cette* que le gain de deux batailles, recon- "*action.* noissant que le chef d'œuvre d'un " grand Capitaine, n'est pas tant de " combatre & de vaincre, comme de " faire ce qu'il a entrepris, sans hazar- " der le combat. "

Il ne faut pas oublier que la premiere fois que le Duc de Parme s'avança pour le secours de Rouën, le Roy alla au devant de luy avec une partie de son armée jusqu'à Aumale, tant pour l'empescher de passer le petit ruisseau qui y est, que pour le reconnoistre; & qu'avec quatre ou cinq cens Carabins seulement il arresta long-temps sur eu toute l'armée ennemie par deux ou trois charges tres-vigoureuses. Le Duc de Parme ne croyoit point que le Roy y fust, ne jugeant pas qu'il dust hazarder sa personne dans un si dangereux poste, & avec si peu de troupes. Mais lors qu'il sceut qu'il y estoit luy-mesme, il fit donner par tous ses Carabins, soutenus de sa cavalerie legere. Le Roy voyant les *Belle &*

siens

perilleuse action du Roy à Aumale, où il sauve son arrieregarde.

1592.

siens si pressez qu'ils ne pouvoient plus resister, fit deux vigoureuses charges, pendant lesquelles on tira la plus grande partie du bagage hors du Bourg. Mais tout le gros de la cavalerie du Duc survenant, le Roy y perdit beaucoup de son monde, & luy-mesme courut grand risque d'y estre tué, ou fait prisonnier. Dieu permit qu'il n'y fut que blessé d'un coup de pistolet dans les reins, lequel eust esté mortel si la bale eust eu plus de force, mais elle ne perça que les habits & la chemise, & effleura seulement la peau. Sa valeur & sa bonne fortune contribuerent toutes deux également à le tirer d'un si mauvais pas, & à mettre en suite de cet échec, sa personne, & ce qui luy restoit de troupes, en seureté.

Grave responsé du Duc de Parme sur l'action du Roy.

Le Duc de Parme admira cette action, mais loüa davantage le courage que nostre Henry y avoit témoigné, que sa prudence; Car comme il luy eut envoyé demander ce qui luy sembloit de cette retraite, il répondit: *Qu'en effet elle estoit fort belle; mais que pour luy, il ne se mettoit jamais en lieu d'où il fust contraint de se retirer.* ,, C'estoit tacitement luy dire, qu'un

Prin-

Prince & un General doivent mieux " 1592.
se ménager. Aussi tous ses bons servi- "
teurs vinrent dés le soir mesme le supplier de vouloir épargner sa personne,
d'où dépendoit le salut de la France; Et
la Reine d'Angleterre sa plus fidelle
amie, le pria par lettres de se vouloir
conserver, & de demeurer au moins
dans les termes d'un grand Capitaine,
qui ne doit aller aux coups que dans la
derniere extremité.

Aprés la levée du siege de Rouën, la
plus grande partie de l'armée du Roy
passa en Champagne à la poursuite du
Duc de Parme, & mit le siege devant *Biron*
la ville d'Espernay, & la prit. Le Ma- *pere tué*
reschal de Biron y fut tué d'un coup de *à Esper-*
fauconneau, qui luy emporta la teste, *nay.*
en reconnoissant la place. Son fils
aisné, qu'on nommoit le Baron de Biron, aussi grand Capitaine que le pere,
& fort cheri du Roy, fut peu aprés honoré de la mesme charge de Mareschal
de France; mais il perdit la teste, comme nous verrons, un peu moins glorieusement que son pere.

Le Duc de Mayenne & le Duc de 1593.
Parme s'estant separez mal satisfaits
l'un de l'autre, il ne fut pas mal-aisé
de renoüer les Conférences entre le *Confe-*
I 6 *pre-*

vences renoüées.
1593.
Le Roy promet de se faire instruire dans six mois, & permet de deputer vers le Pape.

premier, & les Royalistes. Toutefois la chose n'estoit pas encore meure. Il y fut seulement jetté des semences, qui porteront leur fruit à quelque temps d'icy. Car le Roy consentit qu'il se feroit instruire dans six mois par des moyens qui ne fissent point de tort à sa dignité, & à sa conscience. Il permit aussi aux Seigneurs Catholiques de son Parti, de deputer vers le Pape pour luy faire entendre le devoir auquel il se mettoit, & pour le supplier d'y apporter son autorité; Et que cependant on traiteroit toûjours la Paix.

Le Duc de Mayenne convoque les Estats à Paris pour élire un Roy.

Le Duc de Mayenne & les siens demandoient des conditions si avantageuses, qu'elles faisoient mal au cœur; Et à dire le vray, bien des choses dans cette conjoncture faisoient de l'embarras à nostre Henry. Celle qui luy causoit le plus de peine, estoit que le Duc de Mayenne vivement pressé par les instances du Pape, & du Roy d'Espagne, par les remonstrances des grandes Villes qui suivoient son Parti, & mesme par la necessité de ses affaires, avoit convoqué les Estats Generaux à Paris, afin de proceder à la nomination d'un Roy.

Or

Or cette nomination eust esté la ruine indubitable de la France, & peut-estre l'entiere expulsion de nostre Henry. Car il y a bien de l'apparence que tous les Potentats Catholiques de la Chrestienté eussent reconnu le Roy que les Estats eussent éleu: Que le Clergé en eust fait autant: & que la Noblesse & le peuple, qui ne suivoient nostre Henry, que parce qu'il avoit le titre de Roy, n'eussent peut-estre pas fait conscience de le quitter pour un autre, à qui les Estats l'eussent deferé.

1593. L'élection d'un Roy eust esté la ruine de Henry IV & de la France.

Afin donc d'empescher ce coup mortel, il s'avisa sagement de faire proposer une conference des Seigneurs de son Parti avec ces pretendus Estats. Le Duc de Mayenne fut tres-aise de cet expedient, parce qu'il voyoit bien que le Roy d'Espagne desiroit que celuy qui seroit éleu, épousast sa fille Isabelle-Claire-Eugenie, & qu'ainsi cette élection ne le pouvoit regarder, puisqu'il estoit marié, & qu'il avoit des enfans. Mais aussi de peur qu'on ne s'accoûtumast à reconnoistre nostre Henry, il suscita sous-main quelques Docteurs à dire que cette conference avec un Heretique estoit illicite; Et en ver-

Expedient que trouve le Roy pour empescher cette élection.

1593. tu de cet avis il fit en sorte que les Estats arresterent qu'on ne confereroit point avec luy, ni directement, ni indirectement, touchant son establissement, ni touchant la doctrine de la Foy; mais que l'on pouvoit conferer avec les Catholiques tenant son Parti, pour le bien de la Religion, & le repos public.

Conference de Surene.

Le Legat connoissant bien où cela aboutiroit, fit tout son pouvoir pour empescher l'effet de cette deliberation des Estats, mais à la fin il fut contraint d'y donner les mains. La Conference fut donc nouée, & les Deputez de part & d'autre s'assemblerent au bourg de Surene prés Paris.

Estats de la Ligue assemblez à Paris.

Les Estats estoient assemblez dés le mois de Janvier de cette année mil cinq cens quatrevingts treize, & se tenoient dans la sale haute du Louvre. Il y avoit peu de Noblesse, grand nombre de Prelats, & assez bonne quantité de Deputez du Tiers estat, mais la pluspart creatures du Duc de Mayenne, ou payez par le Roy d'Espagne. Ce Prince desirant à quelque prix que ce fust avoir la Couronne pour sa fille, avoit destiné d'envoyer une puissante armée en France, qui hastast la resolution des Estats: Mais heureusement

sement pour nôstre Henry, l'incomparable Duc de Parme estoit mort, & l'Espagnol n'avoit point aux Païs Bas de Capitaines, qui fussent capables de grandes choses. Le Comte de Mansfeld avoit ordre d'amener ses troupes ; le Duc de Mayenne alla au devant ; elles reprirent Noyon, mais ce fut tout. Aprés cela elles se débanderent, & devinrent si foibles, que n'osant passer plus outre, elles s'en retournerent en Flandres, où le Prince Maurice de Nassau leur donnoit bien de l'occupation.

Mansfeld vient avec l'armée Espagnole, prend Noyon, puis son armée se dissipe.

Pendant le siege de Noyon le jeune Biron, à qui le Roy venoit de donner la charge d'Admiral, cedée par le Duc d'Espernon, en échange du Gouvernement de Provence, avoit assiegé Selles en Berry, pour oster cette espine du pied de la ville de Tours. Le Roy voyant que cette bicoque le retenoit trop long temps, l'avoit rappellé pour aller au secours de Noyon, & pourtant il n'ose l'entreprendre. Ces petites disgraces enflerent merveilleusement le cœur de ses ennemis, refroidirent ses serviteurs, & enhardirent les brouillons. Le Tiers Parti, qui s'estoit

Biron leve le siege de Selles pour secourir Noyon, & n'ose l'entreprendre. Cela

enfle le cœur des ennemis du Roy. Conspiration pour l'enlever.

1593. s'estoit tenu couvert, commença à se mouvoir, & mesme le bruit couroit qu'il y avoit des Catholiques, qui avoient conspiré de se saisir de la personne du Roy dans Mantes sous couleur de l'arracher d'entre les bras des Huguenots, & qu'ils devoient le mener à la Messe malgré qu'il en eust. Il en fut si fort effrayé, ou feignit de l'estre, qu'il sortit aux champs pour ramasser ses veritables amis, & fit venir les troupes Angloises loger dans le faux-bourg de Limay.

Le Duc de Feria apporte une lettre aux Estats de la part du Roy d'Espagne.

Au mesme temps le Duc de Feria Ambassadeur du Roy d'Espagne vers les Estats Generaux, arriva à Paris. Il leur presenta une lettre fort civile de la part de son Maistre, & leur fit une belle harangue, par laquelle il les exhortoit à nommer promptement un Roy, & leur offroit toute assistance d'hommes, & d'argent. En effet le Roy d'Espagne souhaittoit passionnément, qu'on en nommast un, parce, comme nous avons dit, qu'il luy vouloit donner en mariage sa fille Isabelle qu'il aimoit uniquement.

Il estoit temps que le Roy se convertist.

Il estoit donc temps que nostre Henry se determinast à dire hautement qu'il vouloit perseverer dans sa Religion

gion sans vaciller, auquel cas il faloit se resoudre à une guerre, dont peut-estre il n'eust jamais veu la fin; ou qu'il se reduisist au sein de l'Eglise Catholique.

Les Ligueux Espagnolisez apprehendoient sur tout ce changement, qui leur eust osté tout pretexte: les bons Catholiques le souhaitoient ardemment, ils avoient peur seulement que sa conversion ne fust feinte; les Huguenots rigides s'efforçoient de l'en détourner, jusqu'à le menacer des jugemens de Dieu, s'il abandonnoit, disoient-ils, le Parti de la verité Evangelique. Mais tous les Politiques de l'une & l'autre Religion luy conseilloient de ne plus differer. Ils luy disoient que de tous les canons, le canon de la Messe estoit le meilleur pour reduire les Villes de son Royaume, ils le supplioient de s'en vouloir servir; & à leurs prieres ils ajoustoient des menaces de l'abandonner, & de se retirer chez eux, pource qu'ils estoient ennuiez de se consumer à son service, pour le caprice & l'opiniastreté de quelques Ministres Predicans, qui l'empeschoient d'embrasser la religion de ses Predecesseurs.

Outre

1593.
Enfin Dieu le touche, & il se veut convertir.

Outre ces motifs humains, Dieu qui ne manque jamais à ceux qui le recherchent avec soûmission, luy éclaira l'entendement par ses saintes lumieres, & le rendit capable de recevoir les instructions salutaires des Prelats Catholiques. Cette resolution prise, il en donna incontinent avis aux Deputez de la Ligue dans la conference de Surene. On peut penser quel fut leur estonnement, & combien le Duc de Mayenne fut surpris; car ils ne s'attendoient point du tout à cette nouvelle.

Les Espagnols & le Legat pressent les Estats d'élire un Roy.

Les Espagnols & le Legat ayant eu le vent qu'il s'alloit convertir, presserent plus fort les Estats d'élire un Roy; Et voyant que les François n'en vouloient point qui ne fust de leur nation, ils proposerent que leur Roy nommeroit un Prince François, lequel regneroit solidairement & par indivis avec l'Infante Isabelle.

Grand Arest du Parlement de Paris pour la Loy Salique.

Quand le Parlement eut appris cela, & que les Estats ne s'éloignoient pas de cette proposition, ce grand Corps, quoyque captif & estropié, se souvenant de son ancienne vigueur, ordonna que remonstrances seroient faites au Duc de Mayenne, à ce qu'il maintinst les Loix fondamentales

de

de l'Estat, & qu'il empeschast que la Couronne, dont on luy avoit commis la Lieutenance, ne fust transferée aux Estrangers. De plus il declaroit nuls tous les Traittez faits & à faire, qui seroient contraires à la Loy de l'Estat.

On soupçonna que cet Arest s'estoit donné par collusion avec le Duc de Mayenne; Mais Villeroy le plus grand homme d'Estat de ce regne-là, rend ce témoignage au Parlement, qu'il prit ce conseil de luy-mesme, *N'ayant point d'autres motifs que ceux de l'honneur & du devoir, comme gens qui aimoient mieux perdre la vie que de manquer à l'un & à l'autre; en connivant au renversement des Loix du Royaume, dont par leur institution ils sont Protecteurs, & obligez de les maintenir par le serment qu'ils font à leur reception.* Ces paroles sont tout-à-fait memorables.

La vigueur de cet Arest fit reprendre cœur à ce qu'il y avoit de bons François à Paris & dans les Estats; Et au mesme temps la prise de Dreux que l'armée du Roy força, causa grand estonnement aux plus passionnez Ligueux. Neantmoins les Espagnols ne

1593.

Témoignage avantageux de Villeroy en faveur du Parlement.

Le Roy prend Dreux.

1593.
ne cesserent point de poursuivre leur dessein. Le Duc de Mayenne pensant les arrester leur fit des demandes excessives avant qu'on procedast à l'élection d'un Roy; Mais afin de le faire venir à leur poinct, ils luy accorderent tout; Et enfin ils declarerent que leur Roy nommoit aux Estats le Duc de Guise, auquel il donneroit sa fille en mariage, & toutes les forces qu'il faudroit pour luy asseurer la Couronne, s'ils trouvoient à propos de luy donner leurs suffrages & de l'élire.

Les Espagnols proposerent aux Estats d'élire Roy le Duc de Guise avec leur Infante. Le Duc de Mayenne en enrage, & sa femme encore plus.

Jamais homme ne fut plus estonné que le Duc de Mayenne, quand il vit qu'il seroit contraint d'obeïr à son neveu, & que son autorité s'en alloit finir. Sa femme encore plus impatiente que luy ne pût s'empescher de faire paroistre son despit & sa jalousie, & plûtost que de souffrir qu'on deferast la Couronne à ce jeune Prince, elle conseilloit à son mari de faire la paix avec le Roy à quelque prix que ce fust. Il estoit en effet resolu de tout faire plûtost que d'élever son neveu au dessus de luy. C'est pourquoy il employa toutes sortes de moyens pour l'empescher; Et pour cet effet il conclut une tréve avec le Roy, nonobstant les oppositions

Il fait tréve avec le Roy.

sitions du Legat & des Espagnols. 1593.

En suite de cette trève le Roy vint à Saint Denis, où se rendirent plusieurs Prelats & Docteurs, par le soin desquels il s'estoit fait instruire. Un Historien rapporte que le Roy faisant faire devant luy une conference entre des Docteurs de l'une & de l'autre Eglise, & voyant qu'un Ministre tomboit d'accord qu'on se pouvoit sauver dans la Religion des Catholiques, sa Majesté prit la parole, & dit à ce Ministre: *Quoy? tombez-vous d'accord qu'on puisse se sauver dans la Religion de ces Messieurs-là?* Le Ministre répondant qu'il n'en doubtoit pas, pourveu qu'on y vescust bien: Le Roy repartit tres-judicieusement: *La prudence veut donc que je sois de leur Religion & non pas de la vostre; parce qu'estant de la leur je me sauve selon eux & selon vous, & estant de la vostre, je me sauve bien selon vous, mais non pas selon eux. Or la prudence veut que je suive le plus asseuré.* Ainsi après de longues instructions, dans lesquelles il voulut amplement estre éclairci de tous ses doutes, il abjura son erreur, fit profession de la Foy Catholique, & receut l'absolution dans l'Eglise Abbatiale

Le Roy vient à Saint Denis, se fait instruire.

Son argument tres-subtil contre les Ministres.

Il abjure son erreur, & se fait Catholique.

tiale de S. Denys au mois de Juillet, par le ministere de Renaud de Beaune Archevesque de Bourges.

Dés le jour mesme on vid toute la campagne depuis Paris jusqu'à Pontoise éclairée de feux de joye; & grand nombre de Parisiens, qui estant accourus à Saint Denys pour voir cette ceremonie, remporterent à Paris une entiere satisfaction, & remplirent toute la ville d'estime & d'affection pour le Roy; tellement qu'on ne l'y appella plus le Bearnois, comme auparavant, mais absolument le Roy.

Le Duc de Mayenne congedie les Estats.

Les Estats de Paris ne subsisterent pas longtemps aprés cela. Le Duc de Mayenne congedia les Deputez, qui s'en retournerent la pluspart mal satisfaits dans leurs Provinces; où ils ne servirent pas peu à les disposer à se reduire sous l'obeïssance de leur legitime Souverain.

Il ne restoit plus aucun pretexte à la Ligue, sinon que le Roy n'avoit pas l'absolution du Saint Pere, & qu'ainsi il n'estoit point encore dans le giron de l'Eglise, & qu'ils ne le pouvoient reconnoistre qu'il n'y fust entré par la grande porte. Il avoit envoyé le Duc de Nevers à Rome, pour negotier cette

Le Roy envoye le Duc

te affaire auprés du Pape, qui estoit fort en colere de ce que les Prelats de France avoient entrepris de l'absoudre, quoyqu'ils ne l'eussent absous que par provision, *ad cautelam*, seulement. Car il disoit que luy seul avoit droit de rehabiliter les relaps, comme ayant le souverain pouvoir de lier & de délier. Voilà pourquoy il se rendit si difficile, & ne pût estre fléchi, que lors qu'il vid que le Parti de la Ligue estoit tout-à-fait à bas.

de Nevers à Rome pour avoir l'absolution du Pape. 1593. Le Pape se monstra fort difficile.

Or depuis que la vie & les actions du Roy eurent fait voir que sa conversion estoit sans feinte, la Ligue n'ayant plus de valable pretexte fut sapée, pour ainsi dire, par les fondemens; si bien qu'avant la fin de l'année elle tomba par terre, & ne luy resta qu'un fort petit nombre de places dans les extrémitez du Royaume, les autres Chefs n'ayant pas voulu courir jusqu'au bout la fortune du Duc de Mayenne. Ce Prince estoit fort irresolu, & ne sçavoit ce qu'il devoit faire, tant à cause de sa lenteur naturelle, que pour le regret qu'il avoit de renoncer à l'autorité souveraine, qu'il avoit entre les mains, & pour la crainte aussi de ne pouvoir trouver de seureté auprès du Roy.

1594.

La Ligue tombe par terre en moins d'un an.

Ce-

1594.

Meaux, Aix, Lion, Orleans, & Bourges se rendent au Roy.

Cependant Vitry desirant estre le premier à rentrer sous l'obeïssance, comme il avoit esté le premier à s'en separer, ramena la ville de Meaux; & le Comte de Carces celle d'Aix en Provence. Lion s'y remit de luy-mesme, dont le Duc de Mayenne fut cause en partie, pour avoir voulu se rendre maistre de cette ville, & l'arracher au Duc de Nemours son frere uterin, qui pensoit se bastir une petite Souveraineté en ce païs-là. Afin de venir à bout de son dessein, il avoit par de secretes menées fait soûlever les Bourgeois contre ce jeune Prince, tellement qu'ils s'estoient saisis de sa personne, & l'avoient mis prisonnier au Chasteau de Pierre-Encise. Mais il se trouva qu'il avoit en cela plus travaillé pour le Roy, que pour luy-mesme; parce que les Bourgeois, qui avoient arresté le Duc de Nemours, craignant que les freres ne s'accordassent entre eux à leur prejudice, traitterent secretement avec le Colonel Alfonse d'Ornane Lieutenant General pour le Roy dans le Dauphiné, & s'estant barricadez prirent l'écharpe blanche, & crierent *vive le Roy*. La Chastre semblablement se remit dans le devoir avec les villes

villes d'Orleans, & de Bourges. La *1594.*
reduction de Paris arriva le vingt-deu- *Redu-*
siéme de Mars: le Parlement, le Pre- *ction de*
vost des Marchans & les Eschevins *Paris.*
ayant disposé cette grande Ville, y receurent le Roy, malgré les vains efforts
de quelque reste de la faction des Seize.
Le Duc de Mayenne estoit allé en Picardie; & Brissac, à qui il avoit con-
fié le Gouvernement de Paris depuis
quelques mois, l'ayant osté au Comte de Belin, luy manqua de foy,
croyant qu'il la devoit plûtost au Roy
qu'à luy.

Le Roy un peu auparavant s'estoit *Le Roy*
fait sacrer à Chartres, avec l'ampoulle *est sacré*
de Saint Martin de Tours. La ville de *à Char-*
Reims estoit encore entre les mains de *tres.*
la Ligue, & il ne vouloit pas differer
davantage son Sacre, parce qu'il connoissoit que cette ceremonie estoit
absolument necessaire pour luy concilier l'affection & le respect des peuples.

Ce fut presque un miracle com- *Ce fut*
ment y ayant quatre ou cinq mille E- *presque*
spagnols de garnison dans Paris, & dix *un mi-*
ou douze mille factieux restans de la *racle*
cabale des Seize, qui tous haïssoient *comme*
cruellement le Roy; il put neant- *il put se*
moins *rendre*
maistre
de Paris.

K

1594.

moins s'en rendre le maistre sans coup ferir, & sans répandre de sang, sinon de cinq ou six mutins, qui sortirent dans les ruës pour crier aux armes. Ses troupes s'estant saisies par intelligence des portes, remparts & places publiques, il entra triomphant dans la ville par la Porte neuve, par où Henry III s'estoit malheureusement enfuy six ans auparavant, & alla droit à Nostre-Dame entendre la Messe, & faire chanter le *Te Deum*. Puis de là il revint au Louvre, où il trouva ses Officiers, & son disner prest, comme s'il y eust toûjours demeuré.

L'apresdinée il donna à la garnison Espagnole un sauf-conduit, & bonne escorte pour la conduire jusqu'à l'Arbre de Guise en toute seureté. Ceux qui l'avoient introduit dans la ville l'avoient ainsi desiré. Cette garnison sortit sur les trois heures du mesme jour de son entrée, avec vingt ou trente des plus obstinez Ligueux, qui aimerent mieux suivre les estrangers, que d'obeïr à leur Prince naturel. Il les voulut voir sortir, & les regarda passer d'une fenestre d'audessus de la porte Saint Denys. Ils le saluoient tous le chapeau fort bas, & avec une profonde inclination;

Il voit sortir la garnison Espagnole, & ce qu'il luy dit.

tion; Il rendit le salut à tous les Chefs avec grande courtoisie, ajoustant ces paroles: *Recommandez-moy bien à vostre maistre, allez vous-en à la bonne heure, mais n'y revenez plus.*

Le mesme jour qu'il entra dans Paris, le Cardinal de Pelleué Archevesque de Sens, Ligueux passionné, expira dans son hostel de Sens. Le Cardinal de Plaisance Legat du Pape eut sauf-conduit pour se retirer, mais il mourut par les chemins. Brissac pour recompense eut le baston de Mareschal, & une place de Conseiller honoraire au Parlement, faveur qui estoit tres-rare en ce temps-là: D'O fut remis dans le Gouvernement de Paris, qu'il avoit eu sous Henry III. mais il n'en jouit pas long-temps, estant mort peu après. La partie du Parlement, qui estoit à Tours, fut rappellée, celle qui estoit à Paris, rehabilitée (car elle avoit esté interdite), & toutes deux reünies pour servir conjointement le Roy.

Dés le midi du jour que nostre Henry fut receu à Paris, la ville fut entierement paisible, les Bourgeois se familiariserent dans un moment avec les soldats, les Artisans travaillerent dans leurs

La partie du Parlement, qui estoit à Tours, est rappellée à Paris. La ville est en joye, & tout-à-fait paisible.

1594. leurs boutiques ; En un mot le calme fut si profond, que rien ne l'interrompit que le carillon des cloches, les feux de joye, & les danses qui se firent par toutes les ruës jusques à minuit. Il est certain que ce qui causa cette joye & cette merveilleuse tranquilité, fut la grande opinion que le peuple avoit conceuë de la genereuse bonté de ce Prince, & les ordres qu'il donna pour contenir ses gens de guerre.

Deux belles actions du Roy.

On remarque deux actions qu'il fit le jour mesme qu'il entra dans Paris, qui sont d'une bonté, d'une justice, & d'une politique admirable.

L'une de justice.

La premiere est, qu'il souffrit que le bagage de la Nouë, l'un de ses principaux Chefs, entrant dans Paris, fust arresté par des Sergens pour des debtes que son pere avoit contractées pour son service; Et quand la Nouë alla se plaindre à luy de cette insolence, il luy répondit publiquement: *La Nouë, il faut payer ses debtes, je paye bien les miennes.* Mais aprés cela il le tira à part, & luy donna de ses pierreries pour engager aux creanciers, au lieu du bagage qu'ils luy avoient saisi. Fut-il jamais une plus merveilleuse

,, leuse bonté, & une plus exacte justice? 1594.

La seconde est, que dés le soir mesme *L'autre*
il joüa aux cartes avec la Duchesse de *de politi-*
Montpensier, qui estoit de la Maison *que.*
de Guise, & la plus forte Ligueuse qu'il
y eust dans le Parti. Peut-on rien voir
de plus politique?

Depuis cette reduction de Paris, les
autres villes & leurs Gouverneurs se
hasterent aussi de conclure leurs Traittez. Villars fit le sien pour Roüen, *Redu-*
moyennant le Gouvernement en chef *ction de*
de cette ville & Bailliage, & de celuy *Roüen,*
du païs de Caux, avec la charge d'Ad- *d'Abbe-*
miral, qu'il falut tirer des mains de Bi- *Troyes, de*
ron pour celle de Mareschal de France, *Sens, &c.*
douze cens mille livres d'argent, &
soixante mille livres de pension. Au
mesme temps, ou peu aprés Montreüil
& Abbeville en Picardie, Troyes en
Champagne, Sens, Riom en Auver-
gne, Agen, Marmande & Villeneuve *d'Agen,*
d'Agenois se mirent dans l'obeïssance, *de Mar-*
& leurs Gouverneurs eurent du Roy *mande.*
sans contestation tout ce qu'ils luy demanderent. La ville de Poictiers, & le *De Poi-*
païs d'alentour traitta aussi par le *ctiers, &*
moyen de ses principaux Magistrats, & *du Mar-*
le Marquis d'Elbeuf qui en estoit Gou- *quis*
verneur pour la Ligue, voyant qu'il ne *d'Elbeuf.*

1594. pouvoir pas empescher cette revolution, s'y laissa entraisner, & composa avec le Roy, qui luy laissa le Gouvernement de la Province.

La Cappelle prise par Mansfeld.
Laon pris par le Roy en mesme temps.

Cependant le Comte de Mansfeld entra dans la Picardie, pour essayer de soustenir la Ligue, qui s'abaissoit fort, & prit la Cappelle. Le Roy en revanche mit le siege devant Laon, & le prit par capitulation, nonobstant tous les efforts que fit le Duc de Mayenne pour le secourir.

Balagny se remet dans le party du Roy avec la ville de Cambray.

Balagny avec sa ville de Cambray, renonça aussi à la Ligue, & promit service au Roy. Il se disoit Souverain de cette ville, & la tenoit depuis que le Duc d'Alençon frere du Roy Henry III l'avoit usurpée sur le Baron d'Inchi, lequel dans le grand soulevement des Païs-Bas avoit quitté l'obeïssance d'Espagne, pour embrasser son Parti.

Reduction d'Amiens, Beauvais, & Peronne.

Pareillement les villes de Beauvais & de Peronne se détacherent de la Ligue; comme aussi fit celle d'Amiens, secoüant le joug du Duc d'Aumale; Et il ne resta à ce Parti dans toute la Picardie, que Soissons, la Fere, & Ham.

Le Duc de Guise fait son traitté

Bien plus, le Duc de Guise se détacha aussi du Duc de Mayenne, & remit les villes de Reims, Vitry, & Mezieres

res dans l'obeïssance du Roy, qui en recompense de cela, luy donna le Gouvernement de Provence, dont il estoit obligé de retirer le Duc d'Espernon, à cause que le peuple, le Parlement, & la Noblesse y estoient soûlevez contre luy.

avec le Roy. 1594.

Le Duc de Lorraine, qui negocioit aussi sa paix par l'entremise de Bassompierre, la conclut le vingt-sixiéme Novembre. Mais l'exemple de ce Duc Chef de la Maison de Lorraine, ni la revolution generale, qui estoit dans ce Parti-là, ne purent encore obliger le Duc de Mayenne à se tirer du peril, où il estoit prest d'estre submergé. Il ne pouvoit abandonner ce beau titre de Lieutenant General de la Couronne, & se flattoit toûjours de l'esperance que les secours d'Espagne le remettroient au dessus de ses affaires. Il s'estoit retiré en son Gouvernement de Bourgongne, parce que c'estoit ce qui luy restoit de plus entier; quoyque pour se conserver Dijon, il falut que par une cruauté fort odieuse il fist couper la teste au Maire, & à un autre, qui travailloient pour la reduire au service du Roy.

Comme aussi le Duc de Lorraine.

Le Duc de Mayenne demeure seul, & se retire en Bourgongne.

Or comme c'estoient les Espagnols qui

1595. Le Roy declara

la guerre aux Espagnols. 1595. qui le maintenoient dans son opiniasreté, & qui faisoient la guerre au Roy sous son nom, il fut proposé & arresté dans le Conseil, qu'il faloit les attaquer eux-mesmes par une guerre ouverte, afin qu'estant occupez dans leur maison, ils perdissent l'envie & le loisir de venir inquieter le Roy dans la sienne. Car ils ne l'attaquoient pas seulement par la force des armes, & par des pratiques, qui entretenoient les peuples dans la rebellion; mais de plus ils en vouloient à sa vie, & taschoient de le faire perir par des moyens lasches & execrables. Ils tramerent ou favoriserent plusieurs conspirations contre sa personne sacrée, qui furent bien averées.

Deux attentats sur sa personne. Les deux qui éclaterent le plus, furent celle d'un Pierre Barriere, & celle de Jean Chastel.

De Pierre Barriere. Le premier estoit un soldat âgé de vingt-sept ans, lequel ayant esté découvert à Melun, en l'an mil cinq cens quatre-vingts treize, comme il cherchoit à executer son detestable coup, fut condamné à avoir le poing droit brûlé, tenant le cousteau dont il avoit deu fraper le Roy, puis à estre tenaillé avec des tenailles ardentes, & rompu tout vif.

Et de Jean Chastel. Le second estoit un jeune Escolier âgé

âgé de dix-huit ans, fils d'un Marchand Drapier de Paris demeurant devant le Palais. Ce malheureux sur la fin de l'année mil cinq cens quatre-vingts quatorze, s'estant coulé avec les Courtisans dans la chambre de la belle Gabrielle, où estoit le Roy, le voulut fraper d'un coup de cousteau dans le ventre, mais de bonne fortune le Roy s'estant baissé en ce moment pour saluër quelqu'un, il ne l'atteignit qu'au visage, luy perça la levre d'enhaut, & luy rompit une dent. On ne sçavoit d'abord qui l'avoit frapé ; Mais le Comte de Soissons voyant ce jeune homme effaré, l'arresta par le bras. Il confessa effrontement qu'il avoit fait le coup, & soustint qu'il l'avoit deu faire. Le Parlement le condamna à avoir le poing droit brûlé, & à estre tenaillé, puis tiré à quatre chevaux. Ce detestable parricide ne monstra aucun signe de douleur, tant on luy avoit fortement imprimé dans l'esprit, qu'il feroit un sacrifice agreable à Dieu d'oster du monde un Prince relaps & excommunié. Le pere de ce miserable fut banni, sa maison de devant le Palais démolie, & une Pyramide erigée en la place.

Les Jesuites sous lesquels ce meschant

Jesuites exilez

chant avoit estudié, furent aussitost accusez de l'avoir imbu de cette pernicieuse doctrine; & comme ils avoient beaucoup d'ennemis, le Parlement bannit toute la Société du Royaume, par le mesme Arest de leur Escolier. Ces Peres ne manquerent pas, nonobstant que le temps leur fust contraire, de travailler à soûtenir leur honneur, & firent plusieurs escrits pour se justifier des choses dont on les chargeoit. Et veritablement ceux qui n'estoient pas leurs ennemis, ne croyoient point que la Société fust coupable; de sorte qu'à quelques années de là le Roy revoqua l'Arest du Parlement, & les rappella, comme nous le dirons tantost.

Les succez de la guerre declarée à l'Espagne, furent bien differens de ceux que le Roy eut contre la Ligue, & firent bien voir que c'est autre chose d'attaquer un estranger égal en puissance, sur lequel il n'y a rien à gagner que par la force des armes, que d'avoir affaire à ses Sujets rebelles, & dans son propre païs, où les intrigues & les intelligences sont plus de la moitié des entreprises.

Cette année les villes de Beaune, d'Autun

un & d'Auſſonne ſe reduiſirent ſous l'obeïſſance du Roy. Celles de Maſcon & d'Auxerre y eſtoient revenuës dés l'année precedente. La ville de Dijon ſuivit leur exemple, & ſe barricada contre le Chaſteau, que Biron alla aſſieger. Mais cependant le Conneſtable de Caſtille deſcendit avec une grande armée du Milanois en Bourgongne par la Franche-Comté, & paſſa la Saone à Gray, avec le Duc de Mayenne.

Beaune, Auxerre, Dijon, &c. 1595.

Le Roy qui eſtoit allé en ce païs-là, eut l'aſſeurance de s'avancer juſqu'à Fontaine-Françoiſe. Ce fut là qu'avec quinze cens hommes ſeulement il tint teſte à cette grande armée, & fit un exploit de guerre, qui n'eſt pas imaginable. Villars-Oudan, & Sanſon, deux des principaux Chefs de l'armée ennemie, donnerent impetueuſement ſur ſes troupes : Villars chargea un gros commandé par le Mareſchal de Biron, & Sanſon un autre qui eſtoit à coſté. Ils les enfoncerent tous deux, & leur firent paſſer carriere, juſqu'à la veuë de celuy du Roy. On dit que Villars ayant ſceu qu'il eſtoit là, tant le nom de Roy eſt puiſſant, n'oſa l'attaquer, & ſe retira ſur la

Le Roy va en Bourgongne contre l'armée Eſpagnole. Journée de Fontaine Françoiſe.

gau-

226 HISTOIRE

Où le Roy fait paroistre sa valeur, mais est en danger de sa vie. 1595.

gauche; mais Sanson ne fut pas si heureux, car le Roy n'ayant avec luy que cent chevaux, mais veritablement tous gens d'élite ou de marque, & montez à l'avantage, donna à luy l'épée à la main, se mesla tout au travers & le tailla en pieces. Sanson essayant de rallier ses gens, perdit la vie en acquerant beaucoup d'honneur.

Le peril fut si grand pour le Roy dans ce combat, qu'il disoit que dans les autres occasions, où il s'estoit trouvé il avoit combatu pour la victoire, mais qu'en celle-cy il avoit combatu pour la vie.

Armée Espagnole se retire.

Le Duc de Mayenne desesperé se veut retirer en Savoye.

Ayant donc fait voir au Connestable en cette occasion de quelle sorte il sçavoit agir, il luy glaça tellement le courage, qu'il n'osa plus rien entreprendre, & peu aprés se retira. Le Duc de Mayenne aussi desesperé de tant de mauvais succez, & ne sçachant plus où donner de la teste, avoit resolu de se retirer à Sommerive en Savoye, d'où il vouloit envoyer demander seureté en Espagne pour aller rendre compte de ses actions au Roy Philippe II. Mais la bonté du Roy prit soin de le détourner de ce precipice, & de le remettre dans les voyes d'accommodement.

Le Roy en a pitié, & luy offre

ment. Il envoya pour cet effet querir *un ac-* Lignerac son confident, l'entretint de *commo-* la bonne volonté qu'il avoit toûjours *dement,* euë pour ce Duc, luy temoigna qu'il *& un lieu de* avoit pitié de luy, l'asseura qu'il estoit *retraite.* toûjours disposé à le recevoir en ses 1595. bonnes graces, & luy permit de se retirer en toute seureté à Chalons sur Saone, tandis qu'on acheveroit de traitter son accord.

Le Duc accepta cette faveur, & ayant appris que le Pape se disposoit à recevoir le Roy dans l'Eglise, il demanda une treve generale pour le reste de son Parti.

La pluspart des gens du Conseil du Roy, qui consideroient les longueurs *Luy ac-* & les artifices dont il avoit usé depuis *corde une* six ans, ayant commencé cinquante *treve.* Traittez sans jamais conclure, estoient d'avis de ne luy plus accorder de surseance; & de le pousser à bout. Mais la prudence & la bonté du Roy ne s'accordoient pas à ce sentiment, parce qu'il n'ignoroit pas deux maximes qui sont tres-vrayes; *L'une, que les Rois peuvent toûjours quand ils veulent, remettre les plus rebelles dans leur devoir; L'autre, qu'il est tres-dangereux de desesperer de braves gens, & sur tous*

K 7 *des*

1595. des gens de la qualité du Duc de Mayenne. Voilà pourquoy de son propre mouvement, & contre l'avis de son Conseil, il luy accorda une Treve. Ce qui suivit peu aprés, monstra bien comme ce sage Prince avoit eu plus de lumieres que tous ses Ministres, & combien il eust esté prejudiciable à ses interests de faire le contraire.

La Fere, & Ham livrées aux Espagnols. Sont taillez en pieces à Ham: Humieres y est tué.

Cependant de trois villes, que nous avons dit qui restoient à la Ligue en Picardie, la Fere, Ham, & Soissons, le Gouverneur de la premiere nommé Colas l'avoit livrée aux Espagnols; Et d'Orvilliers avoit fait la mesme chose de Ham. Aprés cela toutefois cette derniere place ne leur demeura pas; Humieres, l'un des plus braves Gentils-hommes de ce temps-là, les y vint attaquer à l'heure mesme si chaudement, qu'aprés une longue & meurtriere defense, ils furent tous hachez en pieces: mais Humieres y fut tué & plus de deux cens braves hommes avec luy.

Plusieurs Ligueux desesperez se jettent

Cette perte excita tellement l'indignation des bons François contre les Ligueux, que la pluspart de ceux-ci estant desesperez s'enfuirent aux Païs-bas

Bas & en Espagne, où ils trouverent d'abord un accueil tres-favorable, & de bons appointemens, pour lesquels ils firent de tres-grands maux à la France. Entre autres un vaillant Capitaine nommé Rosne, qui s'imaginant qu'on alloit traitter à la derniere rigueur tous ceux qui n'avoient point de places pour faire leur paix, se resolut de faire si bien la guerre, que les Espagnols eussent sujet de le recompenser, ou le Roy de le racheter.

entre les bras des Espagnols. 1595. Entre autres Rosne, qui fait prendre Dourlens.

Ce fut luy qui inspira au Comte de Fuentes le dessein d'assieger Cambray, aprés qu'il eut forcé le Cattelet, & qui luy persuada pour faciliter cette grande entreprise, de prendre Dourlens auparavant, afin que les François n'y peussent mener de secours en corps d'armée. Ce fut aussi par son conseil que Fuentes alla au devant du Duc de Nevers, du Mareschal de Bouillon, & de l'Admiral de Villars, qui venoient au secours de Dourlens, qu'il les combatit & les défit avec grand carnage de la Noblesse Françoise, & fit tuer Villars de sang froid, l'un des plus braves hommes de ce temps-là; Puis estant revenu devant Cambray, il le prit par famine, & dépouïl-

Journée de Dourlens, où Villars est tué.

Cambray pris

par les Espagnols.
1595.

pouilla ainsi Balagny de sa pretenduë Principauté.

Une nouvelle tres-importante, & long-temps attenduë, consola le Roy de ces deux grandes pertes de Dourlens & de Cambray. C'est qu'on luy manda qu'enfin le Saint Pere passant par dessus toutes les difficultez & les oppositions que formoient les Espagnols, luy avoit donné l'absolution, le seiziéme de Septembre, par la negociation & les poursuites de d'Ossat & du Perron ses Procureurs en Cour de Rome, qui depuis furent honorez tous deux du chapeau de Cardinal à sa recommandation.

Le Pape donne l'absolution au Roy.

Le Duc de Mayenne fait enfin son Traitté avec le Roy.

Aprés cela le Duc de Mayenne n'ayant plus d'excuses, ni plus d'esperance de pouvoir subsister se resolut de traiter. Il estoit bien tard; & il ne pouvoit attendre qu'une derniere rigueur, si la generosité du Roy n'eust esté plus grande que son obstination. Il est vray aussi que la belle Gabrielle, fort officieuse à tous ceux qui reclamoient sa faveur, & d'ailleurs songeant à se faire des amis & du support pour parvenir au mariage du Roy où elle aspiroit, n'aida pas peu à luy obtenir un accommodement tres-favorable.

Certes,

Certes, les termes de l'Edict que le Roy luy accorda, & les conditions sont si honorables, que jamais Sujet n'en a eu de plus avantageuses de Roy de France. Mais elles l'eussent esté davantage, si avant que son Parti fust défilé, il eust traitté pour les grandes villes qu'il tenoit encore comme leur Chef, & que par ce moyen il les eust toûjours tenuës attachées à ses interests.

A des conditions tres-avantageuses.

Quelque temps aprés il vint à Monceaux saluër le Roy: lequel le voyant venir dans une allée où il se promenoit, s'avança vers luy de quelques pas avec toute la gayeté, & le bon accueil possible, l'embrassa estroitement par trois fois, l'asseura qu'il l'estimoit si fort homme d'honneur, qu'il ne doutoit point de sa parole, & le traitta avec autant de franchise, que s'il eust toûjours esté attaché à son service. Le Duc comblé de ses bontez, dit au sortir de là "que c'estoit alors seulement que le " Roy avoit achevé de le vaincre. " Aussi demeura-t-il toûjours dans le devoir d'un tres-fidele Sujet, comme le Roy se monstra tres bon Prince, & exact observateur de sa parole.

Il vint à Monceaux le saluër.

Au mesme temps que ce Duc avoit con-

1595.

Le Duc de Nemours se reconcilie aussi.

conclu son Traitté, & obtenu un Edict du Roy, qui le confirmoit, le nouveau Duc de Nemours son frere uterin, & qui s'estoit appellé Marquis de Saint Sorlin du vivant du brave Duc de Nemours son aisné, se reconcilia aussi par le moyen de sa mere avec le Roy, & ramena à l'obeïssance quelques petites Places qu'il tenoit encore dans le Lionnois, & dans le Forez.

Son frere aisné estoit mort d'une estrange maladie.

Son frere aisné, l'un des plus nobles & des plus genereux courages, que l'on eust jamais veus, estoit mort l'année precedente d'une estrange maladie, qui de temps en temps luy fit verser par la bouche & par tous les pores, jusqu'à la derniere goutte de son sang, soit que ce mal luy fust venu de l'extréme douleur qu'il eut aprés s'estre sauvé du Chasteau de Pierre-encise, d'apprendre la reddition de Vienne, qui estoit sa plus seure retraite, soit qu'il fust causé par un poison acre & caustique, qu'on disoit luy avoir esté donné par ceux qui redoutoient son ressentiment. Il mourut sans avoir esté marié, & son frere puisné, dont nous parlons, estoit pere de Messieurs de Nemours, que nous avons veû mourir ces années dernieres.

Le Duc de Joyeuse, qui aprés la mort de son jeune frere, tué en la bataille de Villemur prés de Montauban, avoit quitté l'habit de Capucin pour se faire Chef de la Ligue en Languedoc, & avoit maintenu la ville de Toulouse & les contrées voisines dans ce Parti, prit aussi ce temps de faire son accommodement, & obtint des conditions tres-favorables, par le moyen du Cardinal de Joyeuse son autre frere. Il eut entre autres choses le baston de Mareschal de France. Le Seigneur de Boisdausin eut pareille recompense, quoy qu'il ne tinst plus que deux petites villes dans les païs du Mayne & d'Anjou, sçavoir Sablé & Chasteau-Gontier; le Roy luy faisant ce bon traitement, plûtost en consideration de sa personne, que de ses places.

Il n'y avoit plus à reduire que le Duc de Mercœur, & Marseille. Cette ville estoit dominée par Charles de Casaux Consul, & par Louïs d'Aix Viguier, qui y avoient usurpé toute l'autorité. Comme ces deux hommes estoient sur le poinct de la livrer aux Espagnols, un Bourgeois nommé Libertat avec une bande de ses amis fit soûlever les Habitans contre eux, &

1596.
Le Duc de Joyeuse fait son Traitté avec le Roy.

Le Seigneur de Boisdausin aussi.

Reduction de Marseille.

1596. & ayant tué Casaux, & chassé Loüis d'Aix, la mit en pleine liberté sous l'obeïssance du Roy.

Le Roy accorde une tréve au Duc de Mercœur.

Quant au Duc de Mercœur, le Roy luy accorda la prolongation de la Treve, car il n'estoit pas en pouvoir d'aller si-tost le déposseder du reste de la Bretagne, estant fort empesché au siege de la Fere, où il estoit en personne, & auquel il n'avoit gueres avancé en trois ou quatre mois. D'ailleurs il arriva, lors qu'il y pensoit le moins, que l'Archiduc Albert, qui commandoit l'armée Espagnole, incité par les conseils de ce Rosne dont nous venons de parler, vint fondre sur Calais, & que Rosne qui estoit grand Capitaine ayant pris d'abord les forts du Risban & de Nieulé, les Espagnols forcerent la place le vingt-quatriém Avril, & y passerent tout au fil de l'épée. Peu aprés le Roy prit la Fere, qui se rendit faute de vivres. Les Espagnols ayant fait le Traitté ne voulurent pas d'ostages de luy, disant qu'ils sçavoient qu'il estoit Prince genereux & de bonne foy : témoignage d'autant plus glorieux pour luy, qu'il sortoit de la bouche de ses Ennemis.

Calais pris par l'Archiduc Albert.

Prise de la Fere par Henry IV. Belle remarque.

L'Ar-

La douleur qu'il avoit de la perte de Ca-

Calais fut redoublée par celle des villes de Guines & d'Ardres, qui furent encore prises par l'industrie & la valeur de Rosne; lequel en eust bien fait d'autres, si quelques mois après il n'eust pas esté tué heureusement pour la France, au siege de Hulst pres de Gand.

chidue prend encore Guines & Ardres. 1596.

Or le bruit de ces quatre ou cinq grandes pertes receuës coup sur coup, jettoit de la terreur dans les cœurs des peuples; & les Emissaires d'Espagne par leurs suppositions & artifices excitoient autant qu'ils pouvoient de nouvelles semences de division dans les esprits, se servant pour cela de toutes sortes de pretextes, & sur tout de celuy de l'oppression des peuples. Veritablement elle estoit grande, mais elle provenoit des pillages de la guerre, & de la necessité des affaires, non pas de la faute du Roy, qui n'avoit point de plus ardent desir, que de procurer au plûtost le soûlagement de ses Sujets; ainsi que nous le verrons.

Cela le jetta dans l'affliction & dans l'embarras, pource qu'il n'avoit point de fonds pour continuer la guerre, & qu'il prevoyoit bien aux murmures qu'on avoit déja excitez, que s'il fouloit davantage les peuples, il s'eleveroit

1596.

Le Roy pour avoir de l'argent convoque l'assemblée des Notables à Roüen.

Ordre de la séance.

roit contre luy une nouvelle tempeste. " Dans cette peine il eut recours au " grand remede qu'on a accoustumé " de pratiquer quand la France est en " danger ; C'est la convocation des Estats Generaux. Et parce que la necessité pressante ne luy donnoit pas le temps de les assembler en corps, il convoqua seulement les Notables d'entre les Grands de son Estat, des Prelats, de la Noblesse, & des Officiers de Judicature & de Finances.

Il desira que l'assemblée se tinst à Roüen dans la grande sale de l'Abbaye de Saint Oüen. Au milieu de laquelle il estoit assis dans une chaise élevée en forme de trosne sous un dais : à ses costez estoient les Prelats & Seigneurs ; derriere les quatre Secretaires d'Estat ; au dessous de luy les Premiers Presidens des Cours Souveraines ; & les Deputez des Officiers de Judicature & de Finance. Il en fit l'ouverture par une haran- " gue digne d'un veritable Roy, lequel " doit croire que sa grandeur & son " autorité ne consistent pas seulement " en une puissance absoluë, mais au " bien de son Estat, & au salut de son " peuple.

Il y fait — *Si je faisois gloire*, leur dit-il, *de passer*

passer pour excellent Orateur, j'aurois apporté icy plus de belles paroles que de bonnes volontez: mais mon ambition tend à quelque chose de plus haut que de bien parler, j'aspire aux glorieux titres de Liberateur & de Restaurateur de la France. Déja par la faveur du Ciel, par les conseils de mes fideles serviteurs, & par l'épée de ma brave & genereuse Noblesse (de laquelle je ne distingue point mes Princes, la qualité de Gentil-homme estant le plus beau titre que vous possedions) je l'ay tirée de la servitude & de la ruine. Je desire maintenant la remettre en sa premiere force, & en son ancienne splendeur. Participez, mes Sujets, à cette seconde gloire, comme vous avez participé à la premiere. Je ne vous ay point icy appellez, comme faisoient mes Predecesseurs, pour vous obliger d'approuver aveuglément mes volontez; je vous ay fait assembler pour recevoir vos conseils, pour les croire, pour les suivre, en un mot, pour me mettre en tutelle entre vos mains. C'est une envie qui ne prend guere aux Rois, aux barbes grises, & aux victorieux comme moy: mais l'amour que je porte à mes Sujets, & l'extréme desir que j'ay de conserver mon Estat,

une belle harangue. 1596.

Estat, me font trouver tout facile & tout honorable.

On luy accorde un fonds pour faire la guerre.

L'Assemblée émeuë jusqu'au fond du cœur par de si tendres paroles, travailla avec affection à trouver de quoy pouvoir continuer la guerre, & pour cet effet elle ordonna qu'on reculeroit d'une année le payement des gages des Officiers, & que, pour deux ans seulement, il seroit imposé un sol pour livre sur toutes les marchandises, qui entreroient dans les villes closes, excepté sur le bled, qui est la nourriture des pauvres. Ce dernier moyen causa beaucoup de bruit dans les Provinces d'audelà la Loire ; Mais Rosny que le Roy avoit depuis quelques mois fait Surintendant, non moins habile que fidelle, ainsi que nous le dirons ailleurs, joignit à ce fonds une grande somme de deniers, que les Financiers avoient détournez, & qu'il fit revenir dans les coffres du Roy.

1597. *Le Roy d'Espagne desire la Paix.*

Cependant le Roy d'Espagne sentant diminuer les forces de son corps & de son esprit par une langueur, qui dégenera en une horrible maladie, craignoit que sa foiblesse ne causast des revoltes dans ses Païs si éloignez les uns des autres. D'ailleurs il avoit épui-

épuisé ses Finances, & il souhaittoit
avec passion de donner les Païs-Bas à sa
tres-chere fille Isabelle. Voilà pourquoy il avoit fait connoistre au Saint
Pere qu'il desiroit la Paix ; & sa Sainteté avoit envoyé le General des Cordeliers vers luy pour l'y disposer plus particulierement.

Lors qu'elle estoit bien acheminée, il survint un incident, qui la retarda de plus d'un an. Hernand Teillo, Gouverneur pour l'Espagnol de Dourlens, averti du mauvais ordre que les Bourgeois d'Amiens tenoient à la garde de leur ville, la surprend un matin sur les neuf heures, comme on estoit au sermon, c'estoit en Caresme, ayant fait embarrasser une porte par une charette chargée de noix, dont un sac se délia exprés, afin d'amuser les soldats qui estoient au corps de garde. Une si fascheuse nouvelle estonna d'autant plus le Roy, qu'il estoit alors en réjouïssance & se divertissoit à Paris. Il vouloit " que ses pacquets importans vinssent " droit à luy, & non point à d'au- " tres, & que l'on les luy apportast à " quelque heure que ce fust; Tellement " que comme il estoit dans un pro- " fond sommeil, aprés avoir fait dan- "

Surprise d'A-miens par les Espagnols, ce qui retarde la Paix.

ser un Balet, un courrier le vint réveiller pour luy dire cet accident.

Aussi-tost il saute hors du lict, & mande deux ou trois de ses plus confidens pour s'en entretenir avec eux. Ils jugeoient tous que cela arrivoit dans une meschante conjoncture, parce que le Duc de Mercœur estoit puissant en Bretagne, les restes des factions estoient encore cachées sous les cendres, les Huguenots faisoient des cabales, & enfin la consternation estoit extraordinaire dans Paris, qui se voyoit par là devenu frontiere. Mais ce courage Heroïque que tant de perils n'avoient sceu épouventer, ne fut point ébranlé par celuy-là; au contraire il resolut de l'affronter d'abord, & d'aller promptement investir Amiens avant que les Espagnols s'y fussent plus affermis.

Le Roy resout malgré son Conseil d'aller assieger Amiens.

Ses plus grands Capitaines n'estoient point de cet avis. Mais nonobstant cela, luy qui avoit de plus grandes lumieres, & plus de fermeté qu'eux tous, l'entreprit courageusement; non pas tant, disoit-il, sur les moyens humains, que sur la confiance qu'il avoit en Dieu, qui luy avoit toûjours fait la grace de l'assister. Et veritablement

Dieu l'assiste

ment on peut dire qu'il l'assista encore plus visiblement en cette occasion, qu'il n'avoit jamais fait.

visiblement.
1597.

Car il découvrit plusieurs conspirations sur sa personne, entre autres d'un Religieux, qu'un Agent du Roy d'Espagne, à ce qu'on disoit, avoit voulu porter à le tuer; Et de tres-dangereuses cabales, que l'argent de ce mesme Roy entretenoit à Paris, lesquelles observoient toutes ses démarches, & devoient un jour le faire enlever de son Chasteau de Sainct Germain en Laye.

Il découvre plusieurs conspirations.

D'ailleurs ses peuples répondant comme ils devoient à son affection paternelle, ne luy dénierent rien de tout ce qu'il leur demanda pour haster ce siege. Puis le Duc de Mayenne, & tous les Ligueux desirant luy témoigner leurs ressentimens pour toutes ses bontez, le servirent si fidelement & si chaudement en cette occasion, tandis que les autres chanceloient & se tenoient à quartier, qu'il fut obligé de dire qu'il connoissoit bien que la pluspart de ces gens-là n'avoient jamais esté ennemis de sa personne, mais seulement de la Religion Huguenote.

Les peuples contribuent volontiers, & les Ligueux le servent fort bien.

Le siege fut long, difficile & douteux;

L 2

1597.

teux; & si le Roy d'Espagne y eust voulu employer toutes ses forces, jamais le Roy n'en fust venu à bout. Mais il estoit devenu fort chagrin, il ne desiroit que le repos, & ne se soucioit plus de conquestes; si bien qu'il ne donna aucune des assistances que l'Archiduc luy demandoit. L'Archiduc ne laissa pas pourtant de faire le plus grand effort qu'il put pour faire lever le siege. Il vint se presenter au quartier de Long-Pré, un jour qu'on ne s'y attendoit pas, avec de tres-grandes forces; Cela mit le desordre & l'épouvente parmi nos François, en telle sorte, que s'il eust sceu se servir de l'occasion, & ne pas perdre le temps à consulter, il eust sans doute jetté les trois mille hommes dans la place, qu'il avoit destinez pour cela.

L'Archiduc vient au secours d'Amiens. Son arrivée, & ses attaques mettent l'armée du Roy en desordre.

Le Roy revenant de la chasse, où il estoit allé, trouva un effroy general dans son armée, & quelques-uns mesme des principaux Chefs tout éperdus. Dans un si grand danger le cœur ni la teste ne luy manquerent pas, il dissimula sa crainte, donna les ordres sans s'emouvoir, & se fit voir par tout avec un visage aussi gay, & des discours aussi fermes qu'aprés une victoire. Il fait

Le Roy la rasseure.

fait promptement marcher ses troupes au champ de bataille, qu'il avoit choisi trois jours devant à huit cens pas delà les lignes. De cet endroit ayant consideré le bel ordre de l'armée d'Espagne, le peu d'asseurance de la sienne, & la foiblesse de son poste, où il n'avoit pas eu le loisir de se fortifier, il fut un peu émeu; & douta du succés de la journée. Alors appuyé sur l'arçon de la selle, ayant le chapeau à la main, & les yeux levez au Ciel, il dit à haute voix: *Ah! Seigneur, si c'est aujourd'huy que tu me veux punir comme mes pechez le meritent, j'offre ma teste à ta justice; n'espargne pas le coupable. Mais, Seigneur, par ta sainte misericorde prens pitié de ce pauvre Royaume, & ne frape pas le troupeau pour la faute du Berger.*

1597.

Paroles dignes d'un Chrestien, & d'un bon Roy.

On ne peut exprimer de quelle efficace furent ces paroles; elles furent portées en un moment dans toutes ses troupes, & il sembla qu'une vertu du Ciel eust rendu le courage à tous les François.

L'Archiduc les ayant donc trouvez resolus & en bonne contenance n'osa passer outre. Quelques autres tentatives qu'il fit ensuite ne luy reüssirent pas,

L'Archiduc se

se retire en Flandres.

1597. Le Roy reprend Amiens.

& il se retira la nuict dans le païs d'Artois, où il licentia ses troupes. Enfin Hernand Tcillo ayant esté tué d'un coup de mousquet, les assiegez capitulerent, & le Roy establit Gouverneur dans la ville le Seigneur de Vic, homme de grand ordre & d'exacte discipline, qui par son commandement commença d'y bastir une citadelle.

Il va jusqu'aux portes d'Arras, & defie les Espagnols.

Au partir d'Amiens le Roy mena son armée jusqu'aux portes d'Arras pour visiter l'Archiduc. Il y demeura trois jours en bataille, & salua la ville de quelques volées de canon; Puis voyant que rien ne paroissoit, il se retira du costé de France, mal satisfait, disoit-il galamment, de la courtoisie des Espagnols, qui n'avoient pas voulu s'avancer d'un pas pour le recevoir, & avoient refusé de mauvaise grace l'honneur qu'il leur faisoit.

Le Mareschal de Biron servit admirablement bien à ce siege. Aussi le Roy, lors qu'il fut de retour à Paris, & que ceux de la ville luy eurent fait une reception veritablement Royale, leur dit en leur monstrant ce Mareschal: *Messieurs, voilà le Mareschal de Biron, que je presente volontiers à mes amis, & à mes ennemis.*

Il

Il n'y avoit plus aucun reste apparent de la Ligue en France, que le Duc de Mercœur, encore cantonné dans la Bretagne. Le Roy luy avoit souvent accordé des tréves, & offert de grandes conditions; Mais il estoit si enyvré de l'ambition de se faire Duc de ce païs-là, qu'il prenoit toûjours de nouveaux delais pour conclure, se figurant que le temps luy ameneroit quelque revolution favorable, & se flattant de je ne sçay quelles propheties, qui l'asseuroient que le Roy mourroit dans deux ans.

1597. Le Duc de Mercœur recule toûjours à conclure son traitté.

Enfin le Roy ennuyé de tant de remises tourna la teste de ce costé-là, resolu de châtier son opiniastreté, comme elle le meritoit. Il estoit perdu sans ressource, s'il ne se fust avisé pour se sauver, d'offrir sa fille unique au fils aisné de la belle Gabrielle Duchesse de Beaufort. C'est Monsieur le Duc de Vendosme d'aujourd'huy.

1598. Le Roy va en Bretagne resolu de le chastier.

Ses Deputez n'avoient pû d'abord obtenir autre chose sinon qu'il sortiroit tout à l'heure de la Bretagne, & qu'il remettroit toutes les places qu'il y tenoit, moyennant quoy sa Majesté luy accorderoit un oubli du passé, & le recevroit en ses bonnes

L 4   graces.

1591. graces. Mais le Roy estant d'une ame tendre, & desirant avancer son fils naturel par un si riche & si noble mariage, se laissa aussi-tost flechir, & luy accorda un Edict fort avantageux, qui fut verifié au Parlement, comme l'avoient esté ceux de tous les autres Chefs de la Ligue. Cet accommodement se fit à Angers, le contract de mariage fut passé au Chasteau, & les fiançailles celebrées avec la mesme magnificence, que si c'eust esté d'un fils de France legitime. Il n'avoit que quatre ans & la fille six.

Il donne sa fille au fils naturel du Roy, & par ce moyen fait son accommodement.

Le Roy luy fit don de la Duché de Vandosme aux mesmes droits que la tenoient les autres Ducs; Ce que le Parlement ne verifia qu'avec grande repugnance, & avec cette condition que c'estoit sans consequence pour les autres biens du patrimoine du Roy; lesquels par la Loy du Royaume estoient censez reünis à la Couronne du moment qu'il y estoit venu.

Par ce mariage le Roy fait don à son fils de la Duché de Vandosme.

D'Angers le Roy voulut descendre en Bretagne. Il sejourna quelque temps à Nantes; De là il fut à Rennes, où les Estats se tenoient. Il passa environ deux mois en ces deux villes parmi les festins, les jeux, & les divertissemens;

Il va à Nantes, & à Rennes.

mens; Mais ne laissant pas de s'employer serieusement à haster l'expedition de plusieurs affaires. Car il est
à remarquer, que ce grand Prince
s'occupoit toutes les matinées aux
choses serieuses, & donnoit le reste
du temps à ses divertissemens: non
pas pourtant de telle sorte, qu'il ne
quittast promptement ses plus grands
plaisirs, quand il s'agissoit de quelque
chose un peu importante; Et il y
avoit ordre exprés de ne point differer à l'en avertir.

Il cassa en ce païs-là beaucoup de *Il met*
garnisons superfluës; supprima quan- *un tres-*
tité d'imposts, que la tyrannie des par- *bon ordre*
ticuliers y avoit introduits durant les *Provin-*
guerres; écarta les troupes pillardes, *ce.*
qui desoloient le plat païs; mit les
Prevosts en campagne contre les voleurs, qui estoient en grand nombre;
rendit l'autorité à la Justice, que la
licence avoit affoiblie; & recueillit
prés de quatre millions, dont les Estats
de la Province luy octroyerent volontairement huit cens mille escus. Ainsi
il travailla utilement pour les deux
fins, à quoy il tendoit le plus, sçavoir
le soulagement de ses peuples, & l'amas
des finances; deux choses qui sont in-
com-

1598.
,, compatibles quand le Prince n'est
,, pas juste & ménager, ou qu'il laif-
,, se manier son argent à d'autres, sans
,, prendre garde soigneusement à ses
,, comptes.

Le calme fut ainsi rendu à la France pour le dedans, aprés dix ans de guerres civiles, par une grace particuliere de Dieu sur ce Royaume, par les soins laborieux, par la bonté, & par la valeur du meilleur Roy qui fut jamais.

On travaille à la Paix generale, & les deux Rois la souhaitent.

On travailloit cependant serieusement à la Paix entre les deux Couronnes de France, & d'Espagne. Les deux Rois la desiroient également ; Nostre Henry, parce qu'il souhaittoit avec passion soulager la France, & luy faire reprendre ses forces, aprés tant de saignées, & de violentes agitations ; & Philippe, parce qu'il sentoit bien qu'il arrivoit à la fin de ses jours, & que son fils Philippe III n'estoit point capable de soustenir le faix de la guerre contre un si grand Roy.

Les Deputez s'assemblent à Vervin.

Les Deputez de part & d'autre estoient assemblez pour cela depuis trois mois dans la petite ville de Vervin, avec le Nonce du Pape. Ceux de France estoient Pompone de Believre, & Nicolas Bruslard de Sillery, tous deux Con-

Conseillers d'Estat, & le dernier encore President au Parlement: lesquels agissant de concert & sans jalousie, vuiderent les articles les plus difficiles en fort peu de temps, & sur l'ordre qu'ils en receurent du Roy, signerent la Paix le deuxiéme jour de May. Le douziéme du mesme mois elle fut publiée à Vervin.

1598.

Il seroit trop long de rapporter icy tous les articles du Traitté. Je diray seulement qu'ils portoient que les Espagnols rendroient toutes les places qu'ils avoient prises en Picardie, & Blavet qu'ils tenoient encore en Bretagne. Que le Duc de Savoye seroit compris en ce Traitté, pourveu qu'il rendist au Roy la ville de Berre qu'il tenoit en Provence, Et pour le Marquisat de Saluces, que ce Duc avoit envahi sur la France vers la fin du Regne de Henry III, qu'il seroit remis au jugement du Saint Pere, qui decideroit cette question dans un an.

Substance du Traitté de Vervin.

La publication de la Paix se fit en un mesme jour par toutes les villes de France, & des Païs-Bas, avec des réjouissances, dont le bruit éclata jusqu'aux deux bouts de la Chrestienté. Mais personne n'en ressentit tant de veritable joye

La Paix est publiée.

,, joye que noſtre Henry : lequel avoit
,, accouſtumé de dire, qu'eſtant une
,, choſe barbare, & contre les Loix de
,, la Nature & du Chriſtianiſme, de fai-
,, re la guerre pour l'amour de la guer-
,, re, un Prince Chreſtien ne devoit
,, jamais refuſer la Paix, ſi elle ne luy
,, eſtoit tout-à-fait deſavantageuſe.

TROISIÉME PARTIE
DE LA VIE
DE
HENRY LE GRAND,

Contenant sommairement ce qu'il fit depuis la Paix de Vervin faite en mil cinq cens quatre-vingts dixhuit, jusqu'à sa mort arrivée en mil six cens dix.

JUSQUES icy nous avons 1598. suivi la fortune de nostre Heros par des chemins extrémement difficiles & raboteux, au travers des rochers & des precipices, durant des temps fort fascheux, & pleins d'orages & de tempestes: Maintenant nous l'allons suivre par des routes plus aisées & plus belles, dans les douceurs du calme & de la paix; où pourtant sa vertu ne s'endormira pas dans le repos, mais paroistra toûjours agissante; où sa grande ame s'employera sans cesse dans les plus veritables fonctions de la Royauté; où enfin parmi ses divertissemens il fera son principal plaisir de ses

La troisiéme partie de la vie de Henry le Grand fut plus calme que les autres, & plus dans la paix.

ses plus necessaires, & plus importantes occupations.

Il fut Capitaine par necessité, & Politique par inclination.

Dans les deux premieres parties de sa vie, que nous avons veuës, il a esté par necessité homme de guerre & de campagne : Dans cette derniere, par inclination homme de cabinet & grand Politique : Mais dans toutes, invincible & infatigable.

Il faut qu'un Roy sçache la guerre ; mais outre cela il y a bien d'autres fonctions de la Royauté.

Le vray devoir d'un Souverain consiste principalement à proteger ses Sujets. Il faut qu'il les defende contre les Estrangers, & qu'il reprime les factions & les attentats des rebelles ; C'est pour cela qu'il a le pouvoir des armes entre les mains, & qu'il luy est avantageux d'entendre parfaitement la guerre. Mais elle ne fait qu'une partie de ses fonctions ; & mesme l'on peut dire avec verité, qu'elle n'est pas la plus necessaire, ni la plus satisfaisante. Car outre qu'elle se peut faire par des Lieutenans, qui doute que le Prince le plus heureux ne soit celuy, qui met ses affaires en tel estat, qu'il n'a pas besoin

Quelles sont ses fonctions ?

„ de tirer l'épée, mais est assez puissant
„ pour rendre la justice, pour punir
„ les méchans, & pour honorer & éle-
„ ver les gens de bien ? Qui sçait dis-
„ tribuer les graces & les recompenses ;

penses ; entretenir le bon ordre, & les « 1598.
Loix; maintenir ses Provinces dans la «
tranquilité; s'informer souvent & soi- «
gneusement de ce qui s'y passe; souste- «
nir sa reputation & sa grandeur par sa «
bonne conduite; se faire redouter par «
ses Ennemis, & estimer par ses Al- «
liez; presider dans son Conseil en Sou- «
verain; écouter les Ambassadeurs, & «
leur répondre ; démesler les grandes «
affaires par traittez & negociations; «
prevenir le mal, & mettre les méchans «
& les ennemis dans l'impuissance de «
nuire; rendre l'Estat riche, florissant, «
& abondant par le moyen du com- «
merce, par la culture des sciences & «
des beaux arts; y faire venir l'opulen- «
ce de tous les endroits de la terre, & «
sur tout y procurer la gloire & le ser- «
vice de Dieu; en sorte que ce soit «
comme un Paradis de delices & un «
sejour de felicité. Ce sont, à mon avis, «
les emplois dignes d'un puissant Roy, «
d'un Roy sage & Chrestien ; qui es- «
tant le Pasteur de ses peuples (c'est «
ainsi qu'Homere appelle souvent le «
grand Roy Agamemnon) ne doit pas «
seulement sçavoir chasser les Loups, «
j'entends faire la guerre, mais plus en- «
core sçavoir conduire son troupeau, «

le

1598.

La Paix est jurée par le Roy, & par l'Archiduc Albert.

„ le preserver de toutes maladies, l'en-
„ graisser, & le faire multiplier.

La Paix ayant esté publiée avec une réjouissance incroyable des François, des Flamans, & des Espagnols : elle fut solennellement jurée le vingt-uniéme Juin, par le Roy dans l'Eglise de Nostre-Dame, sur la Croix & sur les saintes Evangiles, en presence du Duc d'Arscot, & de l'Admirante d'Arragon, Ambassadeurs du Roy d'Espagne pour cet effect. Et puis le Cardinal Archiduc Albert, Gouverneur des Païs-Bas pour ce Roy, la jura aussi le vingt-sixiéme du mesme mois dans la ville de Bruxelles, y assistant le Mareschal de Biron, que nostre Henry a-

Biron est fait Duc & Pair : va voir jurer la Paix aux Païs-Bas. Les Espagnols l'enyvrent de presomption.

voit honoré nouvellement de la qualité de Duc & Pair, verifiée en Parlement, tant pour donner plus d'éclat à cette ambassade, que pour recompenser les grands services, que ce Seigneur luy avoit rendus dans la guerre.

En ce voyage les Espagnols n'épargnerent aucunes caresses ni loüanges envers ce nouveau Duc, pour luy inspirer l'orgueil & la vanité, & l'enyvrerent tellement de la bonne opinion de soy-mesme, qu'il se mit dans la teste que le Roy luy devoit plus qu'il ne ne sçauroit jamais luy donner, & que si sa vertu n'estoit assez honorée en France, il trouveroit bien ailleurs qui la mettroit à plus haut prix. Ce qui produira tantost de tres-mauvais effets.

Plusieurs d'entre les François, qui ne sçavoient pas au vray le pitoyable estat où estoit le Roy d'Espagne & ses affaires, ne pouvoient comprendre comment ce Prince avoit acheté la Paix si cher, que de rendre six ou sept bonnes places, entre autres Calais & Blavet, qu'on pouvoit nommer les clefs de la France. Les Espagnols au contraire, qui voyoient que leur Roy estoit moribond, ses finances épuisées, les Païs-Bas ébranlez, le Portugal & ses terres d'Italie sur le poinct de se revolter, le fils qu'il laissoit, bon Prince à la verité, mais qui aimoit bien le repos, s'étonnoient que les François ayant si bravement repris Amiens, & reüni toutes leurs forces aprés le Traitté du Duc de Mercœur, n'eussent pas poussé dans les Païs-Bas, parce qu'apparemment ils les eussent emportez ou fort ébrechez. Le Roy répondoit que s'il avoit desiré la Paix, ce n'estoit pas qu'il s'ennuyast des incom-

1598.

Ce que les François, & ce que les Espagnols disoient de la Paix de Vervin.

Pourquoy le Roy avoit desiré la Paix.

1598.

Belles paroles.

„ commoditez de la guerre, mais pour
„ donner moyen à la Chrestienté de
„ respirer : Qu'il sçavoit bien que dans
„ la conjoncture où estoient les cho-
„ ses, il en eust pû tirer de grands avan-
„ tages ; mais que la main de Dieu
„ renversoit souvent les Princes dans
„ leurs plus grandes prosperitez, &
„ qu'un sage ne devoit jamais, pour
„ l'opinion de quelque favorable eve-
„ nement, s'éloigner d'un bon accord,
„ ni se fier trop sur l'apparence du bon-
„ heur present, qui peut changer par
„ mille accidens impreveus; Estant ar-
„ rivé bien souvent qu'un homme at-
„ terré & fort blessé, a tué celuy qui
„ luy vouloit faire demander la vie.

Maladie estrange & mort de Philippe II, Roy d'Espagne.

On reconnut dans peu de temps que le Roy Philippe II avoit beaucoup plus besoin de cette Paix que la France. Car son mal se redoubla plus fort : Il eut vingt-deux jours durant un perpetuel flux de sang par tous les conduits de son corps : Et un peu devant sa mort, il luy vint quatre apostumes en la poitrine, d'où il sortoit une continuelle fourmilliere de vermine, que tout le soin de ses officiers ne pouvoit tarir.

Dans cette estrange maladie sa constance

stance fut merveilleuse, & il n'abandonna point les resnes de son Estat jusqu'au dernier soûpir de sa vie. Car il prit soin avant que mourir, de traitter le mariage de son fils avec Marguerite, fille de l'Archiduc de Grats ; Et celuy de sa chere fille Isabelle, avec le Cardinal Archiduc Albert de mesme sang qu'elle, & luy donna pour dot les Païs-Bas, & la Comté de Bourgongne, à la charge de reversion si elle mouroit sans enfans.

1598.

Avant que mourir il prend soin de faire marier son fils, & sa fille.

Il avoit bien signé les articles de la Paix : mais sa maladie mortelle ne luy permit pas de prester le serment avec les mesmes solemnitez qu'avoient fait le Roy, & l'Archiduc. Philippe III. son fils & successeur, s'aquita de cette obligation le vingt-uniéme May de l'an mil six cens un, dans la ville de Valladolid, y assistant le Comte de la Rochepot, Ambassadeur de France.

La maladie de Philippe II l'empesche de jurer la Paix. Son fils Philippe III la jure aprés sa mort.

Comme la licence des guerres avoit durant plusieurs années entretenu l'impunité, il se trouvoit encore grand nombre de vauriens, qui croyoient qu'il leur estoit permis de prendre toûjours le bien d'autruy ; Et d'autres qui pensoient avoir toûjours droit de se faire

1598. faire justice par les voyes de faict, ne reconnoissant point d'autres Loix que la force. Ce fut ce qui obligea nostre sage Roy à commencer la reformation de son Estat par le restablissement de la seureté publique. Pour cet effet il defendit tout port d'armes à feu à toutes personnes de quelque qualité qu'elles fussent, sur peine de confiscation des armes & des chevaux ; & de deux cens escus d'amende pour la premiere fois, & de la vie, sans remission, pour la seconde ; Permettant à tout le monde d'arrester tous ceux qui en porteroient, horsmis ses Chevaux-Legers, ses Gendarmes, & ses Gardes du corps, qui en pourroient avoir seulement, lors qu'ils seroient en service.

Le Roy defend le port d'armes.

A mesme fin, & pour décharger le plat païs de la foule des gens de guerre, il congedia non seulement la pluspart des troupes nouvelles, mais encore retrancha plus de la moitié des vieilles ; Il reduisit les Compagnies d'ordonnance à petit nombre, & il osta les gardes aux Gouverneurs des Provinces & Lieutenans de Roy, ne voulant pas souffrir qu'autre que luy, quel qu'il fust, eust cette glorieuse marque de la Souveraineté à l'entour de sa personne.

Il congedie les troupes.

La

DE HENRY LE GRAND. 259

1598.

La guerre avoit rompu le commerce, reduit les villes en villages, les villages en mazures, & les terres en friche; & neantmoins les Receveurs contraignoient les pauvres Païsans de payer les charges pour les fruits qu'ils n'avoient pas cüeillis. Les cris de ces miserables, qui n'avoient plus que la langue pour se plaindre, toucherent tellement les entrailles d'un si bon & si juste Roy, qu'il fit un Edict, par lequel il leur quitta tout ce qu'ils devoient du passé, & leur donna esperance de les soulager encore pour l'avenir.

Il remet les restes des Tailles aux peuples.

De plus ayant appris que durant les troubles il s'estoit fait quantité de faux Nobles, qui s'exemptoient de la Taille, il ordonna qu'il en seroit fait recherche; Et il ne les confirma point dans leur usurpation pour une piece d'argent, comme on fait quelquefois au grand prejudice des autres Sujets taillables: mais il voulut qu'ils fussent reïmposez à la Taille, afin que par ce moyen ils aidassent aux plus pauvres à porter une bonne partie du fardeau, comme estans les plus riches.

Il fait rechercher les faux Nobles, & reïmposer à la Taille.

Il desiroit encore avec beaucoup d'affection faire du bien à sa vraye Noblesse,

1598. blesse, & la dédommager des dépenses, qu'elle avoit faites à son service: mais ses coffres estoient vuides; & d'ailleurs tout l'or du Perou n'eust pas esté suffisant pour satisfaire l'appetit & le luxe de tant de gens. Car le Roy Henry III avoit par son exemple, & par celuy de ses mignons, porté la dépense si haut, que les Seigneurs vouloient vivre en Princes, & les Gentilshommes en Seigneurs. Il faloit pour cela qu'ils alienassent les possessions de leurs ancestres, & qu'ils changeassent ces vieux chasteaux, marques illustres de leur Noblesse, en clinquans, en dorures, en train & en chevaux. Puis, lors qu'ils s'estoient endebtez par delà leur credit, ils retomboient, ou sur les coffres du Roy, demandant des pensions; ou sur le dos du pauvre peuple, l'écorchant par mille brigandages.

Il retranche le luxe de la Noblesse, & les renvoye tous dans leurs maisons aux champs.

Le Roy voulant donc remedier à ce desordre, declara assez hautement à sa Noblesse, qu'il vouloit qu'ils s'accoustumassent à vivre chacun de son bien; & pour cet effet qu'il seroit bien aise, puisqu'on jouïssoit de la Paix, qu'ils allassent voir leurs maisons, & ,, donner ordre à faire valoir leurs ter,, res. Ainsi il les soulageoit des grandes

des dépenses de la Cour, & leur apprenoit que le meilleur fonds que l'on puisse faire, est celuy du bon ménage. Avec cela sçachant que la Noblesse Françoise se picque d'imiter son Roy en toutes choses, il leur monstroit par son propre exemple à retrancher la superfluité des habits. Car il alloit ordinairement vestu de drap gris, avec un pourpoint de satin ou de taffetas sans decoupure, passement ni broderie. Il loüoit ceux qui se vestoient de la sorte, & se rioit des autres, qui portoient, disoit-il, leurs moulins & leurs bois de haute fustaye sur leurs dos.

Sur la fin de l'année il fut atteint d'une subite & violente maladie à Monceaux, dont il pensa mourir. Toute la France en eut le frisson; on le tint pour desesperé; & le bruit qui en courut, pensa rallumer les factions. Mais il fut sur pied au bout de dix ou douze jours; & il sembla que Dieu ne luy avoit envoyé ce mal, que pour luy découvrir ce qu'il y avoit encore de mauvaises volontez dans le Royaume, & pour luy donner la satisfaction de sentir, par les regrets que faisoient ses peuples, le plaisir qu'il y a d'estre aimé.

1598.

Leur monstre par son exemple la modestie des habits.

Il tombe malade, & en danger.

Dans

1598.
Paroles d'un bon Roy.

Dans le plus fort de sa maladie, il disoit à ses amis ces belles paroles; *Je n'apprehende nullement la mort, je l'ay affrontée dans les plus grands perils: mais j'avouë que j'ay regret de sortir de cette vie sans avoir pû remettre ce Royaume dans la splendeur que je m'estois proposé, & sans avoir témoigné à mes peuples en les gouvernant bien, & les soulageant de tant de subsides, que je les aime comme si c'estoient mes enfans.*

Il travaille aux estats de ses dépenses.

Au sortir de là continuant ses loüables desseins de mettre ordre à ses affaires, il vint à Saint Germain en Laye pour y resoudre les estats de la dépense, tant de sa Maison, que de la garde des places, entretien des troupes, Artillerie, Marine, payement des Officiers, & plusieurs autres charges. Il avoit pour lors en son Conseil, comme nous dirons à cette heure, de tres-grands hommes, & fort consommez en toute sorte de matieres; mais il se monstroit encore plus habile qu'eux & plus éclairé. Il examina & discuta tous les articles de dépense avec un jugement & des lumieres d'esprit merveilleuses, retrancha & ménagea tout ce qui se pouvoit retrancher, & conserva tout ce qui estoit necessaire. Entre autres choses, il retrancha beaucoup de superfluitez pour la dépense des tables de sa maison; non pas tant pour épargner pour luy-mesme, que pour obliger ses Sujets à moderer leur friandise, & afin d'empescher qu'ils ne ruinassent leurs maisons pour y vouloir entretenir une trop grande cuisine. En effet par l'exemple du Roy, qui a toûjours plus de force que les Loix, ni que la correction, le luxe fut bien-tost converti en frugalité fort necessaire à l'Estat.

1598.
Retrancha les superfluitez de ses tables.

Il y avoit pour lors dans son Conseil de tres-habiles & fideles Ministres, comme Chiverny, Bellievre, Sillery, Sancy, Janin, Villeroy, & Rosny. Je ne parle point des grands hommes pour la guerre, comme le Mareschal de Biron, Lesdiguieres Gouverneur de Dauphiné, le Duc de Mayenne, le Connestable de Montmorency, le Mareschal de la Chastre, le Mareschal d'Aumont, Guitry, la Nouë, & plusieurs autres, desquels il ne se servoit point pour l'administration de l'Estat, quoy-qu'il s'entretinst souvent avec eux; & que par honneur il leur communiquast quelquefois les grandes affaires, & leur en demandast leurs avis.

Qui estoient ses Conseillers, ou Ministres.

M   Le

1598.
CHIVERNY.

Le Chancelier de Chiverny, qui avoit esté élevé à cette charge sous le Regne de Henry III, estoit homme froid, dissimulé, & avisé; mais à ce qu'en disoient ses ennemis, il estoit meilleur praticien que bon Conseiller d'Estat.

BELLIEVRE.

Il mourut l'année suivante, & en sa place le Roy mit Pompone de Bellievre fort consommé dans la science des droits & des interests de la France, & fort adroit negociateur, comme il le monstra bien au Traitté de Vervin. Il estoit vieux quand le Roy luy donna cette charge: aussi disoit-il, qu'il n'y estoit entré que pour en sortir. Il porta le Roy à faire un severe Edict contre les Duels: Il establit un fort bon ordre dans le Conseil, & ordonna qu'il ne seroit point receu de Maistre des Requestes, qui n'eust esté dix ans entiers dans quelqu'une des Compagnies Souveraines, ou seize ans en d'autres Sieges subalternes.

SILLERY.

Nicolas Bruslard de Sillery, President au mortier au Parlement de Paris, qui fut son gendre, & qui avoit esté son compagnon à Vervin, estoit un esprit doux, facile & accort. On dit que le public ne vid jamais aucune émo-

émotion sur son visage, ni en ses discours. 1598.

Harlay-Sancy estoit un homme SANCY. franc, hardi, intrepide, qui ne craignoit personne quand il s'agissoit du service du Roy; mais il estoit un peu brusque, & luy parloit trop librement; témoin ce qu'il luy dit touchant Madame Gabrielle, qui sceut bien le luy rendre.

Quant à Janin President au Parlement de Bourgongne, & Villeroy premier Secretaire d'Estat, ils avoient tous deux esté dans le Parti de la Ligue, & y avoient tres-utilement servi le Roy & la France, en ce qu'agissant seulement pour la defense de la Religion Catholique, & non par esprit de faction, ils avoient empesché que les Espagnols n'empietassent sur ce Royaume, & que le Duc de Mayenne ne se jettast absolument entre leurs bras, comme souvent le desespoir de ses affaires l'y portoit. Ils convenoient tous deux en ce poinct, qu'ils aimoient l'Estat & la Royauté avec passion, & qu'ils avoient un grand jugement; mais du reste leurs humeurs estoient assez differentes.

Janin estoit un vieux Gaulois, qui JANIN. vou-

1598. vouloit mener les affaires par les formes anciennes suivant les Loix & les Ordonnances, bon Jurisconsulte, ferme & resolu, qui alloit droit au but, qui ne sçavoit point prendre de détours, & qui aimoit fort le bien public.

VILLE-ROY.

Villeroy estoit un des plus sages & des plus adroits Courtisans qu'on ait jamais veû; il avoit un esprit clair & net, qui dévelopoit avec une incroyable facilité les affaires les plus embrouïllées, qui les expliquoit si agreablement, & si intelligiblement que rien plus, & qui leur donnoit le tour qui luy plaisoit : Il estoit merveilleusement actif, & avec cela tres-fecond en expediens, prenant une affaire par tant de biais, qu'il estoit malaisé qu'elle luy échapast.

Le Roy conferoit souvent avec ces Conseillers, & comment.

Le Roy conferoit souvent avec ces Conseillers; on les appelloit encore ainsi, & non pas Ministres, comme on a fait depuis trentecinq ans. Il leur parloit de ses affaires, quelquefois pour en estre instruit, & quelquefois pour les instruire eux-mesmes; ce qu'il faisoit, ou dans son cabinet, ou à la promenade dans les allées des Tuilleries, de Monceaux, de Saint Germain, &

de

de Fontainebleau. Il s'entretenoit souvent avec eux separément, les appellant les uns après les autres; Et il en usoit ainsi, ou pour les obliger à luy parler avec plus de liberté, ou pour ne leur pas dire luymesme à tous ensemble, ce qu'il ne vouloit dire qu'à quelques particuliers, ou pour quelque autre raison, qui estoit sans doute d'une fort bonne Politique. Il disoit qu'il n'en trouvoit point parmi eux, qui le satisfissent comme Villeroy, & qu'il vuidoit plus d'affaires avec luy en une heure, qu'avec les autres en un jour.

Quant à Maximilian de Bethune Baron de Rosny, & depuis Duc de Sully, ayant esté nourri assez jeune auprés du Roy dans la Religion Huguenote, le Roy avoit reconnu sa capacité, & son affection en diverses affaires de consequence; Mais sur tout qu'il avoit le genie porté au maniement des Finances, & qu'il avoit toutes les qualitez requises pour cela. En effet il estoit homme d'ordre, exact, bon ménager, gardoit sa parole, point prodigue, point fastueux, point porté à faire de folles & vaines dépenses, ni au jeu, ni en femmes, ni en aucune

ROSNY, depuis Duc de Sully.

Il avoit genie pour les Finances.

1598.

des choses qui ne conviennent pas à un homme élevé dans cet employ. De plus il estoit vigilant, laborieux, expeditif, qui donnoit presque tout son temps aux affaires, & peu à ses plaisirs. Avec cela il avoit le don de penetrer ces matieres jusques au fond, & de déveloper les entortillemens, & les nœuds, dont les Financiers, quand ils ne sont pas de bonne foy, s'estudient à cacher leurs friponneries.

Nous avons dit comme le Roy desiroit sur toutes choses de pourvoir à l'œconomie de ses Finances, & les raisons pour lesquelles il avoit esté obligé de laisser François d'O dans la charge de Sur-Intendant. Aprés que cet homme fut mort, il en donna la charge à cinq ou six personnes, qu'il en crut capables, & gens de bien. Il s'estoit persuadé qu'il en seroit mieux servi que d'un seul, s'imaginant qu'ils s'entreveilleroient, & qu'ils se serviroient de Controlleurs les uns aux autres. Mais tout le contraire arriva: chacun se déchargeoit sur son compagnon, rien ne s'avançoit, & si quelqu'un d'eux vouloit agir, tous les autres ne manquoient point de le traverser par leurs jalousies; de sorte qu'ils ne s'ac-cor-

Aprés la mort de François d'O, le Roy commit ses Finances à six ou sept, qui s'en acquiterent fort mal.

cordoient qu'en ce poinct, que chacun d'eux se faisoit bien payer de ses appointemens, qui coustoient six fois plus au Roy, que s'il n'y eust eu qu'un seul Sur-Intendant, sans qu'il retirast aucun profit de cette multitude.

1598.

Lors qu'il eut donc reconnu que tant de gens ne faisoient qu'embroüiller ses Finances, il les remit toutes en la main d'un seul, qui fut Sancy. Mais quelque temps aprés l'ayant reconnu plus propre à d'autres emplois qu'à celuy-là, il luy donna Rosny pour compagnon, & puis enfin fit Rosny seul Sur-Intendant.

Voyant cela il fait Sancy seul Sur-Intendant.

Et fort peu de temps apres Rosny.

Rosny avant qu'il entrast en cette charge, s'estoit pourveu de toutes les connoissances necessaires pour s'en bien acquiter: il sçavoit parfaitement tous les revenus du Royaume, & toutes les dépenses, qu'il y faloit faire: Il communiqua tout ce qu'il en sçavoit au Roy, qui de son costé avoit aussi si bien estudié toutes ces choses, qu'on ne pouvoit pas dépenser cent escus sans qu'il sceut s'ils avoient esté bien ou mal employez. Comme c'est l'avantage d'un mauvais dispensateur, que son maistre soit ignorant, & qu'il ne voye goute dans ses affaires; aussi est-

Qui connoissoit parfaitement les Finances.

Le Roy les sçavoit si bien, qu'il ne pouvoit y estre trompé.

M 4   ce

„ ce celuy d'un serviteur utile & fidele,
„ qu'il soit bien instruit, & qu'il y voye
„ clair, afin qu'il sçache estimer digne-
„ ment ses services.

Au reste son humeur s'accordoit parfaitement bien avec celle du Roy. Lors qu'il luy confia ses Finances, il desira de luy, qu'il ne prist jamais aucun pot de vin ni aucun present sans l'en avertir. Et quand Rosny l'en avertissoit, il y consentoit aussi-tost, & mesme estoit si aise qu'en le servant bien il trouvast son compte, que bien souvent il y ajoustoit des dons du sien, pour luy donner courage de le servir toûjours de mieux en mieux. Mais Rosny ne les recevoit jamais, qu'ils ne fussent deuëment verifiez à la Chambre des Comptes, afin que tout le monde sceust les liberalitez que luy faisoit son Prince, & qu'on n'eust point à luy reprocher, qu'il se servoit de sa faveur à épuiser ses coffres.

Il desira de Rosny qu'il ne prist aucun pot de vin, ni present, sans l'en avertir.

Sous l'administration de ce Sur-Intendant, la premiere loy que le Roy donna aux affaires de cette nature, ce fut la constance immuable de l'ordre; lequel ne s'y doit jamais alterer, depuis qu'il a esté une fois arresté & resolu. Car comme les choses les plus de-

Il commença par establir un ordre constant & certain dans les Finances.

deplorées se redressent sous une conduite ferme & certaine ; Aussi les plus asseurées se dissipent par une teste legere, qui fait, défait, & refait sans cesse, & qui revoquera demain ce qu'elle a ordonné aujourd'huy.

Rosny donna bien-tost des preuves indubitables de sa capacité : car ayant visité quatre Generalitez seulement, il fit en peu de temps revenir un million & demi des deniers, qui estoient égarez. Puis, après la surprise d'Amiens par les Espagnols, il fit trouver promptement un fonds pour dresser une grande armée, & fournir aux frais du siege ; si bien qu'il fut un des principaux instrumens du recouvrement de cette grande ville.

Effets du bon ménage de Rosny.

Il est bon de marquer un expedient qu'il trouva entre plusieurs, pour empescher les griveleries des Financiers ; car cela est necessaire en tout temps. Il sçavoit qu'il y avoit quelques personnes dans le Conseil du Roy, qui estoient de part avec les Traittans & les Fermiers, & qui faisoient adjuger au Conseil les fermes & les traittez à vil prix, & souvent leur faisoient donner de grandes diminutions. Pour empescher que ces gens-là ne mangeassent

Expedient pour empescher que les gens du Conseil ne grivelent avec les Fermiers & les Traittans.

1598.

geassent ainsi le gasteau entre eux, il ferma la main aux Fermiers Generaux, defendant aux Sous-Fermiers de leur plus rien payer, & leur ordonnant de faire voiturer l'argent de leurs sous-fermes & de leurs sous-traittez tout droit à l'Espargne. Il doubla par ce moyen les revenus du Roy, parce que les sous-fermes & les sous-traittez se trouverent monter presque les deux tiers plus que ne montoient les traittez, & les baux generaux.

Financiers aboyent fort contre Rosny, mais il s'en mocque.

Ces gens du Conseil, & les Financiers, du commencement crierent fort contre sa conduite, luy tendirent mille pieges, & luy causerent mille traverses; mais avec le temps il les amena à la raison. Semblablement tous ceux qui n'avoient aucun droit de luy demander, & qui ne laissoient pas de l'importuner, ne pouvant rien arracher de luy, pestoient fort contre sa dureté: mais il ne se soucioit point de leur vaine colere, ni de leurs sots discours; il ne regardoit qu'à acquitter légalement les debtes du Roy, & à payer promptement ce qui estoit ordonné pour de bonnes causes. Car il ne sçavoit ce que c'estoit que de faire demander cent fois une chose, qui estoit veritablement deuë.

Nous

« Nous nous sommes un peu arrestez 1598.
« sur ce poinct des Finances, d'autant
« que c'est le plus important de tous,
« celuy par lequel on fait tout, sans le-
« quel on ne sçauroit rien faire, & d'où
« dépend le soulagement ou l'accable-
« ment des peuples, & tous les bons ou
« les mauvais succez des desseins & des
« entreprises.

Nostre Henry eust bien desiré en 1599.
mesme temps de pourvoir à la refor- *Le Roy*
mation du Clergé, qui veritablement *ne peut*
estoit en grand desordre, tant pour son *encore*
temporel, les biens en ayant esté usur- *pourvoir*
pez durant les guerres par les Hu- *à la re-*
guenots, & par les mauvais Catholi- *forma-*
ques; que pour le spirituel, la pluf- *tion du*
part des Prelats & des Pasteurs estans *Clergé.*
aussi ignorans que depravez. Mais il
ne put pas si tost y apporter les reme-
des convenables. La necessité où il estoit de recompenser ceux qui l'avoient
bien servi, le contraignoit de tolerer
les abus; & mesme de les commettre,
disposant des Benefices comme autre-
fois avoit fait Charles-Martel. Car il *Il abuse*
les donnoit à des gens incapables, à *des Bene-*
des gens mariez, à des hommes d'épée, *fices.*
à des enfans, mesme à des femmes
pour recompenser la perte de leurs
maris

maris tuez, ou ruinez à son service.

Je n'ay pas entrepris d'excuser ce defaut, parce qu'il n'y peut jamais avoir de sujet legitime de prostituer les biens du Sanctuaire aux profanes, & d'employer les tresors du Crucifix à d'autres services qu'à celuy de l'Autel. Je sçay bien neantmoins que beaucoup d'Ecclesiastiques mesme en usent tout autrement: mais qui doute que ces gens-là ne soient pires que les Juifs, qui jouïoient aux dez sur la robe sacrée de Jesus-Christ?

Remonstrance de l'Assemblée generale du Clergé au Roy.

Sur la fin de cette année l'Assemblée generale du Clergé se tenant à Paris, fit une grande Remonstrance au Roy, par laquelle les Prelats le prioient de faire publier le Concile de Trente en France, de ne point charger la conscience des nominations aux Eveschez, Abbayes & autres Benefices ayans charge d'ame; de ne point mettre des pensions sur les Benefices pour des personnes laïques; de ne plus permettre que les Eglises & les lieux saints fussent profanez, comme ils l'estoient; mais de faire en sorte qu'on les reparast, & qu'on y restablist le service divin.

Pour ce qui est du Concile de Trente,

te, il faut sçavoir qu'il estoit receu en 1599.
France quant aux articles qui concernent la Foy, mais non pas generalement pour ceux, qui touchent la police & la discipline; parce qu'il semble à plusieurs que ces derniers sont pour la plufpart contraires aux libertez de l'Eglise Gallicane, & aux droits du Roy. C'est pourquoy quelque effort que les zelez ayent pû faire, jamais ils n'en ont sceu venir à bout; & les Parlemens s'y sont toûjours fortement opposez.

A la Harangue du Clergé le Roy *Belle réponse du Roy.*
répondit eloquemment, mais en peu de mots. *Qu'il reconnoissoit que ce qu'ils luy avoient dit touchant les nominations des Benefices estoit veritable, mais qu'il n'estoit pas l'auteur de cet abus, & qu'il l'avoit trouvé; Qu'estant parvenu à la Couronne durant l'embrasement des guerres civiles, il avoit couru, où il voyoit le plus grand feu pour l'esteindre. Que maintenant qu'il avoit la Paix, il tascheroit de relever les deux colomnes de la France, qui sont la Pieté & la Justice; Que Dieu aidant il remettroit l'Eglise en aussi bon estat qu'elle estoit du temps de Louis XII. Mais, leur disoit-il,* con-
tri-

1599.
tribuez-y, je vous prie, de vostre costé, faites par vos bons exemples que le peuple soit autant incité à bien faire, qu'il en a esté cy-devant détourné. Vous m'avez exhorté de mon devoir, je vous exhorte du vostre; faisons bien à l'envi les uns des autres. Mes Predecesseurs vous ont donné de belles paroles, mais moy avec ma jaquette grise, je vous donneray de bons effets. Je suis tout gris au dehors, mais je suis tout d'or au dedans. Je verray vos cahiers, & y repondray le plus favorablement qu'il me sera possible.

Il avoit besoin de grande adresse pour se conduire avec le Pape, & avec les Huguenots.

Il n'avoit pas trop de toute sa prudence, & de toute son adresse, pour se gouverner de sorte que les Catholiques & le Pape fussent contens de sa conduite, & que les Huguenots n'eussent pas sujet de s'en allarmer, & de se cantonner. Son devoir & sa conscience le portoient à l'assistance des premiers: Mais la raison d'Estat, & les grandes obligations, qu'il avoit aux derniers, ne luy permettoient pas de les desesperer. Pour garder donc un temperament

L'Edict de Nantes accordé aux Huguenots.

necessaire, il leur accorda un Edict plus ample que les precedens. On l'appella l'Edict de Nantes, parce qu'il avoit esté conclu l'année precedente en cette

cette ville-là, tandis qu'il y estoit. Par cet Edict il leur accordoit toute liberté pour l'exercice de leur Religion, mesme la faculté d'estre admis aux Charges, aux Hospitaux, aux Colleges, & d'avoir des Escoles en certains endroits, & des Presches presque partout; & plusieurs autres choses, dont ils sont bien décheus depuis ce temps-là à cause de leurs rebellions & de leurs diverses entreprises.

Le Parlement y apporta de grandes oppositions plus d'un an durant; Enfin comme on luy eut fait comprendre que ce seroit rallumer le feu dans le Royaume que de ne pas accorder cette seureté aux Huguenots, qui estoient quereleux & puissans, il le verifia. *Le Parlement le verifie avec peine.*

D'un autre costé pour adoucir le Pape, qui eust pû se fascher de cet Edict, le Roy luy rendoit toute sorte de respects, & embrassoit ses interests avec chaleur; comme il fit en l'affaire de Ferrare dés l'an mil cinq cens quatre-vingts sept, & quatre-vingts huit. *Le Roy rend toute sorte de respects au Pape.*

Cette Duché est un fief masculin du Saint Siege, duquel les Papes avoient autrefois investi les Seigneurs de la Maison d'Est; à la charge de reversion au defaut de masles legitimes. Alphonse *Affaire de la Duché de Ferrare.*

1599. se d'Est Second du nom dernier Duc, estoit mort l'année mil cinq cens quatre-vingts dix-sept, sans enfans, & avoit laissé de grands tresors à Cesar d'Est, bastard d'Alphonse I son parent. Il avoit fait son possible auprés du Pape pour obtenir l'investiture du Duché pour ce bastard : lequel ne l'ayant sceu impetrer, ne laissa pas de se mettre en possession aprés la mort d'Alphonse II, & de s'y vouloir maintenir à force d'armes. Clement VIII fut obligé de luy faire la guerre pour le déposseder. Les Princes d'Italie se partagerent dans cette querelle; & les Ducs de Guise & de Nemours furent sur le point d'entreprendre la defense de Cesar, dont ils estoient proches parens, estant issus d'Anne d'Est, fille d'Hercule II Duc de Ferrare, & de Madame Renée de France; car cette Anne en premieres nopces avoit épousé François Duc de Guise, & en secondes Jacques Duc de Nemours. Le Roy d'Espagne aussi le favorisoit sous-main, ne desirant pas que le Pape s'agrandist en Italie par la reünion de cette Duché. Mais Henry le Grand ne manqua pas de prendre cette occasion d'offrir son épée & ses forces au Saint Pere. Les Alliez

Cesar bastard de Ferrare, s'y veut maintenir.

Le Pape luy fait la guerre.

Le Roy offre son epée au Pape.

Alliez de Cesar l'ayant sceu en furent extrêmement refroidis, & luy contraint de capituler avec le Pape; auquel il remit tout le Duché de Ferrare. Il ne luy resta que les villes de Modene & de Rege, que l'Empereur maintint estre fief de l'Empire, & dont il luy donna l'investiture. Delà viennent les Ducs de Modene d'aujourd'huy.

1599.

Cesar quitte la Duché de Ferrare, & demeure Duc de Modene.

Si la chaleur, que le Roy avoit témoignée en cette occasion pour les interests du Saint Siege, obligea sensiblement le Pape; celle qu'il faisoit voir tous les jours pour ramener les Huguenots au sein de l'Eglise, ne luy estoit pas moins agreable. Il agissoit de telle sorte pour cela, que d'heure à autre il s'en convertissoit plusieurs, mesme des plus sçavans & des plus notables. Mais ce qu'il y avoit de plus important, c'est qu'il avoit retiré le jeune Prince de Condé d'entre les mains des Huguenots, qui le gardoient soigneusement à S. Jean d'Angely, depuis la mort de son pere, arrivée l'an mil cinq cens quatrevingts sept, & le nourrissoient dans leur fausse Religion avec grande esperance d'en faire quelque jour leur Chef & leur Protecteur. Le Roy considerant combien il seroit prejudi-

Plusieurs Huguenots se convertissent.

Le Roy retire le jeune Prince de Condé des mains des Huguenots, & le fait élever dans la Religion

Catholique. 1599.

judiciable au salut de ce jeune Prince, & à ses propres interests, de le laisser là plus long-temps, sceut si bien gagner les principaux du Parti, qu'ils souffrirent qu'on l'amenast à la Cour. Il luy donna pour Gouverneur Jean de Vivonne Marquis de Pisani, Seigneur d'un rare merite, & d'une sagesse sans reproche, lequel n'oublia rien pour le bien élever dans la Religion Catholique, & dans les plus beaux sentimens de l'honneur & de la vertu. Il n'avoit encore que sept à huit ans; lors qu'il en eut neuf, le Roy luy donna le Gouvernement de Guyenne, l'aimant tendrement, & le nourrissant comme son Successeur presomptif.

Mariages de l'Infante d'Espagne, & de Catherine sœur du Roy.

Dans le calme de la Paix on ne parloit que de réjoüissances, de festes, & de mariages. Celuy de l'infante d'Espagne Isabelle-Claire-Eugenie & de l'Archiduc Albert se solemnisa dans les Païs-Bas; & celuy de Madame Catherine sœur du Roy avec Henry Duc de Bar, fils aisné de Charles II Duc de Lorraine, à Paris.

Qualitez de Catherine, & pourquoy

Catherine estoit agée de quarante ans, plus agreable que belle, ayant une jambe un peu courte; elle estoit assez spirituelle, aimoit les belles lettres, & sça-

sçavoit beaucoup pour une femme, mais estoit opiniastrement Huguenote. Le Roy apprehendoit qu'elle n'épousast quelque Prince Protestant, lequel par ce moyen fust devenu Protecteur des Huguenots, & comme un autre Roy en France. A cause de cela il la donna au Duc de Bar, pensant d'ailleurs gagner plus de croyance parmi les Catholiques, en s'alliant avec la Maison de Lorraine. Avant cela il fit tout son possible pour la convertir, jusques à y employer les menaces ; & n'en ayant pû venir à bout, il dit un jour au Duc de Bar : *Mon Frere, c'est à vous à la dompter.*

le Roy la maria au Duc de Bar. 1599.

Il y eut de la difficulté pour le lieu & pour la ceremonie de la celebration de ce mariage. Le Duc vouloit qu'il se fist à l'Eglise, & la Fiancée qu'il se fist au Presche. Le Roy trouva un milieu : Il le fit faire dans son cabinet ; où il amena sa sœur par la main, & ordonna à son frere naturel, qui estoit Archevesque de Roüen il y avoit environ deux ans, de les marier. Ce nouvel Archevesque en fit du commencement quelque refus, alleguant les Canons, qui le defendoient ; Mais le Roy luy representa que son cabinet estoit un

Le mariage se fait dans le cabinet du Roy.

1599. un lieu sacré, & que sa presence suppleoit au defaut de toutes solemnitez: Aprés quoy le pauvre Archevesque n'eut pas la force de resister.

Le Pape se fascha contre le Duc de Bar, de ce mariage.

Ce mariage s'estant fait pour le bien de la Religion Catholique, il semble que le Pape en devoit estre bien aise; neantmoins comme il ne vouloit point souffrir un mal, quelque bien qui en pust arriver, il declara que le Duc de Bar avoit encouru excommunication, pour avoir sans dispense de l'Eglise, contracté avec une Heretique; Et jamais le Duc, quelque soûmission qu'il fist, n'en sceut avoir l'absolution. Il falut que Dieu y mist la main. Cette Princesse mourut trois ans aprés de tristesse & de chagrin de se voir mal avec son mari, qui la pressoit sans cesse de se faire Catholique.

Mort de la Duchesse de Bar.

Outre les solemnitez de toutes ces nopces, plusieurs autres choses entretenoient la Cour. Deux changemens notables, l'un du Duc de Joyeuse, l'autre de la Marquise de Bell'Isle luy causerent de l'estonnement.

Le Duc de Joyeuse rentre dans les Capucins, &

Le Duc de Joyeuse, qui avoit quitté l'habit de Capucin pour estre Chef de la Ligue en Languedoc, un beau jour sans en rien dire à personne, alla se se rejetter dans son Convent de Paris, *reprend* & reprit l'habit. Peu de jours après, *l'habit.* on fut bien estonné de voir avec cet *1599.* habit de penitence prescher dans la chaire celuy qu'on avoit veû la semaine precedente danser au bal, comme l'un des plus galands. On dit que les saintes exhortations de sa mere, qui de fois à autre le faisoit souvenir de son vœu, & certains mots ambigus, que le Roy luy jetta en quelque conversation, luy firent penser qu'il ne pouvoit plus estre dans le monde avec seureté de conscience, ni avec honneur.

La Marquise de Bell'Isle, sœur du *La Mar-* Duc de Longueville, & veuve du Mar- *quise de* quis de Bell'Isle, fils aisné du Mares- *Bell'Isle* chal de Retz, ayant eu quelque secret *se fait* déplaisir, y renonça aussi, & s'alla en- *Fueillan-* fermer dans le Convent des Feuillanti- *tine.* nes à Toulouze, où elle prit le voile, & y acheva ses jours.

Il vint après cela des nouvelles à la *Duel de* Cour, que Philippin bastard du Duc *Crequy* de Savoye avoit esté tué en duel par le *contre* Seigneur de Crequy; duquel on peut *Philip-* dire sans flaterie, qu'il estoit un des *pin bas-* plus galands hommes & des plus bra- *tard de* ves de son temps. L'Histoire de ce *Savoye.* combat se trouve écrite en tant d'endroits,

1599. droits, & est encore si fort dans le souvenir de tous ceux qui portent l'épée, qu'il seroit superflu d'en rapporter les particularitez.

La chasse estoit alors le plus ordinaire divertissement du Roy. On raconte que chassant dans la Forest de Fontainebleau accompagné de plusieurs Seigneurs, il entendit un grand bruit de cors, de veneurs & de chiens, qui sembloit estre fort loin ; puis tout à l'instant s'approcha tout prés d'eux. Quelques-uns de sa compagnie s'avançant vingt pas, virent un grand homme noir parmi des halliers, qui les effraya tellement qu'ils ne purent dire ce qu'il devint : mais entendirent qu'il leur crioit d'une voix rauque & épouventable, *m'attendez-vous*, ou, *m'entendez-vous*, ou, *amendez-vous*. Les Bucherons & païsans d'alentour de cette Forest, disoient que ce n'estoit point chose extraordinaire, & qu'ils voyoient quelquefois ce grand homme noir, qu'ils nommoient le *Grand Veneur*, avec une meute de chiens, qui chassoit à beau bruit, mais qui ne faisoit mal à personne.

L'Apparition du Grand Veneur au Roy, qui chassoit à Fontainebleau.

Ce que ce peut estre

Il se fit une infinité de contes dans tous les païs du monde de pareilles illusions

sions de ces chasseurs. S'il faut y ajouſ- *que ces*
ter quelque foy, on peut croire que ce *phantoſ-*
sont, ou des jeux de Sorciers, ou de *mes.*
quelques malins esprits, à qui Dieu *1599.*
donne cette permiſſion pour convain-
cre les incredules, & leur faire voir qu'il
y a des ſubſtances ſeparées, & quelque
Eſtre au deſſus de l'homme.

Or ſi les prodiges ſont les ſignes,
comme l'on dit, de quelques grandes
& funeſtes avantures, on peut croire
que celuy-là preſagea la mort étrange
de la belle Gabrielle, qui arriva quelques jours aprés. L'amour que le Roy *La belle*
avoit pour elle, au lieu de s'eſteindre *Gabriel-*
par la jouïſſance, s'eſtoit accru juſqu'à *le de-*
tel poinct, qu'elle avoit bien oſé luy *mande*
demander qu'il reconnuſt ſa faute, & *au Roy*
qu'il legitimaſt ſes enfans par un ma- *qu'il*
riage ſubſequent: & il n'avoit pas oſé luy *l'épouſe,*
refuſer abſolument cette grace, mais *& qu'il*
l'entretenoit toûjours d'eſperance. *legitime*
ſes en-
fans.
Ceux qui aiment la gloire de ce *Il le luy*
grand Roy, ont de la peine à croire *faiſoit*
qu'il euſt jamais pû faire une telle a- *eſperer.*
ction, qui ſans doute l'euſt jetté dans le
mépris, & du mépris l'euſt fait retomber dans la haine de ſon peuple. Toutefois il eſtoit à craindre que les appas de
cette femme, qui avoit trouvé ſon foible,

ble, avec la flaterie des Courtisans, qu'elle avoit presque tous gagnez à force de presens & de caresses, n'engageassent ce pauvre Prince dans le deshonneur. Et sans mentir, il avoit l'ame trop tendre du costé des Dames ; il estoit maistre de toutes ses autres passions, mais il estoit esclave de celle-là. On ne sçauroit justifier sa memoire de ce reproche ; & s'il est admirable quasi en toutes les autres parties de sa vie, il ne doit pas estre imité en ce poinct-là.

Enfin elle l'obligea de demander des Commissaires au Pape pour juger de la nullité de son mariage.

Cependant Gabrielle se flattant toûjours de l'espoir d'estre bien-tost sa femme, sur les esperances qu'il luy en avoit données, fit si bien qu'elle l'obligea de demander au Pape des Commissaires pour juger du divorce d'entre luy, & la Reine Marguerite; Et le Roy, afin de trouver faveur auprés du Saint Pere, & le rendre plus facile à ses intentions, luy faisoit dire sous-main par Sillery son Ambassadeur, qu'il épouseroit Marie de Medicis sa niepce, & sœur du Duc de Florence; dont on croit neantmoins qu'il n'avoit pour lors aucune envie.

Le Pape tiroit

Aussi le Pape, soit qu'il se défiast de son intention, soit qu'il vist que la Reine

Reine Marguerite n'y donnoit pas les mains, faisoit traisner l'affaire, & ne rendoit que des réponses ambiguës. On dit mesme que se voyant un jour fort pressé par le Cardinal d'Ossat, & par Sillery, de donner contentement à leur Maistre, à faute dequoy, disoient-ils, il se pourroit faire qu'il passeroit outre, & qu'il épouseroit la Duchesse: il fut si estonné de ce discours, qu'il remit aussi-tost la conduite de cette affaire en la main de Dieu, ordonna un jeusne à toute la ville de Rome, & se mit en oraison luy-mesme pour demander à Dieu qu'il luy inspirast ce qui seroit le mieux pour sa gloire, & pour le bien de la France; Qu'au sortir de la priere, il s'écria, comme s'il fust revenu d'extase, *Dieu y a pourveu*; & que peu de jours après il arriva un Courrier à Rome qui apporta la nouvelle de la mort de cette Duchesse.

Le Roy cependant s'impatientoit fort de ces longueurs; Et il estoit à craindre que le dépit d'estre méprisé, ne le jettast dans les mesmes inconveniens, où il avoit autrefois jetté Henry VIII, Roy d'Angleterre; ou bien que par le conseil de quelques flateurs,

l'affaire en longueur.
1599.

1599.

teurs, forçant la bonté de son naturel, il ne se portast à se défaire de la Reine Marguerite de quelque maniere que ce fust.

Le Roy demeure à Fontainebleau pour faire ses devotions le jour de Pasques, & envoye la belle Gabrielle à Paris.

Gabrielle alors estoit grosse de son quatriéme enfant. Comme la feste de Pasques approchoit, le Roy desirant faire ses devotions éloigné de tout objet de scandale, la renvoya à Paris, & la conduisit jusques à mi-chemin. Elle eut grand-peine à se separer de luy, & elle luy recommanda ses enfans la larme à l'œil, comme ayant un secret pressentiment qu'elle ne le devoit jamais revoir.

Estant à Paris logée dans la maison de Zamet ce fameux Financier, aprés avoir disné chez luy, & ensuite avoir entendu Tenebres au petit Saint Antoine (c'estoit le Jeudy Saint) comme elle estoit de retour au logis, & qu'elle se promenoit dans le jardin, elle se sentit frapée d'une apoplexie au cerveau. Le premier accés estant passé, elle ne voulut plus demeurer en cette maison, mais se fit transporter chez Madame de Sourdis sa tante prés de Saint Germain de l'Auxerrois; Et là

Elle y meurt d'une façon fort estrange.

tout le reste du jour & le lendemain elle eut de fois à autre des syncopes, &
des

des convulsions, dont elle mourut le Samedi matin.

On parla diversement des causes de sa mort Mais après tout, ce fut un bonheur pour la France, en ce qu'elle osta au Roy un objet pour lequel il s'alloit perdre luy & son Estat. Sa douleur fut aussi grande que l'avoit esté son amour. Toutefois comme il n'estoit pas de ces ames foibles, qui se plaisent à perpetuer leurs regrets, & à se baigner dans leurs larmes, il n'en receut pas seulement les consolations, il les chercha; mais il conserva toûjours à l'endroit des enfans, particulierement du Duc de Vendosme, l'affection qu'il avoit euë pour la mere.

Le Roy s'en console, & cependant conserve toûjours une extrème tendresse pour ses enfans.

Les bons François desiroient avec passion qu'un si bon Roy pust laisser des enfans legitimes. Ils n'avoient pas osé le trop presser de prendre une femme capable de luy en donner, tandis que Gabrielle vivoit, de peur qu'il ne l'épousast; Et dans la mesme crainte la Reine Marguerite n'avoit point voulu aussi prester son consentement à dissoudre son mariage. Mais lors que Gabrielle fut morte, elle y donna volontiers les mains, & adressa une requeste au Saint Pere, pour demander elle-

La Reine Marguerite presente sa requeste au Pape tendant à dissoudre son mariage.

1599. elle-mesme cette dissolution, se fondant principalement sur deux causes de nullité. La premiere estoit le defaut de consentement; Car elle alleguoit qu'elle avoit esté forcée de l'épouser par le Roy Charles IX, son frere. La seconde estoit la proximité de parenté qui se trouvoit entre eux au troisiéme degré, dont elle disoit qu'il n'y avoit point eu de dispense valable.

Les Seigneurs & le Parlement supplient le Roy de prendre femme.

Semblablement les Seigneurs du Royaume & le Parlement supplierent sa Majesté par de solemnelles deputations, de vouloir songer à prendre femme, luy representant les inconveniens & le danger où la France se trouveroit s'il venoit à mourir sans enfans. Ces deputations-là ne sembleront pas estranges à ceux qui sçavent nostre ancienne Histoire: car on y void que les Rois ne se marioient ni eux, ni leurs enfans, que de l'avis de leurs Barons; & cela passoit presque en ce temps-là pour une Loy fondamentale de l'Estat.

Il presente sa requeste au Pape, comme avoit fait

Le Roy touché des justes supplications de ses Sujets adressa sa requeste au Pape, contenant les mesmes raisons que celle de la Reine Marguerite, &

char-

chargea le Cardinal d'Ossat, & Sillery son Ambassadeur extraordinaire, qu'il avoit envoyé à Rome poursuivre le jugement du Pape sur la restitution du Marquisat de Saluces, de solliciter instamment cette affaire. *la Reine Marguerite. 1599.*

La cause rapportée au Consistoire, le Pape donna commission à des Prelats de la juger sur les lieux, selon les droits de cette Couronne; qui ne souffrent point que l'on traduise les François pour pareille nature d'affaires de là les Monts, où il leur seroit presque impossible de faire aller les témoins & les preuves necessaires. Ces Prelats furent le Cardinal de Joyeuse, le Nonce du Pape, & l'Archevesque d'Arles; lesquels ayant interrogé les deux parties, veû les preuves produites de part & d'autre, & la requisition des trois Estats du Royaume, declarerent ce mariage nul, & leur permirent de se marier où bon leur sembleroit. *Le Pape accorde des Commissaires, qui prononcent la dissolution du mariage.*

La Reine Marguerite, qui depuis plusieurs années avoit quitté le Roy & s'estoit enfermée volontairement au fort chasteau d'Usson en Auvergne, eut permission de venir à Paris, de l'argent pour payer ses debtes, de grandes pensions, la jouïssance de la Duché *Apres cela la Reine Marguerite vient à Paris.*

1599. Duché de Valois, & de quelques autres terres; & droit de porter toûjours le titre de Reine. Elle vefcut encore plus de quinze ans, & baftit un Palais prés du Pré-aux-Clercs, qui depuis a efté vendu pour payer fes debtes, & démoli pour baftir d'autres maifons.

Ses inclinations. Elle aima fort les bons Muficiens, parce qu'elle avoit l'oreille tres-delicate, & les hommes fçavans & eloquens, parce qu'elle avoit l'efprit beau & l'entretien fort agreable. Au refte elle eftoit liberale jufqu'à la prodigalité, pompeufe, & magnifique; mais elle ne fçavoit ce que c'eftoit que de payer „ fes debtes. Ce qui eft fans doute „ le plus grand de tous les defauts „ dans un Prince, parce qu'il n'y a „ rien qui foit fi fort contre la juftice, „ dont il doit eftre le protecteur & le „ modele.

Ce mariage eftant diffout, Bellievre & Villeroy apprehendant que le Roy ne s'engageaft en de nouvelles amours, & ne fe prift à quelqu'un des filets que les plus belles de la Cour luy tendoient, le porterent par plufieurs grandes raifons d'Eftat, à fe fixer en la recherche de Marie de Medicis, qui eftoit fille de François, & niepce

niepce de Ferdinand, Grands Ducs de Toscane.

Le Cardinal d'Ossat & Sillery firent entendre son intention au Grand Duc Ferdinand son oncle; & Alincour fils de Villeroy, qu'il avoit envoyé pour remercier le Saint Pere de sa bonne & brieve justice touchant la dissolution susdite de son mariage, eut ordre de luy témoigner que le Roy ayant jetté les yeux sur toutes les filles des Maisons Souveraines de la Chrestienté, n'avoit point trouvé de Princesse plus agreable. L'affaire fut maniée avec tant d'adresse & de vigilance par les soins de ceux qui l'avoient entreprise, que le Roy s'y trouva tout-à-fait engagé. Le contract de mariage fut signé à Florence par ses Ambassadeurs le quatriéme du mois d'Avril de l'an mil six cens; Et Alincour dans sept jours luy en apporta les nouvelles à Fontainebleau. Il assistoit pour lors à la fameuse Conference ou Dispute d'entre Jacques David du Perron Evesque d'Evreux, depuis Cardinal, & Philippe du Plessis Mornay; dans laquelle la verité triompha hautement du mensonge.

Il y a des relations particulieres des

1600. On demande Marie de Medicis pour Henry IV.

Le contract de mariage est passé à Florence, & les nopces s'y font par procureur.

1600. solemnitez qui se firent à Florence, des magnificences du Grand Duc, des ceremonies des fiançailles, & des nopces de cette Reine, de son embarquement, & de sa conduite par les galeres de Malte & de Florence, de sa reception à Marseille, à Avignon & à Lion; Et ainsi je n'en diray rien.

Le Roy tombe dans les filets de Mademoiselle d'Entragues, depuis Marquise de Verneüil.

Tandis que ce mariage de Florence se traittoit, le Roy ayant un cœur, qui ne pouvoit long-temps conserver sa liberté, s'attacha à un nouvel objet.

Il faut sçavoir que Marie Touchet, qui avoit esté maistresse du Roy Charles IX, d'où estoit issu le Comte d'Auvergne, avoit esté mariée au Seigneur d'Entragues, & en avoit eu plusieurs enfans; entre autres une fort belle fille nommée Henriette, qui par consequent estoit sœur uterine du Comte d'Auvergne. Ce Comte estoit âgé pour lors de quelques trente ans, & elle de quelques dix-huit.

On ne sçait que trop qu'il n'y a que les flateurs & les lasches complaisans, qui gastent tout dans la Cour des Grands, & qui corrompent mesme leurs personnes. Ce sont eux qui sucrent

Reflexion

crent le poison, qui enhardissent le " importante sur
Prince à mal faire, en luy ostant la " les flatteurs.
honte du mal, qui le familiarisent avec "
le vice, qui luy en recherchent & fa- " 1600.
cilitent les occasions, & qui font, "
pour ainsi dire, le mestier de Satan & "
de tentateur. Il est impossible de pur- "
ger la Cour de ces pestes; elles s'in- "
sinuent malgré qu'on en ait dans les "
Palais des Grands, se rendent agrea- "
bles par de nouveaux divertissemens, "
gagnent l'oreille par des loüanges "
flateuses, par de bons contes, par des "
hableries plaisantes; puis quand ils "
tiennent les entrées, ils font glisser "
subtilement le venin dans le cœur, & "
empoisonnent les ames les plus inno- "
centes. "

Nostre Henry tout grand Prince qu'il estoit, avoit de ces gens-là auprés de luy : lesquels ayant reconnu son foible pour les femmes, au lieu de le fortifier & de le retenir comme veritables amis, n'oublioient rien pour le pousser plus fort dans le penchant, & faisoient leur fortune de son defaut. Ce furent eux qui loüerent tellement les beautez, les gentillesses, l'esprit, l'entretien divertissant & enjoüé de Mademoiselle d'Entragues, qu'ils luy

firent

1600. firent venir l'envie de la voir & de l'aimer. Ils ne pouvoient jamais rendre de plus mauvais office à leur maistre, que celuy-là. Elle avoit certainement beaucoup de charmes, mais elle n'avoit pas moins d'esprit & d'adresse. Ses refus & sa modestie irriterent plus fort la passion du Roy. Bien qu'il ne fust point prodigue, il luy fit porter cent mille escus tout en un coup. Elle ne les refusa pas, & témoigna reciproquement beaucoup d'amour & d'impatience pour un si grand Roy ; mais elle fit adroitement intervenir son pere & sa mere à la traverse pour l'observer de si prés, qu'elle ne pûst pas luy donner la commodité entiere de luy parler.

Le Roy donne cent mille escus à Mademoiselle d'Entragues.

Sur cela elle luy fit entendre qu'elle estoit au desespoir de ne luy pouvoir tenir parole, qu'il faloit avoir le consentement de ses pere & mere, & qu'elle y travailleroit de son costé. Puis aprés plusieurs longueurs & remises, elle luy dit qu'ils ne pouvoient estre amenez à un poinct si delicat, si ce n'estoit que pour mettre leur conscience à couvert envers Dieu, & leur honneur envers le monde, sa Majesté vouslust luy faire une promesse

Son adresse pour le mener au poinct qu'elle vouloit.

DE HENRY LE GRAND. 297

1600.

de mariage; Qu'elle n'avoit nulle envie de se servir de cet écrit, & que quand elle voudroit s'en servir, elle sçavoit bien qu'il n'y avoit point d'Official, qui osast faire citer un homme qui avoit cinquante mille hommes de guerre à son commandement; Mais que ces bonnes gens le desiroient ainsi, & qu'il ne devoit point faire de difficulté de guerir leur fantaisie, puisqu'il ne s'agissoit que de luy donner un petit morceau de papier en échange de la chose la plus precieuse qu'elle eust au monde. Enfin elle sceut si bien tourner son esprit, qu'il luy fit une promesse de sa main, par laquelle il s'obligeoit de l'épouser dans un an, pourveu que dans ce temps-là elle luy fist un enfant masle.

Elle tire une promesse de mariage de luy.

Toute cette intrigue se void dans les Memoires de Sully : où il dit que le Roy l'ayant mené seul dans la premiere galerie de Fontainebleau, luy monstra cette promesse écrite de sa main, & luy en demanda son avis; Qu'au lieu de répondre formellement sur cela, il la déchira en deux morceaux; Que le Roy en demeura tout estonné, & luy dit en colere, Comment, je croy que vous estes fol? Et qu'il luy ré-

Sully la déchire, mais le Roy en fait une autre.

N 6

répondit, Il est vray, Sire, je suis fol, & je voudrois l'estre si fort, que je le fusse tout seul en France; Qu'au sortir de la galerie le Roy entra dans son cabinet, & demanda une plume & de l'ancre, & qu'il croit que c'estoit pour en rescrire une autre. Quoy qu'il en soit, cette promesse causa bien de l'embarras depuis: car la Damoiselle la voulut bien faire valoir, comme nous dirons.

Il poursuit à Rome la decision du Marquisat de Saluces.

Au mesme temps que le Roy poursuivoit la dissolution de son premier mariage à Rome, il faisoit aussi instance envers le Saint Pere, qu'il eust à vuider le different de la restitution du Marquisat de Saluces, dont la decision luy avoit esté deferée par le Traitté de Vervin.

Comment ce Marquisat luy appartenoit.

Pour bien entendre cecy, il faut sçavoir que ce Marquisat estoit un fief mouvant du Dauphiné, duquel le Roy François I s'estoit ressaisi par droit de reversion, faute d'enfans masles dans la succession des Seigneurs qui le tenoient. Or en mil cinq cens quatrevingts huit durant les Estats de Blois,

Comment le Duc de Savoye s'en estoit emparé.

le Duc de Savoye, ayant avis que la Ligue se rendoit la plus forte en France, & qu'apparemment cette Monarchie

narchie s'alloit démembrer, s'empara de ce Marquisat, sans avoir aucun sujet de querelle. Il pallia seulement cette injuste usurpation de ce beau pretexte, qu'il ne s'en saisissoit que de peur que Lesdiguieres ne s'en emparast, & que par ce moyen il n'establist le Huguenotisme au milieu de ses terres.

Sept ans aprés, sçavoir l'an mil cinq cens quatrevingts quinze, le Roy estant allé à Lion aprés le combat de Fontaine-Françoise, le Duc, qui prevoyoit bien qu'il voudroit ravoir le Marquisat, luy fit proposer quelque accommodement pour cette piece. Le Roy offrit de la donner à un de ses fils pour la tenir à foy & hommage, avec quelques autres conditions; Mais le Duc la demandoit sans aucune dépendance, & ainsi cette negotiation fut rompuë. *On parle d'accommodement. Le Roy offrit de le luy donner à foy & hommage.*

Nos Ambassadeurs traittant la Paix generale à Vervin, ne manquerent pas de redemander instamment la restitution de ce Fief. Ceux du Duc, qui y assisterent, alleguerent en faveur de leur maistre, que cette piece luy appartenoit, comme estant un Fief mouvant de Savoye, & qu'il avoit plusieurs *Par le Traitté de Vervin, on remet ce different à l'arbitrage du Pape.*

1600. titres essenciels pour prouver cette mouvance, lesquels il faloit voir, pour vuider ce different avec connoissance de cause. Or il eust falu bien du temps pour les faire venir de Savoye; Et le Nonce du Saint Pere pressoit fort la Paix, de peur qu'il n'arrivast durant ces remises quelque accidēt qui la reculast. Tellement que pour ne la point retarder, on jugea à propos de remettre au Pape la decision de cette affaire, à la charge qu'il la termineroit dans un an.

Les François durant ce temps-là solliciterent fort à Rome pour la faire vuider. Les Savoyards ne se defendirent qu'à l'extrémité, & seulement de peur de perdre leur cause par defaut. Les uns & les autres produisirent leurs titres: Ceux des François estoient les meilleurs, & de plus ils avoient une possession paisible de plus de soixante ans, qui estoit plus que suffisante pour acquerir prescription. L'année estant expirée, le Pape demanda au Roy une prolongation de deux mois, pour pouvoir rendre sa Sentence arbitrale, & que cependant le Marquisat seroit mis en sequestre entre ses mains. Le Roy y consentit volontiers: mais le Duc entra en défiance, que le Pape

Pape ne le vouluſt avoir pour un de ſes neveux; tellement que ſon Ambaſſadeur luy ayant témoigné cette défiance, le Pape ſe deporta de ſe plus meſler du depoſt, ni de l'arbitrage.

Le Duc s'imaginoit qu'il n'avoit qu'à pouſſer le temps avec l'épaule, & qu'il arriveroit, ou que les François s'ennuieroient de pourſuivre cette affaire, ou qu'il en ſurviendroit quelque autre plus importante; qui détourneroit les penſées du Roy ailleurs. De plus, comme il ſçavoit qu'il y avoit encore pluſieurs eſprits melancholiques, qu'on n'avoit pû guerir de cette opinion, que le Roy eſtoit toûjours Huguenot dans l'ame, & avec cela quelques ennemis cachez & dangereux, de ſorte qu'il n'y avoit point d'années qu'il ne ſe fiſt pluſieurs conſpirations contre ſa vie: il s'attendoit qu'il y en auroit enfin quelqu'une qui reüſſiroit. En effet cette année-là on en avoit découvert trois, dont celle qui fit le plus de bruit, fut d'une femme, qui alla offrir au Comte de Soiſſons de l'empoiſonner; Mais le Comte la defera, & elle fut brûlée toute vive en Greve.

Afin donc de gagner du temps, il deſira

1600.
Pourquoy eſt-ce que le Pape ſe deporte de cet arbitrage. Le Duc de Savoye ne vouloit que gagner le temps.

Il veut venir en

France conferer avec le Roy.
1600.

fira de venir en France luy-mesme, ayant si bonne opinion de son esprit & de ses ruses, qu'il s'asseuroit d'obtenir du Roy ce Marquisat en don, ou du moins pretendoit faire de telles propositions, & d'employer tant d'artifices, qu'il se passeroit plus d'un an avant qu'on les pust démesler. Il disoit que son Ambassadeur luy avoit mandé, qu'il avoit entendu dire au Roy, que s'ils estoient ensemble, ils vuideroient bien-tost ce different à l'amiable, & que c'estoit cette bonne parole, qui l'avoit embarqué en son voyage. Mais plusieurs soupçonnoient avec apparence qu'il le faisoit à dessein de gagner quelques gens dans le Conseil du Roy, de sonder les affections, de remarquer & de réveiller les mécontentemens, de jetter des semences de corruption & de division, & de renouveller les intelligences qu'il pouvoit avoir à la Cour. D'autres s'imaginoient qu'il estoit mal content de l'Espagne, parce que Philippe II, ayant donné les Païs Bas en dot à sa fille puisnée, n'avoit laissé à son aisnée, femme du Duc, qu'un Crucifix & une image de Nostre-Dame. D'ailleurs il avoit en effet receu quelques déplaisirs des Mi-

Quels pouvoient estre les motifs de ce voyage.

Ministres d'Espagne; & il faisoit cou- 1600.
rir le bruit, soit qu'il fust vray ou
non, qu'il avoit entrepris ce voyage
sans en rien communiquer à Philippe III son beau-frere. Enfin chacun
en jugeoit à sa fantaisie; & peut-estre
que pas un ne devinoit le secret de ses
pensées, n'y ayant jamais eu Prince
moins penetrable & plus caché que
celuy-là. Aussi disoit-on de luy que
son cœur estoit couvert de montagnes,
aussi bien que ses païs; c'est qu'il estoit
bossu, comme la Savoye est toute
montueuse.

Il voulut amener un train, qui mar- *Son*
quast son rang & sa puissance. Il avoit *train.*
douze cens chevaux: Mais tous ses Officiers estoient vestus de deuil, à cause
de la mort de sa femme; ce que plusieurs des siens prirent à mauvais presage. Le Roy desirant le recevoir se- *Le Roy*
lon sa dignité, ordonna aux villes *le fait*
& aux Gouverneurs de luy rendre tous *bien re-*
les mesmes honneurs qu'à sa propre *cevoir*
personne. *par tout.*

Il descendit à Lion par la rivie- *Il passe*
re du Rosne, & y fut receu par la *par Lion.*
Guiche Gouverneur de cette ville.
Mais le Chapitre de S. Jean ne luy donna pas la place de Chanoine & Comte

de

1600. de cette Eglise, parce qu'il ne possedoit plus la Comté de Villars, en vertu de laquelle les Comtes de Savoye y avoient esté receus autrefois; joint qu'il n'avoit pas ses titres, & qu'il ne vouloit point se donner le temps d'y faire preuve de sa Noblesse, dont ce Chapitre-là ne dispense qui que ce soit que nos Rois.

Arrive à Fontainebleau, où estoit le Roy.

De Lion, il vint à Roanne, descendit par eau à Orleans, & puis en poste à Fontainebleau, où estoit le Roy. Il y arriva le vingtiéme de Decembre, courant avec soixante & dix chevaux.

S'ondresse pour gagner d'abord la confiance du Roy.

D'abord pensant acquerir de la confiance auprés de luy, il se plaignit hautement des Espagnols, luy découvrit ou feignit de luy découvrir ses plus secrettes pensées, & un dessein qu'il avoit de les chasser d'Italie. Il luy dit ses amis, ses moyens, & ses intelligences pour cela: Il voulut luy faire croire qu'il luy ouvroit son cœur, qu'il estoit tout François, & qu'il desiroit s'attacher aux interests de la France sans reserve.

Qui est aussi fin que luy.

Le Roy l'écouta avec attention, & le remercia de ses bons sentimens: mais aprés tout il finit par là; *Je suis d'avis que nous vuidions premierement les affaires que nous avons*
en-

ensemble, *puis nous parlerons du reste.* 1600.
Trois jours aprés le Roy s'en alla à *Et l'a-*
Paris où ils devoient parler plus am- *mene à*
plement du sujet qui l'avoit amené en *Paris.*
France.

Sur cela commença la derniere an-
née du quinziéme siecle que l'on com- *Ouver-*
ptoit mil six cens, celebre par le Jubilé *ture du*
centenaire, qui s'ouvrit à Rome. Il *Jubilé*
s'y trouva vingt & quatre mille Fran- *centenai-*
çois, les uns mûs de devotions, les au- *re à Ro-*
tres de curiosité, entre lesquels il y *me.*
avoit bon nombre de Huguenots, qui
estoient allé voir cette grande ceremonie. Ils le pouvoient avec toute liberté, car durant l'année du grand Jubilé
l'Inquisition cesse à Rome ; où d'ailleurs elle est bien moins rigoureuse
qu'en Espagne. Le Duc de Bar se trouva en habit inconnu à cette ouverture : Il y estoit allé pour demander l'absolution aut Saint Pere ; mais sa sou-
mission quelque grande qu'elle fust, ne
la put obtenir, & il ne l'eut que lors
que sa femme, Madame Catherine, fut
morte.

Le commencement de cette année
vid le Roy & le Duc de Savoye vivre
avec tant de privautez & tant de preuves d'amitié, qu'on eust crû que ce
n'estoit

1600.
Grandes demonstrations d'amitié entre le Roy & le Duc.

n'estoit qu'un mesme cœur La civilité & la courtoisie Françoise obligeoient le Roy de faire toute sorte de bons traittemens au Duc; Et le desir qu'avoit le Duc d'obtenir de luy le Marquisat, le portoit à une extréme complaisance, & à chercher tous les moyens de se rendre agreable à un si grand Roy. La Cour de France avoüa qu'elle n'avoit jamais veu de plus parfait Courtisan; les Dames, de plus agreable; galand les Officiers du Roy & des Grands, de Prince plus liberal. Il sçavoit se conduire de telle sorte auprés du Roy, qu'il ne faisoit ni le compagnon, ni le valet; Et s'il vouloit bien paroistre inferieur en grandeur, il s'efforçoit de paroistre superieur en generosité & en liberalité. Il donnoit à pleines mains, mesme aux principaux de la Cour; Le Roy leur permettoit d'accepter ses presens, & de son costé en donnoit de fort grands au Duc. Il le traittoit, & le faisoit traitter par les principaux de sa Cour, & tous les jours luy faisoit voir quelque nouveau sujet de divertissement. Entre autres choses il desira qu'il vist son Parlement, que nos Rois ont toûjours monstré aux Princes Estrangers, comme

Comment le Duc vivoit avec le Roy; son adresse, ses liberalitez.

Le Roy luy fait toutes sortes de bons traittemens.

Luy fait voir son

me un abregé de leur Grandeur, & le lieu, où leur Majesté reside avec plus d'éclat. Ils se mirent ensemble dans la lanterne de la Grand-Chambre, où ils entendirent avec ravissement plaider une cause fort singuliere, qu'on avoit choisie exprés, & prononcer l'Arrest par Achilles de Harlay Premier President, personnage si grave & si disert, que tout ce qui sortoit de sa bouche sembloit sortir de celle de la Justice mesme.

1600. Parlement, où ils entendent plaider une cause.

Il n'y avoit point de civilité, ni de courtoisie, que le Roy ne fist au Duc; mais aprés tout, il ne se relaschoit point pour son Marquisat. Le Duc tournoit l'affaire en toutes sortes de sens, tantost il offroit de le tenir en hommage de la Couronne, tantost il proposoit au Roy de grands desseins sur le Milanois & sur l'Empire, tantost il mettoit sur le tapis le plan d'une puissante Ligue pour détruire l'Espagnol en Italie. Mais le Roy estoit trop habile pour prendre le change : il répondoit qu'il n'avoit point d'ambition de conquerir le bien d'autruy, mais seulement de recouvrer le sien ; qu'il ne vouloit point parler de cette affaire avec le Duc, & qu'il faloit remettre cela

Mais ne se relasche point pour son Marquisat.

Le Duc tasche en vain de luy donner le change.

1600.

cela à leur Conseil. En effet ils nommerent quelques personnes, qui en confererent ensemble: mais ceux du Roy insistant toûjours à la restitution, & le Duc taschant de s'en exempter, on ne conclut rien.

Toutes esperances estant donc manquées au Duc de pouvoir rien obtenir, il ne perdoit pas courage pour cela, mais il se fioit en des intelligences secrettes qu'il avoit noüées avec quelques Grands de la Cour, particulierement avec le Duc de Biron. Plusieurs croyent qu'il commença pour lors à le débaucher, & qu'il se servoit pour cet effet de l'entremise d'un nommé Laffin Gentil-homme Bourguignon de la Maison de Beauvais la Nocle, mais le plus pernicieux & le plus traistre qu'on eust sceu trouver en toute la France. Il faisoit mestier de porter & rapporter les paroles de part & d'autre. Le Roy le connoissoit bien, & sçachant qu'il voyoit Biron bien familierement, il eut la bonté de dire plus d'une fois à ce Mareschal: *Ne laissez point approcher cet homme-là de vous, c'est une peste, il vous perdra.*

Le Duc sçavoit que Biron aimoit le Roy, pource qu'il l'avoit élevé aux plus gran-

N'y pouvant reüssir, on croit qu'il travailla à débaucher Biron par l'entremise de Laffin.

grandes dignitez de son Royaume, & 1600.
que ce Prince l'honoroit aussi de sa
bienveillance. Il faloit donc luy faire
perdre cette affection pour le rendre
capable de quelque mauvais dessein.

Biron estoit sans doute brave & *Biron*
vaillant au dernier poinct, mais si enflé *devient*
de sa bravoure, qu'il ne pouvoit souf- *insup-*
frir que personne s'égalast à luy. De- *portable*
puis la Paix de Vervin, n'ayant plus *par ses*
rien à faire, il vantoit sans cesse ses bel- *vanitez*
les actions; à son dire il avoit tout fait, *& fan-*
& il s'enyvroit tellement de ses loüan- *faronne-*
ges, qu'il mettoit sa vaillance au des- *ries.*
sus de celle du Roy. Il croyoit qu'il *Il s'esti-*
luy devoit sa Couronne, qu'il ne luy *moit*
pouvoit rien refuser, & qu'il alloit le *plus que*
gouverner absolument. Ces fanfaron- *le Roy.*
neries ne plaisoient point au Roy, il se *Lequel*
faschoit que son Sujet s'égalast à luy *en prit*
en valeur; & plus encore qu'il eust la *du dé-*
presomption de le vouloir gouverner, *goust.*
luy qui avoit dix fois plus de cervelle
& de bon sens que ce Mareschal.

C'est certes une noble ambition, " *Belle &*
& qui non seulement sied bien, mais " *impor-*
qui est tout-à-fait necessaire à un " *tante*
Roy, de croire qu'il n'y a aucun de " *refle-*
ses Sujets qui vaille mieux que luy. " *xion.*
Quand il n'a pas cette bonne opi- "
nion

„ nion de soy-mesme, il ne manque
„ point de se laisser conduire par celuy
„ qu'il croit plus habile homme que
„ luy, & par là il tombe aussi-tost en
„ captivité. Ainsi, deust-il se tromper,
„ il faut qu'il s'estime toûjours le plus
„ capable de gouverner son Royau-
„ me. Je dis bien plus, il ne sçauroit
„ se tromper en cela, dautant qu'il
„ n'y a personne plus propre que luy,
„ quelque ignorant qu'il soit, à re-
„ gir son Estat ; Dieu l'ayant destiné
„ à cette fonction, luy & non pas un
„ autre, & les peuples estant toûjours
„ disposez à recevoir les commande-
„ mens lors qu'ils sortent de sa bouche
„ sacrée.

Henry le Grand avoit donc pris quelque dégoust du Mareschal de Biron, à cause de sa vanité ; de sorte que le Duc de Savoye luy loüant un jour les belles actions, & les grands services „ des Birons pere & fils, le Roy luy „ répondit qu'il estoit vray qu'ils l'a- „ voient bien servi, mais qu'il avoit eu „ beaucoup de peine à moderer l'y- „ vrognerie du pere, & à retenir les „ boutades du fils. Le Duc recueillit ces paroles & les fit rapporter par Lassin à Biron ; lequel touché en la partie la plus

Le Duc fait rapporter à Biron.

plus sensible, s'emporta là-dessus à cent extravagances, & ayant perdu le respect, perdit ce qui luy restoit d'affection pour le Roy. On soupçonne que délors il s'abandonna à toutes sortes de mauvais desseins, & qu'il promit d'entrer dans une Ligue que le Savoyard devoit faire avec le Roy d'Espagne, moyennant qu'il luy donnast sa fille en mariage, & qu'on luy aidast à se faire Duc de Bourgongne.

quelques paroles desavantageuses du Roy. 1600.

Aprés que le Duc de Savoye eut demeuré plus de deux mois à la Cour de France, faisant, comme dit le proverbe, bonne mine à mauvais jeu, & couvrant toûjours son chagrin d'une joye apparente, mais ne sçachant ni comment se retirer sans honte, ni comment demeurer plus long-temps sans aucun fruit : le Roy ne voulut pas luy donner sujet de dire qu'on l'avoit traitté à la derniere rigueur. Il luy fit sçavoir que si le Marquisat l'accommodoit si fort, qu'il ne le pûst restituer sans une notable incommodité, il se contenteroit de prendre la Bresse en échange. Cette condition ne sembloit gueres moins dure au Duc, que celle de la restitution du Marquisat ; toutefois pour avoir quelque pretexte de se retirer

Le Roy fait proposer au Duc l'échange du Marquisat avec la Bresse. Le Duc feint de ne s'en

pas éloigner, mais demande trois mois pour choisir.
1600.

rer avec honneur, il ne s'en éloigna pas; Et il fut dressé alors quelques articles, lesquels il témoigna n'avoir pas desagreables: mais il demanda du temps pour songer à l'alternative de la restitution, ou de l'échange, & pour prendre l'avis des Grands de son Estat sur une chose si importante. On luy accorda pour cela trois mois de temps tout entiers. C'estoit à la fin de Fevrier de l'année mil six cens.

Il prend congé du Roy, qui le conduisit jusqu'au Pont de Charenton.

Peu de jours aprés il prit congé du Roy, qui le conduisit jusqu'au Pont de Charenton, & donna ordre au Baron de Lux & à Praslin de l'accompagner jusqu'à la frontiere. Il s'en retourna par la Champagne, & la Bourgongne, d'où il entra en Bresse & alla à Bourg. Il eut grande joye de s'y voir arrivé, parce qu'il avoit eu peur d'estre arresté en France. En effet quelques-uns avoient donné conseil au Roy de le retenir jusques à ce qu'il eust restitué le Marquisat; mais le Roy s'offensa fort de cette proposition, & répondit en colere; *Qu'on le vouloit deshonorer, & qu'il aimeroit mieux avoir perdu sa Couronne, que de tomber dans le moindre soupçon d'avoir manqué de foy, mesme au plus grand de ses ennemis.*

Quelques-uns avoient conseillé au Roy de l'arrester. Belle réponse du Roy.

Les

Les trois mois estant expirez sans que le Duc eust satisfait à sa promesse, le Roy se fasche, & veut qu'il se resolve à l'une ou à l'autre alternative. Le Duc prend de nouveaux delais, & promet toûjours qu'il le satisfera. Cependant il faisoit remonstrer au Conseil d'Espagne le peril où il estoit; que la perte du Marquisat le mettroit hors d'estat de pouvoir servir les Espagnols; qu'elle ouvriroit une porte aux François pour aller troubler l'Italie; & que cette tempeste aprés avoir desolé ses terres, iroit fondre sur le Milanois. Le Conseil d'Espagne en comprenoit bien l'importance: mais comme il agit fort lentement, il fut assez long-temps à se resoudre. Enfin le Comte de Fuentes Gouverneur du Milanois eut ordre, mais deux mois plus tard qu'il ne faloit, d'assister puissamment ce Prince. Il se rendit pour cet effet dans le Milanois, où avec deux millions d'or, qui estoient tout prests, il commença de faire de grands preparatifs.

1600. Les trois mois expirez, le Roy presse le Duc de choisir ou l'échange, ou la restitution. Le Duc presse le Conseil d'Espagne de le secourir. Le Comte de Fuentes vient pour cela au Milanois, mais tard.

Aprés que le Duc par divers artifices eut fait traisner la negotiation prés de deux autres mois, le Roy estant ennuié de toutes ses remises, se prepara de lier

1600.

Le Roy presse le Duc de choisir ou l'échange ou la restitution.

lier de Protée, qui se changeoit en toutes sortes de formes, & de le forcer à rendre une réponse certaine. Il s'avança pour cet effet jusques à Lion ; où il avoit envoyé son Conseil devant. Le Duc sçachant qu'il s'approchoit, eut recours à d'autres finesses. Il luy envoya trois Ambassadeurs, qui proposerent conjointement un acte, par lequel ils declaroient que leur Maistre estoit prest d'accomplir le Traité fait à Paris, & qu'il promettoit de remettre le Marquisat ; Mais celuy des trois, qui avoit le secret, fit refus de signer les articles qu'on dressoit sur ce sujet, que premierement le Duc ne les eust monstrez à son Conseil, & signez. Par ce détour le Duc gagna encore sept ou huit jours de temps ; mais le Roy resolu de le pousser jusques au bout, le suivoit toûjours à la trace, démesloit toutes ses ruses, & ne luy laissoit plus de subterfuge. Il faloit donc qu'il répondist positivement ; & il promit de rendre le Marquisat dans le seiziéme d'Aoust.

Il promet positivement de rendre le Marquisat. Mais quand le Roy y envoye

Sur cette asseurance le Roy fit avancer le Bourg-l'Espinasse, vieux Colonel d'Infanterie avec des troupes Suisses pour prendre possession du Marquisat.

sat. Comme il en approchoit, le Duc *des trou-* leva le masque, & dit nettement qu'aux *pes, il* conditions qu'on luy avoit proposées, *reve le* la guerre luy estoit moins dure que la *masque* Paix. Ainsi le Roy fut obligé d'en ve- *fuse.* nir au poinct, où il avoit bien preveû *1600.* qu'il en faudroit venir, c'est à dire à une *Le Roy* guerre ouverte. Il la luy declara donc *clare la* l'onziéme du mois d'Aoust, mais avec *guerre.* ces termes exprés, que c'estoit seulement pour le Marquisat, & sans prejudice du Traitté de Vervin, lequel il desiroit observer inviolablement.

En mesme temps il donna avis de *Il en* cette rupture à tous les Princes voisins, *rend rai-* & leur fit entendre les justes sujets " *son aux* qu'il en avoit. Ce grand Roy sçavoit " *Princes* bien qu'entre les Chrestiens l'infra- " *voisins.* ction de la Paix est extrémement " odieuse; & que sans des raisons, qui " convainquent fortement les esprits " il ne faut jamais rien faire qui trou- " ble la tranquilité publique. "

Il estoit pour lors à Grenoble, où il n'avoit pour commencer cette guerre, que trois ou quattre Compagnies d'ordonnance. Quelqu'un luy proposa de faire avancer le Regiment des gardes: Il répondit qu'il ne le vouloit pas éloigner de luy, que c'estoit la dixieme

1600.

*Jules Cesar ne vouloit pas que la dixiéme Legion combatist sans luy.

Biron conquiert toute la Bresse.

Le Pape allarmé de cette guerre, envoye vers le Roy.

Belle réponse du Roy au Pape, & bien Chrestienne.

me Legion, qui ne combatoit point sans * Cesar. Mais dans peu de temps la Noblesse Françoise & les avanturiers accoururent de tous costez auprés de luy, comme à la nopce & au bal.

Le Mareschal de Biron, quoyque déja dégousté, ayant amassé quelques troupes entama le païs de Bresse, en plusieurs endroits. Du Terrail y petarda la ville de Bourg : mais la citadelle se garda mieux, & elle fit presque la seule difficulté de cette guerre. Crequy entrant en Savoye y emporta la ville de Montmelian sur la minuit, mais non pas le chasteau.

Le Pape allarmé par les premieres estincelles de cet incendie, & ayant peur qu'il n'embrasast toute l'Italie, s'employa tout aussi-tost pour l'esteindre. Il dépescha un Prelat, qui portoit le titre de Patriarche de Constantinople, vers le Roy, pour luy remonstrer les inconveniens de cette rupture, & pour le conjurer au nom de Dieu de ne point passer outre. Le Roy l'asseura qu'il n'avoit nul dessein de troubler la Paix d'Italie ; qu'il estoit Prince Chrestien & juste ; que Dieu luy avoit donné un assez beau Royaume pour s'en
con-

contenter; mais qu'il desiroit ravoir ce 1600.
qui estoit de sa Couronne; que s'il a-
voit eu d'autres plus vastes desseins,
il auroit fait de plus grands preparatifs.

Peu de jours après il partit, & entra *Le Roy*
luy-mesme dans la Savoye. Sa presence *entre*
estonna tellement la ville de Chamber- *luy-mes-*
ry, qu'il en fit sortir la garnison par *me dans*
une prompte capitulation. Il se rendit *la Sa-*
maistre ensuite des avenuës de la Ta- *voye, & prend*
rentaise & de la Morienne, en prenant *Cham-*
dans deux ou trois jours le chasteau de *berry par*
Conflans, & celuy de la Charbonniere; *capitu-*
qui jusques-là avoient passé pour im- *lation, & quelques*
prenables. *chas-*
teaux.

Le Duc de Savoye ne se remuoit *Le Duc*
point pour toutes ces pertes; Il en estoit *de Sa-*
si peu touché, qu'il chassoit & qu'il *voye ne*
dansoit tandis qu'on le dépoüilloit de *s'en re-*
ses Provinces. Il ne sembloit pas qu'il *muoit*
fust l'adversaire, mais le spectateur. Ses *point.*
Sujets pareillement ne s'estonnoient
gueres des progrez du Roy, ils disoient que s'il prenoit quelque place en
Savoye, leur Duc en prendroit bien
d'autres en France. On ne pouvoit
deviner d'où procedoit cette grande
securité. Il y en avoit qui croyoient que *Il se*
le Duc s'asseuroit sur je ne sçay quel- *fioit à*
les

quelques vaines predictions d'Astrologues.

1600.

Ou au Mareschal de Biron, qui estoit fort irrité contre le Roy.

les pronostications d'Astrologues, qui luy avoient predit que dans le mois d'Aoust il n'y auroit point de Roy en France; Ce qui se trouva fort vray, parce qu'en ce temps-là il estoit victorieux au milieu de la Savoye. D'autres croyoient que le Duc se fondoit encore sur les intelligences qu'il avoit avec le Mareschal de Biron, dont la fidelité ayant esté fort ébranlée par ses artifices tandis qu'il estoit en France, venoit d'estre entierement débauchée par de grands sujets de mécontentement, que ce Mareschal avoit receus depuis cette guerre. Car le Roy ne témoignoit plus se fier tant à luy; Il ne le traittoit plus avec la mesme franchise qu'auparavant; & il commettoit la principale direction de cette conqueste à Lesdiguieres, qui en effet sçavoit mieux le païs & la maniere de faire la guerre dans ces montagnes que luy. Cette preference irritoit furieusement un esprit altier, qui croyoit qu'on ne pouvoit, & qu'on ne devoit rien faire sans luy. Puis le refus que fit le Roy de luy donner le Gouvernement de la citadelle de Bourg, le mit tout-à-fait hors du sens. Depuis cela il n'eut plus que des pensées extravagantes & criminelles; &

il

il commença, disoit-on, de traitter une
Ligue avec le Savoyard, pour rallumer
la guerre civile en France. Je ne puis
marquer les particularitez de ce dessein, parce qu'on ne les a jamais bien
sceuës.

1600.

Le Duc de Savoye croyoit ses forteresses de Montmelian en Savoye, & de
Bourg en Bresse, imprenables, & se reposoit de la seureté de son païs là-dessus. Il fut bien surpris d'apprendre que
le Marquis de Brandis Gouverneur de
la premiere avoit capitulé de la rendre
dans certain temps. Sur cela il se mit
aux champs, & fit tous ses efforts pour
estre en estat de le secourir: Il eut recours à l'assistance des Espagnols; Mais
le Comte de Fuentes, qui desiroit engager les affaires encore plus avant,
luy refusa des troupes dans son besoin,
& cependant le terme de la capitulation
estant écheu, il perdit Montmelian au
grand estonnement de ses Sujets, & à
la honte de Brandis. La disette de vivres & de munitions luy fit aussi perdre à quelques semaines de là la citadelle de Bourg; dont le Gouverneur soûtint le siege jusqu'à l'extremité.

Enfin le Duc se met en campagne, mais ne fait rien.

La citadelle de Montmelian prise. Puis celle de Bourg.

Le Roy estant passé du costé de Geneve

1600.
Puis le fort Sainte Catherine.
Le Roy visite Geneve.

neve soûmit le païs de Chablais & de Faussigni. Les Habitans de Geneve prirent le fort de Sainte Catherine, que les Savoyards avoient basti pour les matter, & le démolirent. Aprés cette prise il voulut visiter Geneve si celebre pour estre un des remparts de la Religion Protestante. Theodore de Beze le premier en âge comme en doctrine de tous les Ministres Huguenots, luy fit une harangue en peu de paroles. Le Mareschal de Biron ayant consideré la place que les Habitans fortifioient depuis quarante ans avec beaucoup de soin & de dépense, soit pour se faire estimer grand Capitaine, soit pour monstrer beaucoup de zele à la Religion Catholique, se vanta qu'il la pourroit prendre en vingt jours. Ce que le Roy ne trouva pas bon, dautant que la France l'avoit prise sous sa protection dés le Regne de François I; & s'estoit obligée de la defendre contre le Duc de Savoye, qui pretend que la Seigneurie luy en appartient.

Le Pape s'entremet de la Paix, & envoye pour

Cependant le Pape desirant sur toutes choses esteindre le feu de cette guerre, avoit depesché vers le Roy & vers le Duc, son neveu le Cardinal Aldobrandin, lequel travailloit incessamment menta à moyenner la Paix. Sa plus grande peine estoit de trouver des nœuds assez seurs & assez forts pour attacher le Duc de Savoye; Car ceux de ses promesses & de sa foy estoient si incertains & si coulans, que l'on ne s'y pouvoit fier.

cela son-
ne veu
Legat.
1600.

Au mesme temps le Roy, à qui la guerre n'avoit pas interrompu les pensées de son mariage, s'embarqua sur le Rhosne, & descendit à Lion, où la Reine sa nouvelle espouse estoit arrivée, & l'attendoit.

Le Roy vint à Lion, où la Reine l'attendoit.

Le Legat n'avoit point discontinué le Traitté de la Paix, il estoit venu à Lion pour cela, où il fit son entrée quinze jours aprés la Reine. Les Ambassadeurs de Savoye l'y suivirent: mais leur pouvoir estoit conceu en tels termes, que le Duc avoit moyen de les desavouër. Toutefois quand ils virent la citadelle de Bourg à l'extremité, ils solliciterent instamment le Legat de reprendre les premiers erremens du Traitté. Mais il n'en voulut rien faire, qu'ils ne luy eussent donné par écrit, qu'ils l'en avoient prié pour le bien des affaires de leur Maistre.

Le Legat y vint aussi, & les Ambassadeurs de Savoye.

Comme les articles furent dressez & accordez, on les signa de part & d'autre

1601.
Le Traitté de

O 6

Paix se fait, se signe, & se publie à Lion.
1601.
Articles de ce Traitté, portans que la Bresse sera au Roy, & le Marquisat au Duc.

tre, & la Paix fut publiée à Lion le dix-septieme de Janvier mil six cens un, par laquelle le Duc cedoit au Roy & à tous ses successeurs Rois de France, les Païs & Seigneuries de Bresse, Bugey, & Veromey, & generalement tout ce qui luy appartenoit le long de la riviere du Rhosne, depuis la sortie de Geneve; Comme aussi le Bailliage & Baronnie de Gex. Et cela en échange du Marquisat de Saluces, que le Roy luy delaissoit entierement pour luy & pour les siens. Le traitté portoit aussi que toutes les places que le Roy avoit prises sur le Duc de Savoye luy seroient renduës; Mais seroient reservez au Roy tous les droits pretendus contre ledit Duc, suivant qu'il estoit contenu aux Traittez de Cateau en Cambresis, & de Vervin.

Ils gagnent l'un & l'autre à cet échange.

Dans cet échange l'un & l'autre gagnoient également. Le Roy pour un Marquisat de peu d'estenduë, éloigné de ses terres, enclavé dans celles de Savoye, & lequel il ne pouvoit conserver que par de grosses garnisons, qui consumoient deux fois plus que le revenu qu'il en tiroit: acqueroit un païs de plus de vingt-cinq lieuës d'estenduë, qui estoit continent aux siens, qui élargisgissoit sa frontiere, auquel il y avoit 1601. huit cens Gentils-hommes, & qui estoit tres-fertile & tres-abondant, principalement en pascages pour nourrir des haras. Le Duc en s'appropriant le Marquisat, se tiroit une fascheuse espine du pied, ou plûtost une épée qui luy traversoit le corps; & se mettoit en seureté. Car tandis que les François le tenoient, il n'osoit sortir de Turin qu'accompagné de trois ou quatre cens chevaux d'escorte; & il faloit qu'il entretinst de grosses garnisons au milieu de son Païs.

Le Traitté estant signé, le Roy partit de Lion en poste pour revenir à Paris; où la Reine le suivit à petites journées. Quelque temps aprés qu'elle y fut arrivée, il la mena voir ses bastimens de Saint Germain en Laye. C'estoit un de ses plaisirs, & certes fort innocent, & qui sied bien à un puissant Prince, quand il a payé ses plus grandes debtes, & qu'il a soulagé ses peuples du plus gros fardeau des impositions. Car en élevant ces superbes edifices, " il laisse de belles marques de sa gran-" deur & de ses richesses à la posterité; " il embellit son Royaume, attire l'ad-" miration des peuples, fait connoistre "

Aprés cela le Roy part de Lion pour Paris, où la Reine le suit.

Il luy mene voir ses bastimens.

1601. „ aux Estrangers que ses coffres regor-
„ gent d'argent, donne la vie & du pain
„ à quantité de pauvres manœuvres,
„ travaille utilement pour sa commo-
„ dité & pour celle de ses Successeurs,
„ & enfin fait florir l'Architecture, la
„ Sculpture, & la Peinture, lesquelles
„ ont toûjours esté infiniment esti-
„ mées de toutes les Nations du mon-
„ de les plus polies.

Il se divertissoit aux bastimens, mais ne s'y occupoit pas.

Belle reflexion, & qu'un Roy ne sçauroit trop faire.

Nostre Henry ne prenoit ce divertissement que pour se délasser l'esprit de ses travaux, & non pas pour se
„ l'occuper ; Car il avoit l'ame trop
„ grande & le genie trop élevé pour
„ se donner tout entier à des choses si
„ mediocres, encore moins pour s'at-
„ tacher à de vains amusemens. Il est
„ vray qu'il bastissoit, qu'il chassoit,
„ qu'il joüoit ; mais c'estoit sans se
„ destourner trop de ses affaires, &
„ sans abandonner le timon de son Es-
„ tat, lequel il tenoit aussi ferme, &
„ aussi soigneusement durant le calme,
„ que durant la tempeste.

D'ailleurs il n'avoit garde de s'endormir durant la bonace, qui est souvent trompeuse ; Et outre qu'il n'y a pas moins à travailler pour un bon Roy, au dedans de l'Estat pendant la Paix,

Paix, qu'au dehors pendant la guerre: il sçavoit que l'Espagnol & le Savoyard grondoient toûjours, & qu'ils couvoient dans le cœur quelque entreprise contre luy. Le Comte de Fuentes ayant levé une grande armée pour assister le Savoyard, se faschoit que la Paix luy avoit osté l'occasion de l'employer. Quelques places qu'il avoit prises en Picardie durant la guerre d'entre les deux Couronnes, luy avoient donné de la vanité, & luy faisoient croire qu'il remporteroit toûjours de l'avantage sur les François. Au mesme temps le Roy d'Espagne avoit aussi mis en mer une armée Navale, commandée par un Doria, laquelle avoit sans doute quelque dessein sur la Provence, si la Paix ne se fust faite. Et mesme quoyqu'elle le fust, Fuentes ne laissoit pas de vouloir tenter une entreprise sur Marseille pour faire rupture. Ceux avec qui il avoit intelligence pour cela, offrirent au Roy d'attirer dans le piege six ou sept cens hommes, & de les retenir prisonniers, ou de les tailler en pieces. Mais le Roy ne jugea pas qu'un si petit avantage valust la peine de donner sujet aux ennemis de rompre la Paix, & de rentrer dans une guerre;

Le Comte de Fuentes veut surprendre Marseille pour rompre la Paix. On pouvoit attraper ses gens par une contre-

1601.

intelligence; mais le Roy ne veut pas.

1601.

guerre: qui eust esté fort dangereuse, parce qu'ils estoient puissamment armez. D'ailleurs il craignoit qu'il n'y eust encore au dedans de son Estat du feu caché sous les cendres; & que dans le bruit de la guerre, on n'attentast plus facilement sur sa personne. Car pour dire le vray, il avoit plus à craindre leurs cousteaux & leurs poignards que leurs épées. Il dissimula donc sagement cette entreprise, & répondit aux Marseillois: *Qu'il ne sçavoit point dérober la victoire; que les embuscades n'estoient honnestes que durant la guerre; & qu'il se faloit bien donner de garde de contribuer en quelque façon que ce fust à l'infraction, que les ennemis avoient dessein de faire.*

Le Roy d'Espagne emploie ses armes contre les Infidelles.

Enfin les Espagnols ayant reconnu que ce sage Argus avoit trop d'yeux & de vigilance pour pouvoir estre surpris de quelque costé que ce fust, se resolurent d'employer leurs armes à de pieuses & honorables entreprises. Une partie de leur armée de terre passa en Hongrie, qui estoit alors attaquée par les Turcs. Le Duc de Mercœur estant allé chercher en ce païs-là une plus juste gloire, que dans les guerres civiles de France, y commandoit les troupes de l'Em-

Le Duc de Mercœur commande

l'Empereur. Il y fit connoistre aux Infideles par plusieurs beaux exploits, particulierement par la memorable retraite de Canise, que la valeur Françoise est choisie de Dieu pour soustenir la Religion Chrestienne. Aussi ne fait-on point de doute qu'il ne les eust entierement chassez de ce Royaume-là, dont ils ont envahi plus de la moitié, s'il ne fust mort l'année suivante d'une fiévre pourprée, qui le saisit à Nuremberg, comme il alloit faire ses devotions à Nostre-Dame de Lorette.

les troupes de l'Empereur, & y meurt. 1601.

Il arriva quelque temps aprés un accident, dans lequel le Roy sceut bien faire voir aux Espagnols, qu'il n'estoit pas capable de souffrir rien contre son honneur, & contre la dignité de son Estat. Rochepot estoit son Ambassadeur en Espagne: quelques Gentils-hommes de sa suite, desquels estoit son neveu, se baignans à la riviere prirent querelle contre des Espagnols, & en tuerent deux, puis se sauverent chez l'Ambassadeur. Les amis des morts émeurent tellement le peuple, qu'il assiegea la maison, & estoit prest d'y mettre le feu. Le Magistrat afin de prevenir les tragiques effets de cette fureur, fut contraint de faire une injustice, &

Gentils-hommes de l'Ambassadeur de France en Espagne tuent quelques Espagnols. Le Magistrat viole

de

l'asyle de son Hostel pour les prendre.
1601.

de violer la franchise de l'Hostel de l'Ambassadeur ; Car il s'y transporta avec main forte, & emmena les accusez en prison. Le Roy d'Espagne fasché de ce qu'il avoit violé le droit des Gens, mais recevant ses excuses, l'envoya demander pardon à l'Ambassadeur ; Toutefois ces François demeurerent toûjours prisonniers.

Discours sur la franchise de l'Hostel des Ambassadeurs.

On fit alors plusieurs discours & plusieurs écrits sur les droits & privileges des Ambassadeurs. Il est vray, disoit-on, qu'un Ambassadeur a seul droit de souveraine Justice dans son Hostel, mais les gens de sa suite sont sujets à la Justice de l'Estat, dans lequel ils sont, pour les fautes qu'ils commettent hors de son Hostel ; & ainsi s'ils sont pris hors delà, on leur peut faire leur procés. Et bien qu'on sçache que cette rigueur ne s'observe pas ordinairement, & que le respect qu'on porte à la personne de l'Ambassadeur, s'estend sur tous ceux qui le suivent ; toutefois c'est une courtoisie & non pas un droit. Mais pour cela il n'est pas permis d'aller chercher le criminel dans l'Hostel d'un Ambassadeur, qui est un lieu sacré, & comme un asyle certain pour ses gens. Il ne doit pourtant pas en abuser.

abuser, ni en faire une retraite de scelerats, ou y donner asyle aux Sujets du Prince contre les Loix & la Justice. Car en ce cas là on s'en plaint à son Maistre, lequel est obligé aussi-tost d'en faire raison.

Or le Roy estant offensé comme il devoit, de l'injure faite à la France dans son Ambassadeur, & ne jugeant pas que la satisfaction que le Magistrat luy en avoit faite, fust suffisante, luy commanda de s'en revenir aussitost; Ce qu'il fit sans prendre congé du Roy d'Espagne. Il defendit aussi en mesme temps tout commerce avec les Espagnols; Et comme il previt que dans ces commencemens de rupture, ils pourroient entreprendre sur ses places de Picardie, il partit en diligence de Paris pour visiter cette frontiere, & se rendit à Calais.

Le Roy offensé rappelle son Ambassadeur.

Et s'en va en diligence à Calais visiter sa frontiere.

Les peuples, qui commençoient à gouster le repos, & à labourer leurs terres en patience, frissonnerent de frayeur qu'une nouvelle guerre ne les exposast une autre fois à la licence du soldat. Mais Dieu eut pitié de ces pauvres gens: le Pape s'estant entremis de remedier au mal qui menaçoit la Chrestienté, accommoda heureusement

Le Pape s'entremet d'accommoder

ce different, & le fait.
1601.

ment le different. L'Espagnol luy remit le procés & les prisonniers ; lesquels sa Sainteté consigna quelques jours aprés entre les mains du Comte de Bethune Ambassadeur de France à Rome ; & le Roy en suite envoya un Ambassadeur en Espagne, qui fut le Comte de Barraut.

L'Archiduc qui assiegeoit Ostende, envoye faire compliment au Roy.
* Ce siege dura trois ans, trois mois, & trois semaines.
Le Roy rend la civilité à l'Archiduc.

Comme le Roy estoit à Calais, ainsi que nous avons dit, l'Archiduc estoit devant Ostende ; où il continuoit ce siege * le plus fameux qui ait jamais esté depuis le siege de Troye. Il apprehenda avec sujet que l'approche du Roy ne retardast le progrés de son entreprise, où il avoit déja tant perdu d'hommes, de temps, de coups de canon, d'argent, & de munitions. Il luy envoya donc faire compliment, promettant que du costé d'Espagne on le satisferoit de la violence faite au logis de son Ambassadeur ; Mais qu'il le supplioit que les assiegez ne se prevalussent point de cette conjoncture. Le Roy qui ne se laissoit jamais vaincre par courtoisie non plus que par les armes, luy envoya le Duc d'Aiguillon, fils aisné du Duc de Mayenne, l'asseurer qu'il desiroit maintenir la Paix ; qu'il ne s'estoit avancé sur les frontieres

res que pour dissiper quelques menées qui s'y brassoient, & qu'il esperoit de l'equité du Roy d'Espagne, qu'il luy feroit raison.

Durant qu'il fut à Calais, la Reine Elizabeth l'envoya aussi visiter par le Milord Edmond son principal confident. Pour répondre à cette civilité obligeante, il fit passer le Mareschal de Biron en Angleterre accompagné du Comte d'Auvergne, & de l'élite de tout ce qu'il y avoit de Noblesse à la Cour, pour luy representer le regret que le Roy avoit, se trouvant si près d'elle, de ne pouvoir pas jouïr du bien de la voir.

La Reine d'Angleterre envoye aussi luy faire compliment, & il y répond par le Mareschal de Biron.

Cette Reine s'efforça par toutes sortes de moyens de faire connoistre aux François sa grandeur & sa puissance. Un jour tenant Biron par la main, elle luy monstra un grand nombre de testes plantées sur la Tour de Londres, luy dit que l'on punissoit ainsi les rebelles en Angleterre, & luy raconta les sujets qu'elle avoit eus de faire mourir le Comte d'Essex, qu'elle avoit autrefois si tendrement chéri. Ceux qui entendirent ce discours s'en souvinrent bien depuis, lors qu'ils virent le Mareschal de Biron tombé dans le mesme mal-

Auquel elle fait voir la teste du Comte d'Essex.

1601.

malheur que le Comte d'Essex, perdre la teste aprés avoir perdu les bonnes graces de son Roy.

Le Roy & la Reine gagnent le Jubilé à Orleans.

Il ne faut pas oublier qu'avant que le Roy fist son voyage de Calais, il avoit mené la Reine gagner le Jubilé dans la ville d'Orleans, où le Saint Pere avoit ordonné que commençassent les Stations pour la France. Sa pieté, qui estoit sincere & sans feintise, donna un bel exemple à ses peuples, qui le voyoient aller devotement aux Processions, & prier Dieu avec grande attention, & le cœur sur les lèvres. Il mit la premiere pierre fondamentale à l'Eglise de Sainte-Croix d'Orleans, que les Huguenots avoient miserablement abatuë il y avoit prés de quarante ans, & donna une somme d'argent considerable pour la rebastir.

Toute la France dans ce saint Jubilé avoit instamment demandé au Ciel qu'il luy pleust luy donner un Daufin pour la delivrer des malheurs, où elle eust esté plongée si son Roy fust venu à mourir sans enfans masles. Ses vœux furent exaucez: La Reine accoucha heureusement d'un fils à Fontainebleau le jour de Saint Cosme vingt-

La Reine accouche d'un

DE HENRY LE GRAND. 333

vingt-septiéme de Septembre. On luy donna au Baptesme le nom de Louïs, si doux & si cher à la France pour la memoire du grand Saint Louïs, & du bon Roy Louïs XII, Pere du peuple. Depuis on luy appropria le surnom de Juste ; & nous croyons aujourd'huy qu'avoir esté pere de *Louis le Sage & le Victorieux*, n'est pas le moins beau de ses titres. Sa naissance fut precedée d'un grand tremblement de terre, qui arriva quelques jours auparavant. L'enfantement fut difficile, & l'enfant si travaillé qu'il en estoit tout violet ; ce qui peut-estre luy ruina au dedans les principes de la santé & bonne constitution. Le Roy invoquant sur luy la benediction du Ciel, luy donna la sienne, & luy mit son épée à la main, priant Dieu, *qu'il luy fist la grace d'en user seulement pour sa gloire, & pour la defense de son peuple*. Les Princes du Sang, qui estoient avec luy dans la chambre de la Reine, saluerent tous le Daufin l'un aprés l'autre. J'obmets comme des couriers exprés porterent cette nouvelle par toutes les Provinces ; les réjouïssances qui s'en firent par tout le Royaume, particulierement dans la grande ville

Daufin, qui est nommé Louïs, & depuis surnommé le Juste.
1601.

Le Roy luy donne sa benediction, & luy met son épée dans la main.

1601. ville de Paris, qui aimoit auffi fortement Henry le Grand, qu'elle avoit haï fon Predeceffeur; les complimens que le Roy en receut de la part de tous les Potentats de l'Europe; & le prefent accouftumé du Saint Pere en pareille occafion, fçavoir les langes benits, lefquels il luy envoya par le Seigneur Barberin, qui depuis a efté Cardinal & Pape, nommé Urbain VIII.

Naiffance de l'Infante d'Espagne nommée Anne, qui depuis épousa le Roy Louis XIII.

Cinq jours auparavant la Reine d'Efpagne eftoit accouchée de fon premier enfant, qui eftoit une fille, qu'on nomma Anne fur les fonts de Baptefme. Les Efpagnols ne s'en réjouïrent pas moins que fi c'euft efté un fils, parce qu'en ce païs-là les filles fuccedent à la Couronne. Ceux d'entre les François qui penetroient le plus dans l'avenir, prenoient auffi part à cette joye, mais pour une autre raifon. C'eft que cette Princeffe eftant de mefme âge que le Daufin, il fembloit que le Ciel les euft fait naiftre l'un pour l'autre, & qu'elle deuft quelque jour eftre fon époufe; Comme en effet Louïs XIII a eu ce bon-heur, & la France le poffede encore; admirant en toutes occafions la rare fageffe, la pieté exemplaire, & la fermeté heroïque de cette grande Princeffe. En

En reconnoissance de la grace que Dieu avoit faite au Roy de luy donner un Daufin, qui estoit le comble de ses souhaits, il redoubla son travail & ses soins pour se bien acquiter de ce qu'il devoit à son Estat, & pour ameliorer, ainsi qu'il disoit, la succession de son fils. Nous rapporterons icy quelques establissemens & ordonnances qu'il fit pour cela.

1601. Le Roy fait divers reglemens pour le bien de son Estat.

La necessité d'argent l'avoit obligé durant le siege d'Amiens, de creer des Officiers Triennaux en ses Finances: Quand elle fut passée, il connut qu'il n'estoit pas besoin d'avoir tant de gens qui fouïllassent dans sa bourse, & qu'il ne se pouvoit qu'il n'en demeurast toûjours un peu dans la main de chacun d'eux. C'est pourquoy il supprima ces nouveaux Officiers, & ordonna que l'Ancien & l'Alternatif rembourseroient le Triennal. De cette suppression furent exceptez les Tresoriers de l'Espargne, ceux des Parties Casuelles, & quelques autres.

Il supprime les Triennaux des Offices de Finances.

Rosny avoit si bien bridé les Financiers & les Traittans, qu'ils ne pouvoient plus devorer de gros morceaux comme autrefois. Mais ce n'estoit pas encore assez: ils s'estoient tellement

1601.

Il establit une Chambre de Justice pour la recherche des Financiers.

remplis avant qu'il fust Sur-intendant, que le Roy ordonna avec beaucoup de justice un Tribunal composé de certain nombre de Juges choisis dans les Cours Souveraines, (on le nomma la Chambre Royale) qu'il chargea de faire une exacte recherche des malversations de ceux qui avoient manié les deniers Royaux. Cette Chambre fit rendre gorge à plusieurs de ces gens-là; Toutefois une grande partie trouverent moyen de se mettre à couvert, les uns par la consideration de leurs alliances, les autres à force d'argent, gagnant ceux qui approchoient le Roy, principalement ses maistresses, ou corrom-
,, pant les Juges mesmes ; Tant il est
,, vray que l'or penetre par tout, & que
,, rien n'est à l'épreuve de ce pernicieux
,, metal. Il ne faut donc pas s'estonner
,, si ces gens-là remplissent leurs cof-
,, fres le plus qu'ils peuvent, puisque
,, plus ils en ont, plus leur justification
,, leur est facile.

L'unique remede contre

Je l'ay déja dit, & je le dis encore, (car on ne sçauroit le marquer en trop d'endroits, ni trop fortement) il n'y a point de remede pour empescher ce desordre, qui est le plus grand de tous les desordres de l'Estat, & la cause de tous

tous les autres, que la vigilance & l'exactitude du Roy. Il faut qu'il tienne luy-mesme les cordons de sa bourse, qu'il ait toûjours l'œil sur ses coffres, qu'il sçache ponctuellement ce qui entre dedans, ce qui en sort, par quelles voyes viennent ses deniers, à quels usages on les employe, qui sont ceux qui les manient; Et sur tout il faut qu'il leur fasse rendre si bon compte, comme faisoit nostre Henry, que s'ils sont gens de bien ils ne puissent se corrompre, & s'ils sont méchans, qu'ils n'ayent pas moyen d'exercer leurs méchancetez.

leur avidité, c'est que le Roy voye ses comptes.
1601.

On luy avoit fait connoistre qu'il y avoit deux autres desordres dans son Royaume, qui l'appauvrissoient extrémement, & en tiroient tout l'or & l'argent. L'un estoit le transport que l'on en faisoit aux païs estrangers, en Italie, en Allemagne & en Suisse; où les petits Potentats le billonnoient, & en faisoient de la monnoye à plus bas titre. L'autre estoit le luxe, qui en consumoit aussi une grande quantité en broderies, en clinquans & passemens sur les habits, & non moins encore en dorures de lambris, de cheminées & de divers meubles.

1601.
Le Roy defend le transport d'or & d'argent hors du Royaume.

Il fit deux severes Edicts, qui defendoient ces deux abus. Pour le premier, il renouvella les anciennes Ordonnances sur le transport de l'or & de l'argent, y ajoustant la peine de la corde aux contrevenans, & commandant à tous Gouverneurs de veiller à l'observation de ses defenses, & de ne donner aucuns passeports au contraire ; autrement il les declaroit participans de ces transports.

Defend l'or & l'argent sur les habits, & les dorures.

Pour le second, il defendit sur peine de grosses amendes pour la premiere fois, & d'emprisonnement pour la seconde, de porter or ni argent sur les habits, ni d'en employer aux dorures. Cet Edict fut rigoureusement observé, parce qu'il n'exceptoit personne, le Roy luy-mesme s'estant soûmis à la loy qu'il avoit faite, & ayant fait mauvais visage à un Prince du Sang, qui n'obeïssoit pas à cette reformation.

Introduit la manufacture des soyes en France.

Il se dépensoit encore une prodigieuse quantité d'argent en soyes, par l'achapt desquelles tout nostre argent estoit attiré chez les Estrangers. Le Roy voyant cela, & considerant que l'usage de ces estoffes est fort beau & fort commode, s'avisa qu'il en faloit introduire la manufacture en France, afin qu'elle qu'elle fist gagner aux François ce que gagnoient les Estrangers. Pour ce sujet, il donna ordre qu'on eust à planter quantité de meuriers blancs aux païs ou ces arbres viennent le mieux, particulierement en Touraine, pour nourrir des vers à soye, & qu'il y eust des gens qui apprissent à preparer les cocons, & à mettre en œuvre le travail de ces precieuses chenilles.

Si on eust eu soin aprés sa mort de maintenir cet ordre, & de l'estendre aux autres Provinces, on eust épargné à la France plus de cinq millions, qu'elle dépense tous les ans au dehors pour faire venir des estoffes de soye. On eust fait gagner la vie à un million de personnes, qui sont inutiles à d'autres travaux, comme sont les vieilles gens, les filles & les enfans; & on eust donné moyen à ce peuple de payer plus facilement les imposts & les tailles, par le profit qu'il eust tiré de son industrie.

Il y avoit un autre mal bien plus grand, qui, pour ainsi dire, desseichoit les entrailles du Royaume; c'estoient les usures excessives. Les mauvais ménagers, c'est à dire la pluspart de la Noblesse, empruntoient de l'argent au denier dix ou douze. En cela il y avoit

Les usures estoient excessives en France; ce qui faisoit,

1601.
Que les meilleures Maisons se ruinoient.

Et que les Marchands abandonnoient tout-à-fait le commerce.

Le Roy les defend, & regle les rentes hypotheques au denier seize.

voit deux grands inconveniens. Le premier : que les interests les minoient peu à peu, & dans sept ou huit ans sapoient les fondemens des plus riches & des plus anciennes Maisons ; qui sont, pour ainsi parler, les estais & les arcs-boutans qui soustiennent l'Estat. Le second, que les Marchands trouvant cette commodité de mettre leur argent à si grand profit, & sans aucune risque, abandonnoient entierement le commerce, dont les sources estant une fois taries, il y eust eu bien-tost disette d'or & d'argent dans le Royaume : Car la France n'a point d'autres ,, mines que le trafic & le debit de ses ,, denrées.

Ces considerations obligerent le Roy non seulement de defendre toutes usures, à peine de confiscation de la somme prestée, & de grosses amendes : en suite de quoy les Parlemens deputerent des Conseillers par les Provinces pour faire recherche des usuriers. Mais encore de reduire tous les interests ou rentes hypotheques au denier seize. Elles estoient avant cela au denier dix ou douze, comme nous avons dit. La raison estoit, que lors qu'elles avoient esté constituées, l'argent estoit

toit bien plus rare. Or puisqu'il s'estoit multiplié extrémement depuis la découverte des Indes, il estoit juste de rabaisser les interests; Et c'est pour cette raison encore, que depuis on les a reduits au denier dix-huit, & que peut-estre on les mettra quelque jour au denier vingt.

Dans ce mesme dessein d'enrichir ses peuples, & de mettre l'abondance dans son Royaume, le Roy recevoit de toutes parts des memoires de ce qui pouvoit servir à faire le commerce meilleur & plus facile, à apporter de la commodité à ses Sujets, à cultiver & fertiliser les lieux les plus infructueux. Il vouloit rendre tout autant qu'il luy estoit possible les rivieres navigables; il faisoit rebastir les ponts & les chaussées, & paver les grands chemins; sçachant bien que si on n'a soin de les entretenir, ils se gastent si fort que les voitures ne se font que tres-difficilement, & que le commerce en est interrompu. D'où il arrive les mesmes desordres dans l'œconomie de l'Estat, qui arrivent dans celle du corps humain, quand il y a des obstructions, & que le passage du sang & des esprits n'est pas libre.

Ses grands soins pour enrichir son Royaume.

Quand

1601.

Quand il alloit par païs, il regardoit curieusement toutes choses, s'instruisoit des necessitez & des desordres, & y remedioit tout aussitost avec grand soin. Sous sa faveur & sa protection il s'establit en plusieurs endroits du Royaume des manufactures de toiles, de draperies, de dentelles, de quinquailleries, & de plusieurs autres choses.

Il favorise l'établissement des manufactures.

A son exemple les Bourgeois reparoient leurs maisons que la guerre avoit ruinées. Les Gentils-hommes ayant pendu les armes au croc, & n'ayant qu'une houssine à la main, s'adonnoient à ménager leur bien & augmenter leurs revenus. Tout le peuple estoit attentif au travail, & c'estoit une merveille de voir ce Royaume, qui cinq ou six ans auparavant estoit, pour ainsi dire, une taniere de serpens & de bestes venimeuses, estant rempli de voleurs, de larrons, de vauriens, de gens de sac & de corde, estre comme changé par les soins de ce grand Roy, en une ruche d'abeilles innocentes, qui s'efforçoient à l'envi de donner des preuves de leur industrie, & d'amasser de la cire & du miel. L'oisiveté y estoit honteuse, & une espece de crime:

A son exemple tout le monde travailloit à faire valoir son bien.

crime: Aussi est-elle, comme dit le Proverbe, la mere de tous vices. Un esprit qui ne prend pas la peine de s'occuper serieusement à quelque chose, est inutile à soy mesme, & pernicieux au public. Voilà pourquoy de ce temps-là les Prevosts recherchoient les faineans, les vagabons & gens sans aveu, & les envoyoient servir le Roy en ses galeres, afin de les obliger à travailler malgré eux.

1601.
L'oisiveté punie.

Il n'est point de bon-heur si stable & si asseuré, qui ne puisse estre facilement troublé. Il arriva cette année deux choses, qui eussent bouleversé toute la France, si le Roy n'y eust obvié de bonne heure.

L'Assemblée des Notables de Rouën, qui s'estoit tenuë l'an mil cinq cens quatre-vingts seize, pour trouver un fonds au Roy, afin de continuer la guerre & acquitter ses debtes, luy avoit octroyé, comme nous avons déja dit, l'imposition du sol pour livre sur toutes les denrées des villes closes. L'Estat, ce dit Tacite le plus grand Politique d'entre les Historiens, ne se peut entretenir sans troupes, ni les troupes sans payement, ni le payement se trouver sans imposi-

1602.
Le Roy remedie à deux choses, qui estoient capables de bouleverser la France.

P 5 tions.

1602. „ tions. Par conſequent elles ſont ne-
„ ceſſaires; & il eſt juſte que chacun
„ contribuë pour les dépenſes d'un
„ Eſtat dont il fait partie, & des com-
„ moditez & protection duquel il jouït.
„ Mais il faut que ces impoſitions ſoient
„ moderées; qu'elles ſoient proportion-
„ nées aux forces de chacun; que tout
„ le monde en porte ſa part; avec cela
„ qu'elles ſoient faciles a percevoir; que
„ les frais qu'on fait à les lever n'exce-
„ dent point le principal; qu'elles ſe
„ prennent ſur des choſes qui ne ſoient
„ pas odieuſes, comme ſont les denrées
„ qui nourriſſent les pauvres; Qu'enfin
„ ce ſoit du ſang, qu'on tire des veines,
„ non pas de la mouëlle qu'on arrache
„ des os. Or l'impoſition du ſol pour

Impoſi-
tion du
ſol pour
livre
faſcheu-
ſe.

livre n'eſtoit pas de cette nature. Elle
eſtoit fort faſcheuſe: car à chaque ville,
on fouïlloit les Marchands, on déba-
loit les marchandiſes, on voyoit ce
que chacun portoit; Ainſi il n'y avoit
plus de liberté dans le Royaume.
D'ailleurs, elle eſtoit exceſſive: car telle marchandiſe qu'il y a, ſe vendant
dix ou douze fois, il ſe trouvoit qu'elle
payoit preſque autant d'impoſt qu'elle valoit. Et de plus il y avoit de fort
grands frais à la lever: car il faloit y
em-

employer tant de Commis, qu'on eust pû en composer une armée; lesquels voulant tous faire les opulens, aussi bien que leurs Maistres, commettoient une infinité de vexations sur les Marchands qui en estoient comme desesperez. Et ce qui est bien estrange, il y avoit dans le Conseil du Roy, des gens qui estant pensionnaires de ces Fermiers, les supportoient dans leurs violences, & rejettoient bien loin toutes les plaintes qu'on faisoit de leurs malversations.

Les peuples sont dans cette erreur criminelle, que quand on leur dénie la justice, ils ont droit de se la faire, & d'avoir recours à la force, quand leurs supplications ne servent de rien. C'est là presque la cause de toutes les seditions; Et c'est ce qui fit que tous ceux de delà la Loire s'estoient si fort échauffez sur cette imposition nouvelle, qu'ils avoient donné la chasse aux Commis, &, qui pis est, en avoient tué quelques-uns. Il y eut mesme des Villes avec leurs Magistrats qui prirent les armes. Les Fermiers d'autre costé aigrissoient le mal par de furieuses menaces qu'ils faisoient, qu'on démanteleroit les villes rebelles, qu'on y bastiroit des citadelles pour les tenir en bride;

Cause des emotions dans les Provinces.

1602. Et je croy que ces Messieurs l'eussent bien desiré de la sorte, non pas tant, peut-estre, pour l'amour de l'autorité du Roy, que ces gens ont toûjours à la bouche, que pour leur propre vengeance, & pour leur avantage particulier.

Le Roy pour les appaiser va à Poictiers.

Le Roy ayant avis de ces émotions, craignit qu'elles ne fussent suscitées par les Emissaires de la faction du Duc de Biron, laquelle il venoit de découvrir. C'est pourquoy un peu aprés Pasques, il partit de Fontainebleau, se rendit à Blois, & de là à Poictiers. Là il écouta favorablement les plaintes de ses peuples, remonstra aux Deputez des villes de Guyenne: *Que les imposts qu'il levoit, n'estoient point pour enrichir ses Ministres & ses Favoris, comme avoit fait son Predecesseur: mais pour supporter les charges necessaires de l'Estat. Que si son Domaine eust esté suffisant pour cela, il n'eust rien voulu prendre dans la bourse de ses Sujets; Mais puisqu'il y employoit le sien tout le premier* ★ *qu'il estoit bien juste qu'ils y contribuassent du leur. Qu'il desiroit avec passion le soulagement de son peuple, & que jamais aucun de ses Predecesseurs n'avoit tant souhaité leurs prieres envers Dieu*

Sage & equitable réponse qu'il fait aux Deputez de Guyenne.

★ *Il vendoit les terres de son patrimoine.*

Dieu que luy, pour benir les années de son Regne. Que les allarmes qu'on leur vouloit donner, qu'il avoit dessein de bastir des citadelles dans les Villes, estoient fausses & seditieuses, & qu'il n'en desiroit point avoir d'autres que dans le cœur de ses Sujets.

1602.

Par ces douces remonstrances il calma toutes les seditions, sans qu'il fust besoin d'aucun chastiment, sinon que l'on deposa les Consuls de Limoges, & que la Pancarte fut establie, on appelloit ainsi le sol pour livre: Mais ce ne fut que pour l'honneur de l'autorité Royale; Car aussi-tost ce Prince, le plus juste & le meilleur qui fut jamais, connoissant les vexations extrémes qu'elle causoit, la revoqua & l'abolit tout-à-fait.

Il calme les seditions, & revoque le sol pour livre.

La seconde chose, qui luy donnoit encore plus d'inquietude, & qui estoit capable de bouleverser l'Estat, s'il n'y eust remedié, c'estoit la conspiration du Mareschal de Biron. Il faut sçavoir que Laffin avoit esté le principal instrument des intelligences d'entre ce Mareschal, & le Duc de Savoye. Il avoit porté & rapporté toutes les lettres, & avoit eu quelques conferences avec le Duc, & avec le Comte de Fuentes;

Conspiration du Mareschal de Biron.

P. 7   de

1602.

Laffin la découvre au Roy.

de sorte qu'il sçavoit toute l'intrigue. Or voyant qu'il n'y avoit point d'asseurance aux paroles du Savoyard, & que Biron sembloit chanceler, il resolut de découvrir cette menée au Roy; soit qu'il eust peur que traisnant trop long-temps, elle fust éventée d'ailleurs, soit qu'il esperast par ce service tirer quelque grande recompense, & se remettre bien auprés du Roy, où il estoit fort mal.

Ayant ce dessein, il employa le Vidame de Chartres son neveu, pour obtenir du Roy sa grace & abolition du passé, à la charge de luy découvrir les complices de la conspiration, & de luy en fournir les preuves. Il avoit retenu plusieurs lettres qu'il gardoit; mais elles n'en disoient pas assez, & ne parloient pas si clairement qu'elles pûssent faire conviction. Pour l'avoir toute entiere voicy ce qu'il fit.

Comment il fit pour avoir les memoires écrits de la main de Biron.

Biron avoit quelques memoires écrits de sa propre main, où la conspiration estoit couchée par articles. Laffin luy remonstra que c'estoit une imprudence de les garder, & de les communiquer, parce que son écriture estoit trop connue; qu'il seroit plus seur d'en faire une copie, & de brusler l'original.

ginal. Biron trouva cela bon, & les luy bailla pour les transcrire. Il les transcrivit en effet tandis que Biron estoit couché sur son lict, puis luy rendit la copie, & chiffonnant l'original fit semblant de le jetter dans le feu ; Mais par une adresse premeditée il y jetta quelques autres papiers, & retint ceux-là. Une chose de cette consequence-là meritoit bien que Biron les bruslast luy-mesme ; & ne l'ayant pas fait, parce que Dieu le permit ainsi, cette negligence luy cousta la vie, comme nous le verrons.

Aprés cela Laffin continuant ses intrigues pour essayer de tirer encore quelques secrets plus particuliers, fut à Milan travesti, & confera avec Fuentes : Mais cet Espagnol habile & rusé, sentit bien qu'il les vouloit trahir, & se monstra plus retenu. On dit que Laffin ayant reconnu cette défiance, eut peur qu'on ne se défist de luy, & qu'il s'en revint par des chemins écartez. Le Duc de Savoye averti de cela par Fuentes, retint prisonnier le Secretaire de Laffin nommé Renazé, de peur qu'il n'allast servir de témoin contre Biron.

Le Duc de Savoye retient Renazé Secretaire de Laffin.

Dans

1602.
Les propositions faites entre Biron, le Duc de Savoye, & le Comte de Fuentes.

Dans leurs conferences ils avoient proposé de démembrer le Royaume de France ; Que le Duc de Savoye auroit la Provence & le Dauphiné : Biron la Bourgongne & la Bresse, avec la troisiéme fille de ce Duc en mariage, & cinquante mille escus de dot : Quelques autres Seigneurs, d'autres Provinces avec la qualité de Pairs ; Que tous ces petits Souverains releveroient du Roy d'Espagne ; Que pour parvenir à ce dessein les Espagnols jetteroient une puissante armée dans le Royaume, & le Savoyard une autre ; Que l'on feroit remuer les Huguenots ; Qu'en mesme temps on réveilleroit plusieurs mal-contens en divers endroits ; Et que l'on susciteroit & animeroit les peuples, qui estoient fort irritez par la Pancarte.

Toutes ces propositions, ce disoit-on, s'estoient faites du temps de la guerre de Savoye ; Et le Mareschal de Biron outré du refus que le Roy luy avoit fait de luy donner la citadelle de Bourg, y avoit presté l'oreille, & s'estoit engagé bien avant en ces damna-

Biron en avoit demandé pardon

bles menées. Toutefois il sembloit s'en estre repenti : car il les avoit avoüées au Roy, en se promenant avec luy dans

dans le Cloiſtre des Cordeliers de Lion, & luy en avoit demandé pardon; Mais il avoit negligé d'en prendre abolition, contre le conſeil que luy avoit donné le Duc d'Eſpernon, qui eſtoit plus ſage & plus aviſé que luy.

au Roy, puis eſtoit retombé. 1602.

Or peu aprés, ſe repentant de s'eſtre repenti, il eſtoit retourné à ſa premiere faute, & entretenoit encore quelque correſpondance avec les Eſtrangers. Avec cela il parloit du Roy avec peu de reſpect, abaiſſoit la gloire de ſes belles actions, élevoit la ſienne, ſe vantoit de luy avoir mis la Couronne ſur la teſte, & d'avoir ſauvé la France; Enfin tous ſes diſcours n'eſtoient que bravoures, rodomontades, & menaces.

On rapportoit tout cela au Roy; On luy diſoit qu'il deprimoit ſes beaux faits, qu'il vantoit la puiſſance du Roy d'Eſpagne, qu'il loüoit la ſageſſe du Conſeil de ce Prince, ſa liberalité à recompenſer les bons ſervices, & ſon zele à defendre la vraye Religion. Le Roy diſoit adroitement & prudemment à ceux qui luy faiſoient ces rapports: *Qu'il connoiſſoit le cœur de Biron, qu'il eſtoit fidele & affectionné; Qu'à la verité ſa langue eſtoit intemperan-*

Il parloit mal du Roy, & ſe vantoit exceſſivement.

[1602.] perante: mais qu'il luy pardonnoit ses mauvais discours en faveur des bonnes actions qu'il avoit faites.

Deux choses acheverent de le perdre.

Or deux choses acheverent de le perdre, & obligerent le Roy d'approfondir tout-à-fait ses mauvais desseins. La premiere fut le trop grand nombre d'amis & l'affection des gens de guerre dont il faisoit parade, comme s'ils eussent esté absolument dépendans de ses commandemens, & capables de faire tout ce qu'il eust voulu. La seconde, qu'il avoit amitié tres-particuliere avec le Comte d'Auvergne frere uterin de Mademoiselle d'Entragues, qu'on nommoit la Marquise de Verneüil. Car par l'une il donna de la jalousie à son Roy, & se voulut faire craindre; & par l'autre il se rendit odieux à la Reine, qui s'imagina, peut-estre non sans sujet, qu'il feroit un parti dans le Royaume pour maintenir cette rivale, & ses enfans, à son prejudice.

Laffin vient en Cour & revele tout au Roy.

Or le Roy desirant de penetrer le plus avant qu'il pourroit dans cette affaire, manda Laffin, qui se rendit à Fontainebleau, plus d'un mois avant que le Roy partist pour le Poictou. Il eut des entretiens premierement fort secrets avec luy, puis d'assez publics; & luy donna

donna quantité de papiers, entre autres ce memoire écrit de la main de Biron, dont nous avons parlé. Ce que Laffin revelant au Roy, luy jetta de grandes inquietudes dans l'esprit: de sorte que dans tout le voyage de Poictiers, on le vid extrémement resveur; & la Cour à son exemple estoit plongée dans un triste estonnement, sans que personne en pûst deviner la cause.

1602.

A son retour de Poictiers à Fontainebleau, il manda au Duc de Biron de le venir trouver. Biron hesite, & s'en excuse sur quelques mauvaises raisons. Il le presse, & luy envoye d'Escures, puis le President Janin, luy porter parole qu'il n'auroit point de mal. Cela se devoit entendre, pourveu qu'il se mist en estat de recevoir grace, & qu'il n'aggravast pas son crime par son orgueil & par son impenitence.

Le Roy mande à Biron de se rendre en Cour, mais il s'en excuse d'abord.

Biron sçavoit bien que Laffin avoit fait un voyage à la Cour; mais il se tenoit asseuré de cet homme-là plus que de soy-mesme. D'ailleurs le Baron de Lux son confident, qui s'y estoit trouvé alors, luy disoit que Laffin avoit eu bonne bouche, & qu'il n'avoit rien revelé,

qui

qui luy pûst nuire. De Lux le croyoit ainsi, parce que le Roy aprés avoir entretenu Laffin, luy avoit dit avec un visage gay, *Je suis bien-aise d'avoir veû cet homme, il m'a osté beaucoup de défiances, & de soupçons de l'esprit.*

Cependant les amis de Biron luy écrivoient qu'il ne fust pas si fol que d'apporter sa teste à la Cour; qu'il estoit plus seur de se justifier par Procureur qu'en personne. Mais nonobstant cet avis, & malgré les remords de sa conscience, aprés avoir deliberé quelque temps, il prend la poste, & se rend à Fontainebleau, alors que le Roy ne l'attendoit plus, & qu'il se preparoit pour l'aller querir.

Enfin Biron y vient.

Les Histoires de ce temps-là & diverses Relations racontent exactement toutes les circonstances de l'emprisonnement, du procés, & de la mort de ce Mareschal. Je me contenteray d'en rapporter seulement le gros.

On ne peut assez admirer l'insolence & l'aveuglement de ce malheureux, ni au contraire assez louër la bonté & la clemence du Roy, qui taschoit de vain-
,, cre son endurcissement. L'aveu de
,, la faute est la premiere marque de
,, la repentance. Le Roy le prenant en
par-

Le Roy

particulier, le conjura inſtamment de *le conjure pour la premiere fois de luy dire la verité.* 1602.
luy vouloir declarer ce qui eſtoit de ſes
intelligences, & des Traittez qu'il
avoit faits avec le Duc de Savoye, luy
engageant ſa foy qu'il enſeveliroit tout
cela dans un eternel oubli; Qu'il en
ſçavoit aſſez toutes les particularitez,
mais qu'il deſiroit les entendre de ſa
bouche, luy jurant que quand ſa faute
ſeroit la plus grande de tous les crimes,
ſa confeſſion ſeroit ſuivie d'une grace
entiere. Biron au lieu de la reconnoiſ- *Il s'emporte, & ſe cabre.*
tre, ou du moins de s'excuſer avec mo-
deſtie en parlant à ſon Roy, qui eſtoit
offenſé, luy répondit inſolemment
qu'il eſtoit innocent, qu'il n'eſtoit pas
venu pour ſe juſtifier, mais pour apprendre les noms de ſes calomniateurs,
pour en demander juſtice, autrement
qu'il ſe la feroit luy-meſme. Encore
que cette réponſe trop altiere aggravaſt
beaucoup ſon offenſe, le Roy ne laiſſa
pas de luy dire bien doucement, qu'il
y penſaſt mieux, & qu'il eſperoit qu'il
prendroit un meilleur conſeil.

Le meſme jour aprés ſouper le Com- *Le Roy prie le Comte de Soiſſons de l'exhorter à*
te de Soiſſons l'exhorta encore de la
part du Roy de luy confeſſer la verité,
& conclut ſa remonſtrance par cette
ſentence du Sage: *Monſieur, Sçachez*
que

que le courroux du Roy, eſt le meſſager de la mort. Mais il luy répondit encore avec plus de fierté qu'il n'avoit répondu au Roy.

confeſſer ſon crime.
1602.
Il s'opiniaſtre plus fort. Le Roy luy en reparle pour la ſeconde fois, mais inutilement.

Le lendemain matin, le Roy ſe promenant en ſes allées, le conjura pour la ſeconde fois de luy avoüer la conſpiration : mais il n'en pût tirer autre choſe que des proteſtations d'innocence, & des menaces contre ſes accuſateurs.

Sur cela le Roy ſe ſentit agité juſques au fond de l'ame de diverſes penſées, ne ſçachant ce qu'il devoit faire.

Il a de la peine à ſe reſoudre à ce qu'il doit faire.

D'un coſté l'affection qu'il luy avoit portée & ſes grands ſervices retenoient ſon juſte courroux ; & d'autre part ſon crime atroce, ſon orgueil & ſon endurciſſement laſchoient la bride à ſa juſtice, & l'incitoient à punir le criminel. Joint que le peril dont ſon Eſtat & ſa perſonne eſtoient menacez, ſembloit ne pouvoir eſtre prevenu, qu'en écraſant le chef d'une conſpiration, dont on ne voyoit pas bien le fond.

Il demande conſeil à Dieu en le priant.

Dans cette peine d'eſprit il ſe retire dans ſon cabinet, & ſe mettant à genoux prie Dieu de tout ſon cœur, de luy vouloir inſpirer une bonne reſolution.

tion. Il avoit accoustumé d'en user ainsi dans toutes ses grandes affaires: Dieu estoit son plus seur Conseiller, & sa plus fidelle assistance. Au sortir de sa priere, comme il l'a dit depuis, il se sentit entierement delivré de l'agitation où il estoit, & se resolut de mettre Biron entre les mains de la Justice, si son Conseil trouvoit que les preuves qu'on avoit par écrit, fussent si fortes qu'il n'y eust point de doute à sa condamnation. Il choisit pour cela quatre personnes de ceux qui le composoient, Bellievre, Villeroy, Rosny, & Sillery, & leur monstra les preuves. Ils luy dirent tous d'une voix qu'elles estoient plus que suffisantes.

1602.

Il resout de le mettre entre les mains de la Justice.

Apres cela il voulut faire une troisiéme tentative sur ce cœur orgueilleux. Il employa pour la derniere fois les remonstrances, les prieres, les conjurations, & les asseurances de pardon, pour l'obliger de luy avouër son crime; Mais il répondit toûjours de la mesme sorte, & ajoûta que s'il connoissoit ses calomniateurs, il leur romproit la teste.

Mais tente pour la troisiéme fois de tirer de luy la verité.

Enfin le Roy ennuyé de ses rodomontades & de son opiniastreté le quitta là, luy disant pour dernieres paroles,

Il n'en peut rien tirer.

roles, *Hé bien il faudra apprendre la verité d'ailleurs. Adieu Baron de Biron.* Ce mot fut comme un éclair avantcoureur de la foudre qui l'alloit terrasser; le Roy le dégradant par là de tant d'eminentes dignitez, dont il l'avoit honoré, monstroit qu'il l'alloit abaisser beaucoup plus qu'il ne l'avoit élevé.

& le quitte là.
1602.

Au sortir de la chambre de la Reine, où il joüoit à la Prime, Vitry Capitaine des Gardes du corps luy demande son épée, & l'areste prisonnier. Praslin, aussi Capitaine des Gardes, s'asseure du Comte d'Auvergne; & le lendemain ils les mettent dans des bateaux sur la Seine; & les conduisent avec bonne escorte par eau à la Bastille.

Biron, & le Comte d'Auvergne sont arrestez prisonniers.

Biron avoit un tres-grand nombre d'amis; mais en cette occasion, où il estoit accusé d'avoir conspiré contre la personne du Roy, tous demeurerent muets & perclus. Ses parens qui se trouverent à la Cour, allerent se jetter à genoux devant le Roy, non pour luy demander justice, mais pour implorer sa misericorde. Le Seigneur de la Force, qui depuis a esté Mareschal de France, portoit la parole pour tous. Si Biron eust parlé du commencement avec autant d'humilité & de soûmission qu'ils

Ses parens intercedent pour luy.

qu'ils firent, il eust sans doute obtenu sa grace ; mais il estoit trop tard, la Clemence n'avoit plus de lieu, elle avoit fait place à la Justice.

Le Roy commanda à son Parlement de luy faire le procés, & envoya commission particuliere au Premier President, au President Potier Blan-Mesnil, & à deux Conseillers ; pour en dresser l'instruction à la requeste de son Procureur General.

Le Parlement luy fait son procés.

Les preuves estoient fortes, & la defense de Biron tres-foible. Il fit bien voir dans une affaire, où il s'agissoit de la vie, qu'il avoit moins de cervelle que de cœur. Car il reconnut d'abord son écriture, sur laquelle il eust pû chicaner, & gagner quelques jours, qu'il eust falu employer à la verifier. Cette piece avoit esté écrite du temps de la guerre de Savoye, & il pretendoit que le Roy estant à Lion luy avoit pardonné toutes ses escapades. Le Roy envoya des Lettres du grand seau à son Parlement, par lesquelles il revoquoit cette grace. Mais on ne fit pas grande consideration là dessus : car premierement la grace, qu'il luy avoit accordée, n'estoit que verbale ; Et en second lieu, le Parlement tient pour

Il se defend mal.

Lettres du Roy revoquant le pardon qu'il luy avoit accordé à Lion.

maxi-

maxime, qu'il y a des crimes que le Roy ne peut pardonner, comme ceux de leze-Majesté divine & humaine; & ceux qui sont d'un horrible scandale, ou d'un grand prejudice au public. Quand on vint au recollement & confrontation des témoins, & qu'on presenta Laffin à Biron, au lieu de le reprocher, comme c'estoit un homme que cent reproches rendoient incapable de porter témoignage, il le reconnut pour homme de bien, & brave Gentil-homme. Puis lors qu'il eut entendu lire sa deposition, il se mit à le charger d'injures, à l'appeller traistre, magicien, & méchant; mais il n'estoit plus temps, ses reproches n'estoient plus valables.

Il ne reproche point Laffin.

Il croyoit que Renazé fust encore prisonnier en Piedmont; il s'estoit sauvé quelques jours auparavant, & voilà qu'on le presente devant luy. Il croit voir un fantosme, il demeure estonné & muet, & sans luy faire aucun reproche entend sa deposition, qui estoit conforme à celle de Laffin. Ils deposoient, outre ce que nous avons dit, qu'il avoit comploté avec le Gouverneur du fort Sainte Catherine, de faire tuer le Roy lors qu'il iroit reconnoistre

Renazé paroist devant luy, dont il est fort estonné. Depositions de Laffin, & de Renazé.

tre la place, où Biron l'eust accompagné, & eust marché un peu devant luy, vestu d'une certaine façon, afin d'estre connu. Ils disoient encore qu'il y avoit une autre entreprise pour enlever le Roy lors qu'il seroit à la chasse, ou ailleurs mal accompagné, & le mener en Espagne.

L'instruction du procés ainsi faite dans la Bastille par quatre Commissaires, on le conduisit au Palais par la riviere, bordée du Regiment des Gardes. Il fut ouï en Parlement assis sur la Sellette, toutes les Chambres assemblées, mais les Pairs n'y estans pas, quoyqu'ils y eussent esté appellez. Puis il fut reconduit à la Bastille.

Il est conduit par la riviere au Parlement, où il est ouï.

Le lendemain dernier de Juillet on alla aux opinions, & de cent cinquante Juges, il n'y en eut pas un qui ne conclust à la mort. Il fut declaré *atteint & convaincu du crime de leze-Majesté pour les conspirations faites par luy sur la personne du Roy, entreprises sur son Estat, proditions, & traittez avec ses ennemis, estant Mareschal de l'armée dudit Seigneur Roy. Pour reparation de ses crimes, privé de tous estats honneurs, & dignitez, & condamné à avoir*

Son Arrest de condamnation à mort.

Q 2 la

1602. la teste tranchée en place de Greve ; Ses biens, meubles, & immeubles, acquis & confisquez au Roy ; Sa Terre de Biron pour jamais privée du titre de Pairie ; Cette Terre, & toutes ses autres reünies au Domaine de la Couronne.

Le lieu du supplice est commué à la Bastille.

Le Roy sous pretexte de faire grace à ses parens, mais craignant en effet quelque tumulte, parce qu'il estoit fort aimé des gens de guerre, & avoit grand nombre d'amis à la Cour, commua le lieu de l'execution, & voulut qu'elle se fist dans la Bastille. Le Chancelier y estant allé avec le Premier President, le fit mener à la Chapelle, où sur les dix heures du matin on luy pro-

On luy prononce son Arrest.

nonça son Arest, qu'il entendit un genou en terre avec assez de patience, horsmis quand ce vint à ces paroles, *Conspirations sur la personne du Roy.* Pour lors il se leva & s'écria, *Il n'en est rien, cela est faux, ostez cela.* Ensuite le Chancelier selon les formes, luy redemanda le Colier de l'Ordre, sa Couronne Ducale, & le Baston de Mareschal. Il n'avoit pas les deux derniers avec luy, mais seulement le premier, qu'il tira de sa poche, & le rendit.

Il

Il seroit inutile de rapporter tous ses discours, ses reproches, ses emportemens, ses plaintes, ses exclamations, & cent extravagances (car on les peut nommer ainsi) ausquelles il s'emporta.

Sur les cinq heures du soir il fut mené sur l'échaffaut, où il eut la teste tranchée. On remarqua qu'elle bondit par trois fois, poussée par l'impetuosité des esprits, qui s'y estoient transportez, & qu'il en sortit plus de sang, que du tronc du corps. Il fut porté en l'Eglise de Saint Paul, où l'on l'inhuma sans aucune ceremonie, mais avec un merveilleux concours de peuple, qui avoient tous les larmes aux yeux, & plaignoient ce brave courage, qu'une detestable ambition, & un orgueil trop emporté avoit amené à une fin si malheureuse.

Il est bon de sçavoir que ce Mareschal estoit fort ignorant, mais extrémement curieux des predictions des Astrologues, Devins, Geomantiens, & autres affronteurs. On tient mesme que Laffin avoit gagné ses bonnes graces, sur ce qu'il luy faisoit croire qu'il parloit au Diable; & qu'il l'avoit asseuré qu'il seroit Souverain. On dit encore, qu'estant jeune il alla un jour dé-

Il a la teste tranchée.

Il est enterré à Saint Paul.

Il estoit fort ignorant, mais fort amateur de toutes sortes de predictions.

1602. déguisé voir un diseur de bonne aventure, qui luy predit qu'il seroit fort grand Seigneur, mais qu'il auroit la teste coupée, dont il se fascha & le batit outrageusement. Qu'un autre Devin luy predit qu'il seroit Roy, si un coup d'épée par derriere ne l'en empeschoit; Et un autre, qu'il mourroit par l'épée d'un Bourguignon, & qu'il se trouva que le Bourreau qui luy trancha la teste, estoit natif de Bourgongne.

On en conte encore beaucoup d'autres: mais à dire vray, la pluspart de ces predictions se font d'ordinaire apres coup; Et quand elles auroient effectivement precedé l'evenement, il faut croire que c'est par hazard, & non point par science, les Pronostiqueurs disant tant de hableries, qu'il est impossible qu'il n'en arrive quelqu'une. C'est donc une grande sagesse de se desabuser l'esprit de ces sottes curiositez: car outre qu'elles n'ont aucun fondement dans la raison, on offense Dieu d'y croire, & on donne prise à se laisser infatuer & mener par le nez. Aussi les habiles gens n'y ajoûtent jamais foy: mais quelquefois ils s'en servent pour persuader les simples.

Reflexion tres necessaire aux Grands.

Laffin

Laffin & Renazé eurent leur abolition. Un nommé Hebert Secretaire du
Mareschal de Biron, souffrit la question
ordinaire & extraordinaire sans rien
confesser; toutefois il fut condamné à
une prison perpetuelle. Peu de temps
aprés le Roy le fit mettre en liberté ;
mais le ressentiment de ce qu'il avoit
souffert estant plus fort sur luy, que celuy de la grace, il passa en Espagne, où
il acheva ses jours.

1602.
Laffin & Renazé obtiennent leur abolition.

Le Baron de Lux confident de Biron,
vint en Cour sur la parole du Roy. Il
luy dit tout ce qu'il sçavoit, & peut-
estre encore davantage ; moyennant
quoy il obtint son abolition en telle
forme qu'il voulut, & fut confirmé en
ses Charges, & aux Gouvernemens du
Chasteau de Dijon, & de la ville de
Beaune. Le Roy retint le Gouvernement de Bourgongne pour Monsieur
le Daufin, & en donna la Lieutenance
à Bellegarde, lequel depuis en fut Gouverneur en chef.

Comme aussi le Baron de Lux, & la conservation de ses charges.

Montbarot Seigneur Breton fut mis
dans la Bastille, sur quelques indices
qu'il y avoit contre luy ; mais s'estant
trouvé innocent, on luy ouvrit aussi-
tost les portes.

Montbarot emprisonné, puis mis en liberté.

Le Baron de Fontanelles Gentil-homme

Fontanelles

rompu sur la rouë.
1602.

me de tres-bonne Maison, n'eut pas le mesme sort: car pour avoir trempé dans la conspiration, & outre cela avoir traitté de son chef avec les Espagnols de leur livrer une petite Isle sur les costes de Bretagne, il fut rompu sur la rouë en Greve par Arest du Grand Conseil. Le Roy en consideration de sa Maison, qui est fort illustre, accorda aux parens que dans l'Arest il ne seroit point appellé de son nom propre, mais l'Histoire ne l'a pû taire.

Le Mareschal de Bouillon meslé dans la conspiration de Biron.

Le Duc de Bouillon se trouvant aussi un peu impliqué dans l'affaire de Biron, jugea à propos de se retirer en sa Vicomté de Turenne, où le Roy ayant avis qu'il tramoit encore quelque chose, sa Majesté luy manda qu'il le vinst trouver pour se justifier. Au lieu d'y venir il luy écrivit une lettre fort eloquente, par laquelle il luy representa, qu'ayant appris que ses accusateurs estoient tres-meschans & tres-artificieux, il le supplioit de le dispenser d'aller à la Cour,

Le Roy le mande en Cour, au lieu de venir va se presenter à la Chambre de Castres.

& de trouver bon que pour satisfaire à sa Majesté, à toute la France, & à son honneur propre, son procés luy fust fait à la Chambre de Castres, en vertu du privilege qu'il avoit accordé à tous ceux de la Religion pretenduë, &

qu'on

qu'on voulust y envoyer les accusateurs & les accusations. Aussi-tost il se rendit à Castres, se presenta à la Chambre, & prit acte de sa comparition. Le Roy n'eut point cette réponse agreable; il blasma le procedé des Juges de Castres qui luy en avoient donné acte, & luy manda qu'il n'estoit point encore question de le mettre en Justice, & qu'il eust à venir au plûtost.

1602.

Comme il fut averti par les amis qu'il avoit à la Cour, de la resolution du Roy, lequel luy envoyoit le President de Commartin pour luy faire entendre sa volonté: il partit de Castres, alla à Orange, passa par Geneve, puis se retira à Heidelberg chez le Prince Palatin; Disant en sage Politique, comme il estoit, qu'il ne faloit ni capituler avec son Roy, ni s'approcher de luy tandis qu'il estoit en colere. Cette affaire couva quelques années, nous verrons en son lieu comme elle se termina.

Puis se retire à Geneve, & de là à Heidelberg chez le Prince Palatin son parent.

Il faut avoüer que la faveur de Rosny servoit en ce temps là de pretexte presque à tous les mescontentemens, & à toutes les conspirations des Grands. Le Roy l'avoit veritablement élevé par quatre ou cinq belles charges,

La faveur de Rosny servoit de pretexte aux mescontentemens des Gran-

Q 5

ges, parce qu'il croyoit ne pouvoir assez recompenser les services qu'il luy rendoit; Et en cela ce Prince ne merite que loüange, dautant qu'un bon Maistre ne peut faire trop de bien à un bon serviteur. Mais si les brouillons, & les mal-contens se plaignoient qu'il luy donnoit trop de charges, & d'emplois: au moins ne pouvoient-ils pas se plaindre qu'il luy donnast trop de pouvoir, & qu'il n'en donnast qu'à luy seul. Car il est vray de dire que Rosny n'avoit pas la liberté de faire la moindre grace de son chef. Il faloit pour toutes choses s'adresser directement au Roy; Il vouloit distribuer luy-mesme toutes les graces, & les recompenses à des gens qu'il en connust dignes, qui luy en eussent obligation, & qui n'eussent dépendance que de luy. Ce grand Prince ,, sçavoit bien, que celuy qui donne ,, tout, peut tout; Et que celuy qui ,, ne donne rien, n'est rien que ce qu'il ,, plaist à celuy qui donne tout. Il avoit trop de courage & trop de gloire pour souffrir qu'un autre fist la plus noble fonction de son autorité Royale. Quelque faveur & quelque familiarité qu'on eust auprés de luy, si on eust manqué de luy

1602.

Le Roy ne luy donnoit pourtant pas trop de pouvoir.

Car il le retenoit pour luy-mesme.

Verité tres-importante.

luy garder un profond respect, de luy parler, & d'agir avec luy autrement qu'on ne le doit avec son Maistre, & avec son Roy: on fust tombé sans doute aussi-tost en disgrace; Et ce fut, comme nous avons remarqué, une des causes de la perte de Biron. Jugez donc si celuy, qui ne vouloit point qu'on fist en rien du monde le compagnon avec luy, eust enduré qu'on eust fait le Souverain. Jugez s'il se fust contenté que ses Ministres eussent simplement pris son agréement sur une affaire, & qu'ils ne luy eussent parlé des choses que par maniere d'acquit, aprés les avoir resoluës d'eux mesmes. Non sans doute; il vouloit que les resolutions partissent de sa teste, & de son mouvement; que le choix fust de luy; qu'il eust seul la puissance d'élever & d'abaisser: & que personne que luy ne fust arbitre de la fortune de ses Sujets. Ce n'est pas qu'il ne considerast, comme il est juste, les recommandations des Grands de son Estat, & de ses Ministres, dans la collation qu'il faisoit des benefices, des emplois, & des charges; Mais c'estoit toûjours de telle façon, qu'il faisoit connoistre à celuy, à qui il les donnoit, qu'il ne devoit

1602. voit les tenir que de luy. L'exemple suivant le monstre bien.

L'Evesché de Poictiers estant venu à vaquer, Rosny le supplia instamment de considerer en cette occasion un nommé Fenouillet, reputé sçavant homme, & grand Predicateur. Le Roy nonobstant cette recommandation le donna à l'Abbé de la Rochepozay, qui en son particulier avoit beaucoup de bonnes qualitez, & outre cela estoit fils d'un pere, qui avoit également bien servi de son épée pendant la guerre, & de son esprit dans les Ambassades. A quelque temps de là l'Evesché de Montpellier vint à vaquer: le Roy de son propre mouvement envoye chercher Fenouillet, & luy dit, qu'il le luy donnoit, mais à condition qu'il n'en auroit obligation qu'à luy seul. On void par là comme il consideroit en quelque sorte la recommandation de Rosny; Mais on void aussi comme estoit bornée la puissance de ce Favori, qui donnoit de la jalousie à tout le monde. Je l'appelle Favori à cause qu'il avoit les emplois les plus éclatans; quoyqu'à dire vray il n'avoit aucune prééminence sur les autres du Conseil. Car Villeroy & Janin estoient plus con-

Exemple memorable, que le Roy ne deferoit pas trop à ses Ministres.

considerez que luy pour les negotia- 1602.
tions & pour les affaires estrangeres:
Bellievre & Sillery pour la Justice, la
Police, & le dedans du Royaume. Et
il ne faut pas s'imaginer que ces gens-
là dependissent en aucune façon de luy,
il n'y avoit qu'un Chef dans l'Estat, qui estoit le Roy, lequel faisoit mouvoir tous les membres, &
duquel seul ils recevoient les esprits
& la vigueur.

Sur la fin de cette année le Duc de *Entre-*
Savoye pensant se venger, & se dédom- *prise du*
mager de la perte de son Marquisat de *Duc de*
Saluces sur la ville de Geneve, essaya *Savoye*
de la surprendre par escalade. L'entre- *sur Ge-*
prise avoit esté formée par les conseils *neve; elle*
du Seigneur d'Albigny, & le Duc *avorte.*
avoit passé les monts la croyant infaillible. D'Albigny conduisit deux mille
hommes destinez pour cela jusqu'à de-
mi-lieuë de la ville; mais il ne fut pas
si temeraire que de s'y engager, & en
laissa la conduite à d'autres. Le commencement en fut assez heureux. Plus
de deux cens hommes monterent par
des eschelles, gagnerent les remparts,
& coururent par toute la ville sans
estre apperceus. Cependant les Bourgeois furent éveillez par les cris

Q 7 des

1602. des fuiards d'un corps de garde, qui découvrit les entrepreneurs, & qui aussi-tost se vid chargé par eux; & le Petardier qui devoit rompre une porte par dedans pour faire entrer ceux de dehors, vint malheureusement à estre tué. Aprés quoy ils furent accablez de tous costez, la plufpart essayerent de regagner leurs eschelles: mais le canon de la courtine les ayant brisées, ils furent presque tous tuez, où se rompirent le col en sautant dans le fossé. Il en fut pris treize en vie, presque tous Gentils-hommes, entre autres Attignac, qui avoit servi de second à Don Philippin bastard de Savoye. Ils se rendirent sur l'asseurance qu'on leur donna de les traitter en prisonniers de guerre: Mais les cris furieux de la populace, qui representoit le danger où leur ville avoit esté des massacres, des violemens, d'un incendie universel, & d'une servitude perpetuelle, forcerent le Conseil de cette petite Republique à les condamner à la mort infame de la potence comme des voleurs. On attacha leurs testes avec cinquante-quatre autres de celles des tuez sur les fourches patibulaires, & on jetta les corps dans le Rosne.

Treize des entrepreneurs pendus.

Le

Le Duc de Savoye tout confus d'un si mauvais succés, & encore plus des reproches que toute la Chrestienté luy faisoit d'avoir tenté une telle entreprise en pleine Paix, repassa les monts en poste, laissant ses troupes prés de Geneve, & tascha de s'excuser envers les Suisses sous la protection desquels estoit cette ville, aussi bien que sous celle de France, de ce qu'il l'avoit voulu surprendre; disant qu'il ne l'avoit pas fait pour troubler le repos des ligues, mais pour empescher que Lesdiguieres ne s'en emparast pour la remettre au Roy.

1602. Le Duc de Savoye s'excuse envers les Suisses.

Les Ducs de Savoye ont depuis long temps pretendu que cette ville est de leur Souveraineté, & que les Evesques, qui en ont porté le titre de Comtes, & en ont esté Seigneurs durant quelque temps, relevoient d'eux. C'est pourtant ce que les Evesques n'ont jamais avoüé, ayant toûjours maintenu qu'ils dépendoient immediatement de l'Empire. La Ville de son costé soustient qu'elle est ville libre, qui n'est point sujette pour le temporel, ni à ses Evesques, lesquels elle chassa entierement l'an mil cinq cens trente-trois, lors qu'elle renonça malheureusement à la Re-

De qui releve la ville de Geneve.

1602.

Religion Catholique, ni au Duc de Savoye; mais seulement à l'Empire, dont elle a toûjours les Aigles arborez sur ses portes. Les uns & les autres ont des titres fort specieux pour monstrer leurs droits: mais pour lors la ville de Geneve estoit en possession de sa pleine liberté il y avoit plus de soixante ans, & s'estoit alliée avec les Cantons des Suisses. Or les Suisses estoient compris dans le Traitté de Vervin, comme Alliez de la France, par consequent la ville de Geneve y estoit aussi; Et le Roy l'avoit assez declaré au Duc de Savoye. Il ne laissa pas pourtant de tenter l'entreprise que nous venons de dire; esperant que si elle reüssissoit, le Roy d'Espagne & le Pape le soustiendroient, & que le Roy pour si peu de chose ne voudroit pas rompre la Paix.

Elle estoit alliée des Suisses, & sous la protection de France.

Les Genevois furieusement animez commencerent de luy faire la guerre, & entrant courageusement sur ses terres, luy prirent quelques petites bicoques. Ils pensoient que le Roy & les Suisses seconderoient les mouvemens de leur ressentiment, & que tous les Potentats d'Allemagne accourroient pour les assister. Mais le Roy desiroit

Les Genevois font la guerre au Duc de Savoye.

ob-

observer la Paix: & estoit trop habile 1602. pour souffrir qu'il s'allumast une guerre, dans laquelle il n'eust pas pû accorder ensemble la Religion & la Politique; & ajuster l'honneur & les interests de la France obligée à proteger ses Alliez, avec les bonnes graces du Pape porté par son devoir à la ruine des Huguenots. Il leur envoya donc de Vic les asseurer de sa protection: mais avec ordre de leur faire connoistre que la Paix leur estoit si necessaire, & la guerre si ruineuse, qu'ils devoient se porter à embrasser l'une, & fuir l'autre. Comme ils avoient peu de force pour tant de colere, & qu'ils ne pouvoient rien sans son assistance, ils furent contraints de se relascher, & d'entrer dans un Traitté avec le Savoyard. Par lequel il fut dit, qu'ils estoient compris dans le Traitté de Vervin, & que le Duc ne pourroit bastir aucune forteresse à quatre lieuës de leur ville.

Mais le Roy les oblige à faire la Paix.

Il arriva presque au mesme temps, que la ville de Mets se souleva contre le Gouverneur de la citadelle. Il s'appelloit Sobole, lequel y ayant esté mis Lieutenant par le Duc d'Espernon, à qui Henry III avoit donné ce Gouvernement en chef, s'estoit depuis déta-

Affaire de Mets, où les Habitans se barricadent contre Sobole leur Gouverneur.

1602. détaché de ce Duc, je ne sçay point par quelle consideration, & avoit pris des provisions du Roy. Il avoit un frere qui le secondoit dans les soins de ce Gouvernement.

Durant la derniere guerre contre l'Espagne, ces deux freres avoient accusé les principaux Habitans de Mets, d'avoir conjuré de livrer la ville aux Espagnols. Il y en eut plusieurs d'emprisonnez, quelques-uns de mis à la question, mais pas un ne fut trouvé coupable; de sorte que tous les Bourgeois croyans avec sujet, que ce fust une calomnie, prirent les Soboles en haine, & dresserent des cahiers de plaintes contre eux, les accusans de quantité d'exactions & de cruautez. Le Duc d'Espernon, qui sans doute soustenoit ces Bourgeois à la Cour, y fut envoyé par le Roy pour accommoder ce different. *Le Duc d'Espernon allume le feu plus fort.* Les Soboles, qui l'avoient offensé, ne se fioient point en luy, ils ne voulurent point le laisser entrer dans la citadelle le plus fort, ni faire sortir la garnison au devant de luy; tellement qu'estant justement animé il envenima la playe au lieu de la guerir, & échauffa de sorte les Habitans, qu'ils se barricaderent contre eux. *Le Roy* Le Roy qui sça-

sçavoit que les moindres bluettes eſtoient capables de cauſer un grand em-
braſement, ne ſe contenta pas d'y envoyer la Varenne, mais s'y achemina
luy-meſme; eſtant d'ailleurs bien aiſe
de viſiter cette frontiere. Sobole luy
remit la place entre les mains; il la
donna à Arquien Lieutenant Colonel
du Regiment des Gardes, avec la qualité de Lieutenant de Roy, pour y
commander en l'abſence du Duc d'Eſpernon Gouverneur, lequel n'y eut
pas grand pouvoir tant que le Roy
veſcut.

y va luy meſme. Sobole luy rend la place, & il la met en-tre les mains d'Ar-quien.
1602.

  Le Roy paſſa les feſtes de Paſques à
Mets. Tandis qu'il y fut, il écouta la
requeſte que les Jeſuites luy firent pour
leur reſtabliſſement. Il remit à leur
faire juſtice quand il ſeroit de retour
à Paris, & permit au Pere Ignace Ar-
mand & au Pere Coton de s'y rendre pour ſolliciter leur cauſe. Ils n'y
manquerent pas, & le Pere Coton,
qui eſtoit d'un entretien extrémement
doux & accort, & fort celebre Predicateur, gagna auſſi-toſt les bonnes graces de toute la Cour, & plut ſi
fort au Roy, qu'il obtint de ſa Majeſté
le rappel de la Societé en France, malgré meſme les avis de quelques-uns

1603.
Les Jeſuiſtes preſen-tent re-queſte au Roy pour leur reſ-tabliſſe-ment.

de

1602.
Le Roy les rétablit bien glorieusement.

de son Conseil. Il les restablit donc par un Edict qu'il fit verifier en Parlement, & fit abattre ensuite cette Pyramide, qui avoit esté dressée devant le Palais, en la place de la maison de Jean Chastel, sur laquelle il y avoit plusieurs écrits en vers & en prose tres-sanglans contre ces Peres. Ainsi leur bannissement fut glorieusement reparé; sur tout, le Roy ayant retenu auprés de luy le Pere Coton en qualité de son Predicateur ordinaire, & de Confesseur & Directeur de sa conscience. Cela ne s'accomplit qu'en l'an mil six cens quatre.

1602. & 1603. Il visite sa sœur à Nancy. Il renouvelle alliance avec les Suisses, & les Grisons.

Dans ces deux années de mil six cens deux & mil six cens trois, nous avons encore à remarquer trois ou quatre choses importantes. La premiere, que le Roy au sortir de Mets alla à Nancy visiter sa sœur la Duchesse de Bar, laquelle mourut l'année suivante sans enfans. La seconde, qu'il renouvella l'alliance avec les Suisses, & à quelques mois de là avec les Grisons, nonobstant les obstacles que tascha d'y apporter le Comte de Fuentes Gouverneur du Milanois. La troisiéme, que s'en retournant à Paris, il receut la nouvelle de la mort d'Elizabeth Reine d'Angleterre,

Il apprend la mort d'Eli-

l'une

DE HENRY LE GRAND. 379

l'une des plus illustres & des plus heroïques Princesses, qui ayent jamais regné, & laquelle regit son Estat avec plus de conduite & plus de vigueur, qu'aucun Roy de ses Predecesseurs n'avoit jamais fait.

Elizabeth Reine d'Angleterre, 1603.

Elle estoit fille du Roy Henry VIII, & de cette Anne de Boulen, pour l'amour de laquelle il avoit quitté Catherine d'Arragon, tante de l'Empereur Charles-Quint, sa premiere femme. Rien ne manqua au bon-heur de son Regne que la Religion Catholique, qu'elle bannit d'Angleterre; Et on eust pû luy donner le nom de Bonne aussi bien que celuy de Grande, si elle n'eust pas traitté si inhumainement, comme elle fit, sa cousine germaine Marie Stuart Reine d'Escosse, qu'elle tint dixhuit ans prisonniere, & puis luy fit couper la teste, à cause de quelques conspirations que les serviteurs & amis de cette pauvre Princesse avoient faites contre sa personne.

Elle avoit chassé la Religion Catholique d'Angleterre, & fait mourir Marie Stuart sa cousine.

Le fils de cette Marie nommé Jacques VI, Roy d'Escosse, estant le plus proche du sang d'Angleterre, comme petit fils de Marguerite d'Angleterre fille du Roy Henry VII, & sœur du Roy

Jacques VI, Roy d'Escosse, fils de Marie, succede au Royaume d'Angleterre.

1603. Roy Henry VIII, mariée à Jacques IV Roy d'Escosse, succeda à Elizabeth, qui avoit fait mourir sa mere. Il voulut s'appeller Roy de la Grand-Bretagne, pour unir sous un mesme titre les deux Couronnes d'Angleterre & d'Escosse; qui en effet ne sont qu'une mesme Isle, jadis appellée par les Romains *Magna Britannia*.

Il n'estoit que Jacques I du nom entre les Rois d'Angleterre.

L'alliance d'un si puissant Roy pouvoit faire pancher la balance du costé qu'il se fust tourné, ou de France, ou d'Espagne : C'est pourquoy l'une & l'autre l'envoierent aussi-tost saluër par de magnifiques Ambassades, chacun taschant de l'attirer à soy. Ce fut Rosny, qui y passa de la part de Henry le Grand; Il obtint toutes les audiences qu'il voulut fort favorables, & la confirmation des anciens Traittez d'entre la France & l'Angleterre. L'Ambassadeur d'Espagne ne trouva pas tant de facilité en sa negotiation, les Anglois tinrent ferme. Il falut que le lieu du Traitté fust pris en Angleterre, que les Espagnols leur accordassent le commerce par toutes leurs terres, mesme aux Indes, & qu'ils leur donnassent liberté de conscience en Espagne; en sorte qu'ils ne seroient point
su-

Ambassadeurs de France & d'Espagne pour avoir son amitié.

sujets à l'Inquisition, ni obligez de saluër le Saint Sacrement par les ruës, mais seulement de se détourner.

1603.
La pieté cede à l'interest.

La France estant dans une profonde Paix, tant au dehors par le renouvellement de ses alliances avec les Suisses & avec l'Angleterre, qu'au dedans par la découverte des conspirations, qui avoient esté entierement dissipées, le Roy jouïssoit d'un repos digne de ses travaux, & ses peines passées rendoient ses plaisirs plus doux. Il n'estoit pas neantmoins oiseux, on le voyoit toûjours dans l'occupation, & il s'employoit avec autant de soin à conserver la Paix, cette divine fille du Ciel, qu'il avoit apporté de courage & d'ardeur à faire la guerre.

Le Roy travaille à entretenir la Paix.

On luy a souvent ouï dire, que " quand il eust pû rendre la Maison de " France aussi puissante en Europe, " qu'est celle des Ottomans en Asie, & " conquerir en un moment tous les Es- " tats de ses voisins, il ne l'auroit pas " voulu faire au deshonneur de sa pa- " role, obligée à l'entretien de la Paix. "

Belles paroles, & bien dignes d'un Grand Roy.

Ses plus ordinaires divertissemens pendant ce temps-là, estoient la chasse, & les bastimens; Il avoit des maneuvres en mesme temps à Sainte-Croix

Ses divertissemens.

1603.

Croix d'Orleans, à Saint Germain en Laye, au Louvre, & à la Place Royale.

Occupation de la Noblesse Françoise.

La Noblesse Françoise ayant la Paix, ne pouvoit aussi demeurer sans rien faire, les uns passoient le temps à la chasse, les autres auprés des Dames; quelques-uns à apprendre les belles lettres & les Mathematiques; d'autres à voyager dans les païs estrangers, & d'autres à continuer l'exercice de la guerre sous le Prince Maurice en Hollande. Mais plusieurs, à qui les mains demangeoient, & qui cherchoient à signaler leur valeur sans partir de leurs maisons, devenoient pointilleux, & pour le moindre mot ou pour un regard de travers mettoient l'épée à la main. Ainsi la manie des duels entra bien avant dans les esprits des Gentilshommes; Et ces combats estoient si frequens, que la Noblesse versoit presque autant de sang sur le pré par ses propres mains, que les ennemis luy en avoient fait perdre dans les batailles.

Duels trop frequens.

Le Roy fait un Edict contre cette manie.

Le Roy pour cela fit un second Edict fort severe, qui defendoit les Duels, & confisquoit le corps & les biens de ceux qui se portoient sur le pré. D'abord cette defense refroidit un peu l'ardeur des plus échauffés: mais parce qu'il qu'il donnoit souvent grace de ce crime, sa bonté ne pouvant la refuser à des gens qui l'avoient fidellement servi dans son besoin, il arriva que dans peu de temps le mal reprit son cours presque aussi fort comme auparavant.

Comme il recevoit de tous costez des avis pour accommoder & enrichir son Royaume, il apprit qu'il y avoit en divers endroits de la France d'assez bonnes mines d'or & d'argent, de cuivre & de plomb, & que si on y faisoit travailler, on n'auroit pas besoin d'en achepter des Estrangers; Que mesme quand il n'y auroit pas grand profit à les fouiller, on en tireroit toûjours cet avantage, que l'on y employeroit quantité de faineans; & aussi ceux des criminels, qui ne meritoient pas la mort, lesquels eussent pû y estre condamnez pour quelques années. Il fit donc un Edict, qui renouvelloit les anciennes Ordonnances touchant les Officiers, Directeurs, & Ouvriers des Mines; Et l'on commença d'y travailler dans les Pyrenées, où il est certain qu'il y en avoit autrefois d'or & d'argent, & qu'il y en a encore. De sorte que si on eust voulu continuer ce travail, il y a bien

Il fait des Ordonnances pour travailler aux mines d'or, d'argent & de cuivre.

1603. bien de l'apparence qu'on en euft tiré de notables avantages; Mais ou la negligence des Directeurs, ou leur peu d'intelligence, & d'ailleurs l'impatience des François, qui se rebutent auſſi-toſt ſi une chose ne leur reüſſit pas avec facilité, le firent diſcontinuër.

On entreprend de faire joindre la Loire, & la Seine.

On en entreprit un autre de fort grande commodité pour Paris. C'eſtoit de joindre la riviere de Loire à la Seine par le canal de Briare. Roſny y faiſoit travailler avec beaucoup de depenſe, & y employa prés de trois cens mille eſcus; mais l'ouvrage fut interrompu, je ne ſçay pourquoy. On l'a repris ſous le Regne de Louïs XIII, & amené à ſa perfection.

Autre deſſein de joindre les deux mers.

On en propoſa encore un autre, qui eſtoit de faire communiquer les deux mers, l'Ocean & la Mediterranée, en joignant enſemble la Garonne qui va dans l'Ocean, & l'Aude qui tombe dans la Mediterranée au deſſous de Narbonne, par des canaux qu'on devoit tirer par de petites rivieres, qui ſont entre ces deux grandes. Le païs de Languedoc offroit d'y contribuer; Mais il ſe trouva des difficultez qui empeſcherent cette entrepriſe.

La

La navigation s'estant restablie par 1603. le bon ordre que le Roy avoit donné de tenir ses costes en seureté, & de punir severement les Pirates quand on les attrapoit, nos vaisseaux ne se contentoient pas de trafiquer aux lieux ordinaires, mais entreprenoient aussi d'aller au nouveau monde, dont ils avoient presque oublié la route depuis l'Admiral de Coligny. Un Gentil-homme Xaintongeois nommé du Gas, commença avec commission du Roy les voyages de Canada, où depuis fut establi le commerce des Castors, qui sont des peaux d'un certain animal amphibie, presque semblable aux Loutres de ce païs icy. *Navigation en Canada, & commerce des Castors.*

Parmi tous ces establissemens, il ne faut pas oublier ceux de quantité de nouvelles Compagnies Religieuses, qui se firent dans Paris. On y vid pour la premiere fois des Recollets, qui est une branche de l'Ordre de Saint François d'une nouvelle reforme; Des Capucines, & des Feuillantines; Des Carmelites, lesquelles y furent amenées d'Espagne; Des Carmes Deschaussez, qui vinrent aussi du mesme païs; Des Freres de la Charité, vulgairement appellez Freres Ignorans, *Establissemens de Religieux & Religieuses.*

1603. venus d'Italie; Et tous eurent bien-tost basti leurs Convens des aumosnes & charitez des personnes devotes.

Au milieu de ce grand calme, dont le Roy jouïssoit, & durant toutes ces belles occupations, qui estoient si dignes de luy, il ne laissoit pas de sentir des chagrins & des ennuis qui le faschoient fort. Il n'y en avoit point de plus cuisant, ni de plus continuel, que celuy qui luy venoit de la part de sa femme, & de ses maistresses.

Le Roy donna Verneuïl à Mademoiselle d'Entragues.

Nous avons veû comme Mademoiselle d'Entragues l'avoit engagé. Il luy avoit donné la terre de Verneuïl prés de Senlis, & pour l'amour d'elle l'avoit erigée en Marquisat. Depuis qu'il avoit esté marié, il ne laissoit pas d'avoir le mesme attachement pour elle, de la mener en ses voyages, & de la loger à Fontainebleau.

Elle mesprisoit & offensoit la Reine.

Ces desordres scandaleux offensoient extrémement la Reine; & d'ailleurs la fierté de la Marquise l'outrageoit furieusement. Car elle parloit toûjours d'elle avec des termes, ou injurieux, ou méprisans, jusqu'à dire quelquefois que si on luy faisoit justice, elle tiendroit la place de cette grosse Banquiere.

La

La Reine aussi de son costé s'emportoit avec raison contre elle, & en faisoit ses plaintes à tout le monde. Mais ce n'estoit pas le moyen de gagner l'esprit du Roy, il eust mieux valu qu'elle eust sagement dissimulé son déplaisir, & que par ses caresses elle se fust renduë maistresse d'un cœur, qui luy appartenoit legitimement. Le Roy aimoit à estre flaté, il aimoit le doux entretien, & la complaisance, il se prenoit par la tendresse & par l'affection. Le filtre de l'amour est l'amour mesme; c'est ce qu'elle devoit employer auprés de luy, non pas les gronderies, les desdains, & les mauvais accueils, qui ne servent qu'à dégouster davantage un mari, & à luy faire trouver plus de plaisir dans les appas d'une maistresse, qui prend soin d'estre toûjours agreable & toûjours complaisante. Au lieu de tenir cette route, elle estoit toûjours en pique avec le Roy, elle l'aigrissoit à toute heure par des plaintes & par des reproches, & quand il pensoit trouver avec elle quelque douceur pour se délasser de ses grands travaux d'esprit, il n'y rencontroit que de l'amertume & du fiel.

Qui de son costé se rendoit fort fascheuse vers le Roy.

Elle avoit auprés d'elle une femme de

1603. de chambre Florentine, fille de sa nourrice, nommée Leonora Galligay, creature extrémement laide, mais fort spirituelle, & qui avoit sceu si adroitement s'insinuer dans son cœur, & s'en emparer de sorte, qu'elle la gouvernoit tout-à-fait. On dit, je ne sçay ce qui en est, que cette femme craignant que la Reine sa maistresse ne l'aimast moins si elle aimoit parfaitement le Roy son mari, l'éloignoit de luy tant qu'elle pouvoit, afin de la posseder plus à son aise. Depuis, afin d'avoir un second dans ses desseins, elle se maria & épousa un Florentin domestique de la Reine, qui s'appelloit Conchini, un peu de meilleure extraction qu'elle, estant petit fils d'un Baptiste Conchini, qui avoit esté Secretaire de Cosme Duc de Florence.

Leonora & Conchini son mari l'entretenoient en ses mauvaises humeurs.

L'opinion commune est que ces deux personnes travaillerent conjointement tant que le Roy vescut, à entretenir des aigreurs dans l'esprit de la Reine, & à la rendre toûjours fascheuse & de mauvaise humeur envers luy; de sorte que sept ou huit ans durant, s'il y avoit un jour de calme & de plaisir dans ce ménage, il y en avoit dix de mécontentement & de fascherie. En cela

DE HENRY LE GRAND. 389

cela veritablement la faute du Roy estoit la plus grande, pource qu'il donnoit sujet à ces troubles, & que le mari estant, comme dit Saint Paul, le chef de la femme, doit luy donner l'exemple, & avoir plus estroite union avec elle.

Nous avons remarqué cela une fois pour toutes. Mais on ne sçauroit assez souvent faire cette reflexion, Que le peché est la cause du desordre, & que pour un petit plaisir, il cause mille ennuis, & mille maux dés ce monde icy mesme. Le Roy n'estant âgé que de cinquante ans justement, commença d'avoir cette année quelques legeres atteintes de gouttes ; qui peut-estre estoient les effets douloureux de son excessive volupté, aussi bien que de ses fatigues.

Pour revenir à la Marquise, il arriva un jour que la Reine estant fort offensée de ses discours, la menaça qu'elle sçauroit bien reprimer sa méchante langue. La Marquise se mit à faire la triste, & la dolente, à fuïr le Roy, & à luy faire entendre, qu'elle le supplioit de ne luy plus rien demander, pource qu'elle avoit peur que la

1603.

1604.

Les débauches du Roy luy causerent la goutte.

La Reine menace la Marquise de Verneüil.

Laquelle prie le Roy de ne la plus voir.

R 4 con-

1604. continuation de ses faveurs ne luy fust trop prejudiciable, à elle & à ses enfans. Son dessein estoit d'enflamer plus fort sa passion en se monstrant plus difficile. Or comme elle vid que son adresse n'avoit pas tout l'effet qu'elle esperoit, & que d'ailleurs la colere de la Reine s'estoit accruë à tel poinct, qu'il y avoit en effet quelque danger pour elle & pour les siens : elle s'avisa d'une autre chose. D'Entragues son pere demanda permission au Roy de l'emmener hors du Royaume, pour éviter la vengeance de la Reine. Le Roy luy accorda sa demande plus facilement qu'elle ne pensoit, dont estant outrée au dernier poinct, son pere & le Comte d'Auvergne son frere uterin se mirent à traitter secretement avec l'Ambassadeur d'Espagne, pour avoir retraite sur les terres de son Roy, & se jetter entierement eux & les enfans entre ses bras.

Et son pere luy demande congé de se retirer avec elle hors de France. Ils traittent avec l'Ambassadeur d'Espagne pour s'y retirer.

L'Ambassadeur crut que cette affaire seroit fort avantageuse à son Maistre, & qu'en temps & lieu il se pourroit servir de cette promesse de mariage, que le Roy avoit donnée à la Marquise. Ainsi il leur accorda facilement tout ce qu'ils demanderent, & y ajoûta

ajoûta toutes les belles promesses, dont 1604. des esprits foibles & legers se peuvent enyvrer.

Le Roy leur avoit accordé permission de se retirer hors de France sans emmener pourtant les enfans, dans la croyance qu'il avoit qu'ils iroient en Angleterre devers le Duc de Lenox, & le Comte d'Aubigny de la Maison de Stuart, qui estoient leurs proches parens; mais lors qu'il eut appris qu'ils meditoient leur retraite en Espagne, il resolut de les en empescher; & premierement d'y employer les voyes de douceur. Il manda donc le Comte d'Auvergne, qui estoit lors à Clermont assez aimé dans la Province, pour croire qu'il y pouvoit demeurer en seureté. Il refusa de venir, qu'auparavant il n'eust son abolition seellée en bonne forme de tout ce qu'il pourroit avoir fait. C'estoit une sorte de nouveau crime de capituler avec son Roy; Toutefois il la luy envoya, mais avec cette clause, *qu'il se rendroit aussi-tost auprés de luy.*

Sa défiance ne luy permit pas d'obeïr à cette condition: il demeura dans la Province, où il se tenoit sur ses gardes

Le Roy resout de les en empescher.

Pour cet effet il mande le Comte d'Auvergne, qui est à Clermont, & qui refuse de venir.

R 5

1604.

Il est arresté prisonnier & mené à la Bastille.

des avec toutes les precautions imaginables. Neantmoins il ne put estre si fin que le Roy ne le fist attraper, & par un artifice assez grossier. Il estoit Colonel de la Cavalerie Françoise, on le pria d'aller voir faire monstre à une Compagnie du Duc de Vendosme. Il y alla bien monté se tenant assez éloigné pour n'estre pas envelopé; Neantmoins d'Eurre Lieutenant de cette Compagnie, & Nerestan l'abordant pour le saluër, montez sur des bidets de peur de luy donner du soupçon, mais avec trois soldats déguisez en laquais, le jetterent à bas de son cheval, & le firent prisonnier. On l'amena aussi-tost à la Bastille, où il fut saisi d'une extréme frayeur, quand il se vid logé en la mesme chambre, où avoit esté le Mareschal de Biron son grand ami.

D'Entragues, & la Marquise sont aussi arrestez.

Incontinent aprés le Roy fit aussi arrester d'Entragues, qui fut mené à la Conciergerie; & la Marquise, qui fut laissée dans son logis sous la garde du Chevalier du Guet. Puis desirant faire connoistre par des preuves bien publiques la mauvaise intention de l'Espagnol, qui seduisoit ses Sujets, & qui excitoit & fomentoit à tout propos

pos des conspirations dans son Estat, il remit les prisonniers entre les mains du Parlement. Lequel les ayant convaincus d'avoir comploté avec l'Espagnol, declara par un Arest du premier de Fevrier le Comte d'Auvergne, Entragues, & un Anglois nommé Morgan, qui avoit esté l'entremetteur de cette belle negotiation, criminels de leze-Majesté, & comme tels les condamna à avoir la teste tranchée; La Marquise à estre conduite sous bonne garde en l'Abbaye des Religieuses de Beaumont prés de Tours pour y estre recluse; Et que cependant il seroit plus amplement informé contre elle, à la requeste du Procureur General.

Arest du Parlement contre eux.

La Reine n'avoit point épargné ses sollicitations pour faire donner cet Arest, croyant que l'execution satisferoit son ressentiment; mais la bonté du Roy se trouva plus grande que sa passion. L'amour qu'il avoit pour la Marquise n'estoit pas si fort esteint, qu'il put se resoudre à sacrifier celle qu'il avoit adorée: Il ne voulut pas qu'on leur prononçast l'Arest; & à deux mois & demi de là, sçavoir le quinziéme d'Avril, il commua par des Lettres du grand sean la peine de mort du Com-

Le Roy leur pardonne, & fait justifier la Marquise.

R 6

1604. Comte d'Auvergne & du Seigneur d'Entragues en une prison perpetuelle, & celle de Morgan en un bannissement perpetuel. Quelque temps aprés il changea encore la prison d'Entragues au sejour de sa maison de Malles-herbes en Beausse. Il permit aussi à la Marquise de se retirer à Verneüil; & sept mois s'estant passez sans que le Procureur General eust trouvé aucune preuve contre elle, il la fit declarer entierement innocente du crime dont elle avoit esté accusée.

Mais le Comte d'Auvergne demeure à la Bastille, & est dépouillé de sa C. mté.

Il n'y eut que le Comte d'Auvergne, qui estant le plus à craindre, fut le plus mal traité: car non seulement le Roy le retint prisonnier à la Bastille, où il croupit douze ans durant, mais encore luy fit oster la proprieté de la Comté d'Auvergne. Il en portoit le titre, & en jouïssoit en vertu de la donation, que le Roy Henry III luy en avoit faite.

La Reine Marguerite nouvellement revenuë à la Cour, soustint que cette donation ne pouvoit estre valable, pource que le Contract de Mariage de Catherine de Medicis leur mere, à laquelle cette Comté appartenoit, portoit substitution de ses biens, & cette sub-

substitution, disoit-elle, s'estendoit *1604.*
aux filles au defaut des masles ; partant
cette Comté luy revenoit aprés la
mort du Roy Henry III, & il n'avoit
pû la donner à son prejudice.

Le Parlement ayant écouté ses rai- *Laquelle*
sons, & veû ses preuves, cassa la dona- *est adju-*
tion faite par Henry III, & luy adju- *gée à la*
gea la Comté. En recompense de cette *Reine*
obligation & de beaucoup d'autres *Mar-*
qu'elle avoit au Roy, elle fit une do- *guerite,*
nation entre vifs de tous ses biens à *qui don-*
Monsieur le Daufin, s'en reservant seu- *ne ses*
lement l'usufruit sa vie durant. *biens au Daufin.*

Le Comte d'Auvergne ainsi dé-
poüillé demeura dans la Bastille jusqu'en l'an mil six cens seize, que la Reine Marie de Medicis, ayant besoin de
luy durant quelques brouïlleries, le de-
livra de là, & le fit justifier. Elle voulut
mesme qu'on tirast des Registres du
Parlement & du Greffe l'Arest & les
Informations, qui eussent conservé la
memoire de son crime. Voilà com- "
me le temps amene toutes choses, & "
comme il change les plus grandes "
haines en grandes affections, de mes- "
me qu'il change les plus fortes affe- "
ctions en des haines mortelles.

En approfondissant le complot que *On dé-*
le couvre

le pere de la Marquise avoit fait avec les Espagnols pour leur livrer sa fille & ses enfans: on découvrit aussi les menées du Duc de Bouillon; qui desormais estoit le seul, qui pouvoit faire de la peine au Roy dans son Royaume. Il est constant que ce grand Prince luy avoit fait des biens tres considerables, luy ayant donné le baston de Mareschal de France, & procuré le mariage de l'heritiere de Sedan. Aussi ce Seigneur l'avoit tres-bien servi dans ses plus grandes necessitez ; mais depuis qu'il le vid converti à la Foy Catholique, il diminua beaucoup de son affection, & estant meu en partie de zele pour sa fausse Religion, en partie d'ambition, il conceut de vastes desseins de se faire Chef & Protecteur du Parti Huguenot, & sous ce pretexte, de se rendre maistre des Provinces de delà la Loire. On croit que pour cela il avoit fort aidé à échauffer l'esprit du Mareschal de Biron; & qu'il avoit fait un Traitté avec l'Espagnol, qui luy devoit fournir de l'argent à souhait, mais non pas des troupes, de peur de le rendre odieux aux Protestans.

Il n'estoit que trop visible, que depuis

les menées du Mareschal de Bouillon. 1604.

Le Roy luy avoit fait de grands biens, & il avoit aussi tres-bien servi le Roy.

Mais depuis la

puis la conversion du Roy, il avoit travaillé sans cesse à entretenir des défiances, & des mécontentemens dans les esprits des Huguenots, & à les unir & rallier tous ensemble, afin qu'ils fissent corps; se persuadant que ce corps voudroit avoir necessairement une teste, & qu'il n'en pouvoit choisir une autre que luy. Voilà pourquoy il s'estoit fait tant d'Assemblées, & de Synodes particuliers & generaux, de ceux de la Religion, où l'on n'entendoit que des plaintes & des murmures contre le Roy, lequel ils fatiguoient sans cesse de nouvelles demandes & requestes.

conversion du Roy, il excitoit les Huguenots contre luy, & se vouloit faire Chef de Parti. 1604.

Outre cela, on sceut que ce Duc avoit des emissaires & des serviteurs dans la Guyenne, & particulierement dans le Limousin, & dans le Quercy, qui cabaloient parmi la Noblesse, distribuoient de l'argent, prenoient le serment de ceux qui luy promettoient service, & avoient formé des entreprises sur dix ou douze villes Catholiques.

Ses emissaires taschent de former un Parti en Guyenne.

Le Roy jugeant qu'il faloit couper la racine du mal avant qu'il s'estendit plus au loin, & ne sçachant pas mesme jusques où il s'étendoit, resolut d'y

1604.

Le Roy y va pour empêcher leurs desseins.

d'y aller porter le remede luy-mesme. Il partit de Fontainebleau au mois de Septembre, ayant envoyé devant Jean-Jacques de Mesmes Seigneur de Roissy, qui alla à Limoges pour faire le procés aux coupables.

Toute cette conspiration se dissipe.

Aussi-tost toute cette conspiration s'en alla en fumée ; Les plus avisez vinrent au devant du Roy se jetter à ses pieds ; L'Intendant mesme du Duc de Bouillon ayant avis qu'il y avoit ordre de l'arrester, apporta sa teste au Roy, & luy dit tout ce qu'il sçavoit, & tout ce qu'il ne sçavoit pas. Les autres s'enfuirent hors du Royaume, ou se cacherent. Cinq ou six malheureux ayant esté pris, furent décapitez à Limoges, leurs testes plantées sur le haut des portes, & leurs corps reduits en cendres, qui furent jettées au vent. Trois ou quatre autres souffrirent mesme supplice en Perigord. Il y en eut dix ou douze des plus considerables condamnez par contumace & effigiez, entre autres la Chappelle-Biron, & Giversac de la Maison de Cugnac. Mais dans toutes ces procedures il ne se trouva aucunes preuves par écrit, ni mesme aucune deposition bien formelle contre le Duc de Bouillon;

Punition de quelques coupables.

lon; tant il avoit finement & adroitement conduit toute cette trame.

Avant ces executions le Roy ayant fait son entrée à Limoges, s'en retourna à Paris. Il souhaitoit avec passion qu'aprés cela le Duc de Bouillon se reconnust, & s'humiliast. Car s'il demeuroit sans repentance, il estoit obligé de le pousser à bout; & s'il entreprenoit de le pousser, il offensoit tout ce grand corps des Protestans, qui estoient ses fideles Alliez. Il employa donc sous-main tous les moyens dont il se put aviser, pour le porter à avoir recours à sa clemence, plûtost qu'à l'intercession des Estrangers; laquelle ne peut agréer à un Souverain, pour son Officier & son Sujet. Le Duc desiroit encore plus que luy se tirer de cet embarras: mais il croyoit ne pouvoir trouver de seureté à la Cour, parce que Rosny, qui n'estoit pas son ami, & qui avoit quelque jalousie de le voir plus autorisé que luy dans le Parti Huguenot, avoit beaucoup de credit auprés du Roy. Tellement qu'aprés diverses entremises & negotiations, le Roy se resolut de l'aller chercher à Sedan avec une armée.

Rosny travailloit avec beaucoup de cha-

1604.

Le Roy retourné à Paris.

Il tasche de faire humilier le Duc de Bouillon, mais inutilement.

Il se resout d'assieger Sedan.

Rosny fait tous

les preparatifs necessaires pour cela.
1604.

Le Roy erige Sully en Duché.

Inconveniens qu'il y avoit d'assieger Sedan.

Le Roy aime mieux recevoir ce Duc en grace.

chaleur aux preparatifs de cette expedition. Le Roy se confioit en luy, & en l'honorant desiroit témoigner aux Huguenots, que s'il attaquoit le Duc de Bouïllon, ce n'estoit point à leur Religion qu'il en vouloit, mais à la rebellion. Pour ce sujet il luy erigea la terre de Sully en Duché & Pairie; Ce qui fera que nous l'appellerons desormais le Duc de Sully. Son sentiment estoit, que le Roy poussast vivement le Duc de Bouïllon. Villeroy & les autres estoient d'un contraire avis; Ils ne vouloient point que l'on hazardast le siege de Sedan, dautant que la longueur de cette entreprise eust peut-estre réveillé diverses factions aux autres coins du Royaume, & eust donné le temps aux Espagnols d'attaquer la frontiere de Picardie, au Savoyard mal-content de se jetter avec les forces du Milanois sur la Provence desarmée, & aux Huguenots & aux Protestans d'Allemagne d'accourir au secours de leur ami.

Le Roy prevoyoit bien tous ces inconveniens; c'est pourquoy s'estant avancé jusques à Donchery durant l'absence de Sully, qui estoit allé querir de l'artillerie, il traitta avec le Duc de Bouïl-

Bouillon, & le receut en grace, moyennant qu'il s'humiliast devant sa Majesté, qu'il le receust dans la ville de Sedan, & qu'il luy remist le chasteau, pour le tenir avec telle garnison qu'il luy plairoit quatre ans durant.

1604. A quelles conditions.

C'estoient-là les conditions publiques, mais par les articles secrets, le Roy promettoit de n'estre que peu de jours dans Sedan, & de ne mettre que cinquante hommes dans le chasteau, qui en sortiroient incontinent à la tres-humble supplication que le Duc luy en feroit. Toutes ces choses s'executerent fidellement, & sans aucune défiance de part & d'autre. Le Duc vint trouver le Roy à Donchery, où il le supplia de luy vouloir pardonner. Le Roy le receut aussi bien que s'il n'eust jamais failli, & cinq ou six jours aprés il entra dedans Sedan, & y en sejourna trois seulement, puis retourna à Paris. Le Duc l'accompagna jusques à Mouson, & ne passa pas plus outre: mais quelques jours aprés, lors qu'il eut appris que le Parlement avoit verifié son abolition, dans laquelle ses amis qui avoient esté condamnez par defaut à Limoges, estoient aussi compris, il se rendit à la Cour,

Le Duc demande pardon au Roy, qui entre dans Sedan, & puis vient à Paris.

1614.

Grand exemple de generosité de nostre Prince.

Cour, où il receut plus d'honneur & de caresses que jamais. C'estoit la ma-
„ niere de ce grand Roy; Il avoit un
„ cœur de Lion contre les orgueil-
„ leux & contre les rebelles; mais il
„ se plaisoit à relever avec une bonté
„ sans pareille ceux qu'il avoit terras-
„ sez, lors que leurs soûmissions les
„ rendoient dignes de recevoir sa gra-
„ ce. Aussi le Duc de Bouillon, qui connoissoit parfaitement son naturel, (car ils avoient vescu & fait la guerre fort long-temps ensemble) ne manqua pas de se conduire en cette conjoncture avec toute la prudence, & toute la soupplesse, dont un habile homme, comme luy, estoit capable.

Nonobstant cela, son Regne est traversé de mille conspirations.

Nonobstant cette grande generosité, & bonté du Roy, son Regne ne laissoit pas d'estre traversé par des infidelitez & par des conspirations incroyables. Telle fut la trahison de l'Oste, l'entreprise sur la ville de Marseille par Merargues, & une autre sur Narbonne & sur Leucate par les Luquisses.

Trahison de l'Oste.

L'Oste estoit Commis de Villeroy & son filleul; l'employ qu'il avoit auprés de luy estoit de déchiffrer les dépesches. Ce malheureux faisoit sçavoir

tout

tout le secret des affaires du Roy à 1604.
quelques gens du Conseil d'Espagne,
qui l'avoient corrompu moyennant
douze cens escus de pension, qu'on luy
avoit promis pendant qu'il estoit en ce
païs-là avec l'Ambassadeur Rochepot.
Sa meschanceté estant découverte, il
s'enfuit, & comme les Prevosts des
Mareschaux le poursuivoient, il se
noya dans la riviere de Marne près le
bac du Fay. On peut juger si Villeroy,
dont la fidelité demeuroit par là expo-
sée aux justes soupçons du Roy, & aux
medisances de ses ennemis, en eut un
sensible déplaisir. Il eust eu sans doute beaucoup de peine à se laver de cette
affaire, quelque innocent qu'il fust, si
le Roy qui le vid dans une affliction
extraordinaire, n'eust eu la bonté
de le visiter luy-mesme, de luy porter de la consolation, & de le justifier par cet honneur de toutes les calomnies, que ses envieux semoient
contre luy.

Merargues estoit un Gentil-hom- 1605.
me Provençal de fort bonne Maison, *Trahison*
lequel ayant asseurance d'estre Viguier *de Me-*
de Marseille l'année suivante, avoit *rargues.*
promis de livrer la ville aux Espagnols
durant sa Viguerie. Il fut si imprudent
&

1605.

On le surprend conferant avec le Secretaire de l'Ambassadeur d'Espagne. Sa punition.

& si fou, que de découvrir son dessein à un forçat des Galeres de Marseille, lequel en donna avis à la Cour, afin peut-estre d'obtenir sa liberté. Sur cet avis on épia si soigneusement Merargues, qui estoit pour lors à Paris, qu'on le trouva conferant avec le Secretaire de l'Ambassadeur d'Espagne, & parlant si haut, qu'on entendit presque tout ce qu'ils disoient. On le fouilla, & on trouva sous les plis de sa jarretiere, un memoire contenant le plan de son entreprise. Il fut arresté, & eut la teste tranchée par Arrest du Parlement de Paris du dix-neufiéme Decembre. Son corps fut écartelé, les quartiers attachez à des poteaux devant les portes de la ville, & sa teste portée à Marseille, pour y estre plantée au bout d'une picque sur une tour d'une des principales portes. Le Secretaire de l'Ambassadeur fut arresté aussi bien que luy, & eust couru grand risque, si le Roy y eust voulu aller aussi viste comme luy conseilloient ceux, qui desiroient la rupture avec l'Espagne.

On arreste aussi le Secretaire de l'Ambassadeur.

On discourt diversement sur les droits

Cette rencontre donna sujet aux Politiques de discourir diversement sur les droits des Ambassadeurs, & de leurs gens.

gens. Mais Henry le Grand decida luy-mesme la question de cette sorte. Les Ambassadeurs, disoit-il, sont sa-" crez par le droit des Gens; Or ils le " violent les premiers quand ils tra- " ment quelque trahison contre l'Estat, " ou contre le Prince auprés duquel leur " maistre les a envoyez; Par consequent " ce droit ne les doit point mettre à " couvert de la recherche & de la puni- " tion. D'ailleurs il n'est point à pre- " sumer qu'ils soient Ambassadeurs, " & qu'ils representent le Souverain qui " les envoye, lors qu'ils font des lasche- " tez & des infidelitez, lesquelles il ne " voudroit pas faire, ni avoüer. Tou- " tefois il y a plus de generosité à " n'user point en cela de la derniere ri- " gueur, mais de se reserver cet avan- " tage de les pouvoir chastier sans le " faire. Et à ce propos, comme il sça- " voit assez bien l'Histoire, il alleguoit " cet exemple du Senat Romain, le- " quel ayant découvert que les Am- " bassadeurs des Allobroges estoient " impliquez dans la furieuse conspira- " tion de Catilina, se contenta de leur " commander qu'ils eussent à sortir " de la ville. Ce fut là son sentiment; " Et comme il suivoit toûjours les maximes

des Ambassadeurs.
1605.
Le Roy en decide luy mesme la question.

Il defend qu'on ne

procede contre le Secretaire.
1605.

mes les plus genereuses, il defendit qu'on ne procedast point contre le Secretaire de l'Ambassadeur, auquel les Juges alloient donner la question.

L'Ambassadeur fait beaucoup de bruit, & menace du ressentiment de son Maistre.
Le Roy luy répond fort froidement, & luy rend son Secretaire, comme il avoit resolu auparavant.

Cependant l'Ambassadeur pensant couvrit cette perfidie à force de crier bien haut, vient se plaindre à luy qu'on avoit violé le droit des Gens, & la dignité de l'Ambassade, protestant que le Roy son Maistre en auroit le ressentiment, que doit avoir un grand Prince offensé. Le Roy luy répondant avec une sage froideur, luy representa ce que son Secretaire avoit fait avec Merargues. L'Ambassadeur ne voulant pas avoüer son homme, ni approuver son action, tourna l'affaire d'un autre biais, & se plaignit que le Roy avoit le premier fait infraction au Traitté de Vervin, puisqu'il assistoit les Hollandois d'hommes & d'argent. Le Roy repliqua que pour les hommes, ils n'y alloient point par ses ordres, & qu'il y avoit des François au service de l'Archiduc, aussi bien qu'au service des Hollandois ; Mais pour son argent, qu'il estoit en son pouvoir d'en faire ce qu'il luy plairoit, & de le prester, ou
de

de le donner sans qu'on y pust trouver à dire. L'Ambassadeur s'échauffa fort, & il y eut des paroles bien hautes de part & d'autre. Enfin le Roy luy fit rendre son Secretaire, comme il l'avoit resolu dés auparavant qu'il luy en parlast.

1605.

Quant aux Luquisses, c'estoient deux freres Genois d'extraction, qui avoient fait marché avec le Gouverneur de Perpignan de luy livrer Narbonne & Leucate. Il est certain qu'il n'estoit pas en leur pouvoir d'executer ce dessein, & qu'il y avoit plus de mauvaise volonté en eux, que de danger que la chose reüssist; Neantmoins ils furent pris & menez à Thoulouse, où le Parlement les envoya l'un & l'autre au gibet.

Trahison des Luquisses.

Il sembloit que non seulement la malice des hommes conspirast alors contre la France, mais aussi la folie. Car le mesme jour que Merargues fut executé, un malheureux fou attenta sur la personne sacrée du Roy, se jettant sur luy une dague à la main, comme il passoit à cheval sur le Pont-neuf en revenant de la chasse. Les Valets de pied de sa Majesté y ayant accouru, luy firent lascher prise, & l'eussent assom-

Un fou attente sur la personne du Roy.

1605. assommé sur le champ, sans la defense du Roy, qui le fit mener en prison au For-l'Evesque. Il s'appelloit Jean de l'Isle, natif de Vineux prés de Senlis. Il fut aussi-tost interrogé par le President Janin, qui n'en put jamais tirer aucune réponse raisonnable : car il estoit tout-à-fait hors du sens. Il croyoit estre Roy de tout le monde, & disoit que Henry IV ayant usurpé la France sur luy, il le vouloit chastier de sa temerité. Sur cela le Roy jugeant qu'il estoit assez puni par sa folie, commanda qu'on luy fist seulement garder la prison, où il mourut peu de temps aprés.

Ceux qui vouloient la guerre, aigrissoient fort l'esprit du Roy sur toutes ces conspirations.

Ceux qui desiroient la guerre ne perdoient point l'occasion d'irriter l'esprit du Roy sur toutes ces conjurations & entreprises des Espagnols. Ils luy remonstroient qu'il n'en devoit point attendre d'autres de ses ennemis perpetuels; Qu'ayant fait tous leurs efforts pour l'empescher de parvenir à la Royauté, ils les continuoient toûjours pour attenter sur son repos & sur sa vie; Que leurs embusches estoient plus à craindre dans la Paix que dans la guerre; Qu'il faloit rompre avec eux, parce qu'ils auroient moins de moyens de luy mal-faire, quand ils ne seroient plus

plus dans les entrailles de son Estat; 1605.
Qu'il y avoit plus d'avantage d'agir avec eux à force ouverte, que non pas de démesler toutes les menées & pratiques, qu'ils tramoient sous le manteau de paix & d'amitié. Ils luy representoient avec cela le mauvais estat des affaires de l'Espagne, qui s'estant toute épuisée d'argent dans les guerres des Païs-Bas, avoit esté contrainte d'avoir recours à des moyens extraordinaires pour en recouvrer. Mais sur tout ils n'oublioient pas de luy mettre devant les yeux les grandes & avantageuses qualitez qu'il avoit par dessus Philippe III son adversaire; dautant que l'on se porte bien plus facilement à attaquer un homme lors qu'on le méprise & qu'on le croit le plus foible.

Ils luy donnoient mesme du mépris pour Philippe III Roy d'Espagne.

Je diray à ce propos, que ce Roy là, quoyqu'il eust l'esprit assez éclairé, & que les soins du Roy Philippe II son pere, tres-grand Politique, luy eussent donné toutes les connoissances necessaires pour gouverner: neantmoins par une certaine timidité, & par une défiance de luy-mesme, trop ordinaire à beaucoup de Grands, fuyant le travail & la peine, il s'estoit entierement déchargé du Gouvernement sur le

Quel estoit ce Prince.

S 2 Mar-

1605. Marquis de Denia, lequel il fit bien-tost Duc de Lerme. Il seroit mal-aisé d'exprimer combien celui-cy se rendit odieux, & combien l'autre fut peu estimé tandis que cela dura. Car enfin Dieu fit la grace à ce jeune Prince de luy défiller les yeux. Il brisa ses chaisnes; & celuy qui s'estoit rendu comme son maistre, crut ne pouvoir se mettre mieux à couvert de toutes les disgraces qui luy pouvoient arriver, qu'en se faisant d'Eglise & Cardinal.

Belle & utile reflexion.

Peut-on, en passant, faire quelque reflexion sur le pitoyable estat, où se met un Souverain, qui pour ne se pas conduire comme il doit, tombe necessairement dans le mépris &
„ dans l'aversion de ses Sujets? Sans
„ doute que le plus grand malheur qui
„ luy puisse arriver, est d'estre regar-
„ dé comme inferieur & sujet à un
„ autre; D'avoir les oreilles bouchées
„ à toutes les voix de son peuple, qui
„ luy crie de tous costez, *Gouvernez*
„ *nous*; Et de s'en rapporter plû-
„ tost à cinq ou six lasches flateurs,
„ qui luy font acroire qu'il est le Mais-
„ tre, quoyqu'en effet il n'en fasse
„ aucune fonction; que non pas à
„ la verité, & au sentiment de tout
son

son Royaume. Que s'il desire sçavoir & connoistre au vray s'il est le Souverain, ou non, il n'a qu'à regarder sans se flatter, si c'est luy qui donne les charges de son propre mouvement; si c'est luy qui choisit les personnes; si les Officiers qu'il a autour de luy sont de sa main; s'il se fait des creatures; s'il a jamais dit une bonne fois *je veux* dans quelque affaire d'importance; s'il se void toûjours suivi & accompagné des Grands; si ceux qui ont des affaires, qui cherchent des emplois, & qui ont besoin de faveur, sont dans son antichambre; à qui enfin dans son Royaume on rend plus de respect & plus d'assiduité; Et alors il connoistra clairement qui est celuy qui regne. Mais ce n'est pas assez que de connoistre ce qui en est, il faut à l'exemple de Philippe III, dont nous venons de parler, faire un effort pour se mettre en possession de son autorité. C'est en cela que consiste principalement le courage d'un Souverain. Car en quoy sçauroit-il mieux faire connoistre sa fermeté & sa vigueur, qu'à prendre le rang & le pouvoir que Dieu luy a donné? N'est-ce

En quoy consiste principalement le courage d'un Souverain.

,, ce pas le vray poinct d'honneur
,, pour un Roy, que de maintenir en
,, sa personne les droits de la Royauté?
,, Sans mentir il y a plus de lascheté &
,, plus de honte pour un Souverain, de
,, se soûmettre à celuy, qui devroit estre
,, soûmis à ses volontez, que de fuïr un
,, jour de combat devant les ennemis.
,, Car les plus braves quelquefois las-
,, chent le pied; & le courage d'un
,, Roy consiste beaucoup moins à
,, combattre de sa main, qu'à gouver-
,, ner de sa teste. Que luy sert de vain-
,, cre ses ennemis, s'il se void au des-
,, sous de son Sujet, qui sous pretexte
,, de le servir, le reduit luy & son Estat
,, dans les liens, & qui ose se revestir de
,, toute la gloire & de tout l'avantage
,, du commandement, en luy faisant
,, croire, que c'est pour le soulager du
,, fardeau?

Quelle estoit la bonté de Henry le Grand.

Nostre Henry n'estoit pas de mesme. Sa bonté estoit extréme, mais elle
n'estoit point faineante, ni timide; ses
lumieres & ses connoissances point inutiles, mais toûjours laborieuses &
agissantes. Rien n'estoit au dessus de
luy que Dieu mesme; rien à costé de luy
que la Justice & la Clemence ses deux
plus fidelles Conseilleres. Le plus hardi
de

de ses Ministres trembloit quand il luy voyoit tant soit peu froncer le sourcil. Toutes familiaritez cessoient, & chacun se tenoit bas, quand il prenoit le ton de Maistre.

Or ce grand Roy conservant ainsi l'éclat de sa Majesté, il ne faut point s'estonner s'il s'estimoit au dessus de Philippe III, qui pour lors se laissoit entierement gouverner. Ainsi parce qu'on sçavoit qu'il connoissoit son defaut, on croyoit qu'il seroit plus facilement persuadé de luy faire la guerre. En effet il y estoit assez resolu; Et aprés tant d'injures qu'il avoit receuës des Espagnols, son ressentiment n'avoit pas grand besoin d'y estre poussé. Toutefois avant que de s'engager en une si grande entreprise, il vouloit prendre toutes ses mesures si exactement, & amasser tant d'argent, d'artillerie, & de munitions, garnir si bien ses places frontieres, donner si bon ordre au dedans de son Estat, s'asseurer de tant d'amis & Alliez, lever de si puissantes armées, & enfin faire sa partie si forte, que le succés n'en fust nullement douteux, & qu'en choquant cette ambitieuse Puissance, il fust asseuré de la terrasser. Voilà pourquoy

Il eust bien voulu faire la guerre aux Espagnols.

Mais il ne jugea pas a propos de se haster.

1605. il ne jugea pas à propos de se tant hâter.

Il se rend l'arbitre des differens de la Chrestienté.

Cependant il ne negligeoit pas les autres moyens d'acquerir de la reputation, & ne tenoit pas moins glorieux de faire éclater son nom par la sagesse de ses conseils, que par la force de ses armes. Par la derniere il avoit esté victorieux des rebelles & des Espagnols; Par l'autre il se rendit l'arbitre des plus grands differens de la Chrestienté, & s'acquit une superiorité d'autant plus noble, qu'on la luy deferoit sans contrainte.

1606. *Aprés la mort de Clement VIII fait élire Leon XI, qui meurt bien tost, & Paul V luy succede.*

Le Pape Clement VIII estant mort sur la fin de l'année mil six cens cinq, il voulut employer son credit pour faire un Pape de ses amis. Le Cardinal de Joyeuse son Ambassadeur & ses autres Agens y travaillerent si bien, qu'ils firent tomber les suffrages sur Alexandre de Medicis, qu'on nommoit le Cardinal de Florence. Il prit le nom de Leon XI. Mais il mourut au bout de dix-sept jours; & ce fut à recommencer. Le Roy ne voulut pas qu'on se mist davantage en peine d'en faire élire un autre, & declara que la France n'y prenoit point d'autre interest, sinon qu'on choisist un homme

DE HENRY LE GRAND. 415

me de bien. Le conclave en suite élut 1606.
le Cardinal Borghese, qui fut nommé
Paul V.

Dans les premieres années de son *Un*
Pontificat il se ralluma un grand diffe- *grand*
rent, qui avoit commencé sous ses pré- *different*
decesseurs : lequel eust mis le feu aux *s'allume*
quatre coins de l'Italie, & peut-estre à *Paul V*
toute la Chrestienté ; si nostre Henry *& les*
n'eust pris le soin de l'éteindre. Je vous *Veni-*
en vay dire le sujet. *tiens.*

La Seigneurie de Venise avoit autre- *La Re-*
fois fait une Ordonnance ou Decret, *publique*
qui défendoit aux Moines d'acquerir *de Venise*
des terres dans son domaine au dessus *avoit*
de la valeur de vingt mille ducats, & *autrefois*
enjoignoit à quiconque en avoit acquis *Ordon-*
au dessus de cette somme, de remettre *nances,*
le surplus à la Seigneurie, laquelle luy *qui bor-*
rembourseroit le prix & les ameliora- *noient les*
tions qu'il y auroit faites. Suivant les *tions des*
traces de cet ancien Decret, elle en fit *Reli-*
un autre, qui defendoit de fonder ni *gieux.*
bastir de nouvelles Eglises, Convens,
& Monasteres, sans permission expres-
se de la Seigneurie, à peine de bannissement, & de confiscation du fonds &
des bastimens.

Il estoit veritablement de la fonction & charge des Evesques d'em-

S 5   pescher

1606.

Elle en fait encore d'autres.

„ pefcher cette grande multiplication
„ de Convens; mais par negligence, ou
par trop de facilité, ils en donnoient
tout autant de permiſſions qu'on leur
en demandoit: de ſorte que la Republique au defaut des Prelats, ſe trouva contrainte d'y mettre la main elle-meſme. Autrement il fuſt arrivé bientoſt que toutes leurs villes n'euſſent plus eſté que Convens, & Egliſes, & que tous leurs revenus, qui doivent porter les charges de l'Eſtat, & qui ſervent à la nourriture des gens mariez, leſquels fourniſſent des Soldats, des Marchands, & des Laboureurs, n'euſſent plus ſervi qu'à l'entretien des Religieux & des Religieuſes.

La Seigneurie fit donc encore un autre Decret, qui interdiſoit toute acquiſition de biens immeubles aux Eccleſiaſtiques, ſi la permiſſion du Senat n'y intervenoit. Et au meſme temps il arriva qu'un certain Abbé & un Chanoine accuſez de crimes atroces dans les terres de la Seigneurie, furent empriſonnez de l'autorité de la Juſtice ſeculiere; Ce qui paſſe pour un grand attentat delà les monts, parce que les Eccleſiaſtiques y ſont en poſſeſſion de n'eſtre point juſticiables des ſeculiers.

Or

Or Paul V à son avenement au Pontificat, ne pouvant dissimuler, disoit-il, toutes ces entreprises de l'Estat seculier sur les Ecclesiastiques, dépescha en mesme temps deux Brefs à son Nonce de Venise; L'un contenant la revocation des Decrets faits par la Seigneurie touchant l'acquisition des biens temporels; L'autre ordonnant le renvoy de l'Abbé & du Chanoine à la Cour d'Eglise. Le Nonce signifia ces Brefs à la Seigneurie. Elle répondit vertement, que l'autorité estoit née avec elle, que personne qu'elle n'y avoit que voir, & qu'elle sçauroit bien s'y maintenir contre tous ceux qui entreprendroient de la choquer. Les uns & les autres employerent les meilleures plumes du temps pour defendre leurs droits, & ruiner les defenses de leur adversaire. On vid courir par tout une quantité de Manifestes & de Traittez pleins de raisons de Droict, de passages de l'Ecriture Sainte, d'autoritez des Peres & des Conciles, & d'exemples tirez de l'Histoire.

1606, *Paul V s'offense de ces Ordonnances.*

Il envoye des Brefs pour les faire revoquer.

Cependant le Pape extrémement offensé de cette réponse, fulmina une excommunication contre le Duc & le Senat de Venise, si dans vingt-quatre jours

Il excommunie le Senat.

1605.

Venise declare la sentence d'excommunication abusive & nulle.

jours ils ne revoquoient leurs Decrets, & ne consignoient les deux prisonniers entre les mains du Nonce. La Seigneurie ne s'en émut guere, mais declara hardiment le Bref d'excommunication nul & abusif; Et il ne se trouva aucun Ecclesiastique dans toutes ses terres, qui voulust entreprendre de le publier, ni qui osast observer l'Interdit, ni faire cesser le service divin. Il n'y eut que les Capucins & les Jesuites, qui se resolurent de sortir, & demanderent congé à la Seigneurie. Elle l'accorda aux Capucins avec liberté d'y retourner quand ils voudroient, & aux Jesuites avec defenses d'y rentrer jamais.

1607.

Les choses estoient donc brouillées au dernier poinct entre ces deux Puissances. Les Espagnols avoient l'œil au guet pour faire leur profit de ces divisions, & sous-main jettoient de l'huile sur le feu, quoyqu'ouvertement ils fissent semblant de l'esteindre. Car d'un costé ils échauffoient les Venitiens & leur mettoient le cœur au ventre pour soustenir leurs droits; & de l'autre ils ordonnoient à leurs Gouverneurs de Naples & de Milan de servir le Saint Pere avec toutes leurs forces.

ees. Henry le Grand plus sincere & plus desinteressé, embrassa cette occasion d'establir sa puissance en Italie, par une plus belle & plus juste maniere. Il asseura le Pape, que, comme vray fils aisné de l'Eglise, il soustiendroit toûjours ses interests, & qu'en cas de rupture, il iroit en personne à son secours avec une armée de quarante mille hommes. Mais qu'il le supplioit avant que d'en venir là, d'agréer qu'il tentast tous les moyens possibles d'accommodement.

1607. Le Roy entreprend d'accommoder ce different.

Il répondit aussi à l'Ambassadeur de Venise, qui luy demandoit assistance, qu'il là devoit au Saint Pere au prejudice de tout autre: Partant qu'il exhortoit la Seigneurie de luy donner contentement; & qu'afin qu'elle le pût faire sans blesser son honneur & ses droits, il desiroit d'en estre le Mediateur.

Tous deux ayant accepté sa mediation, il dépescha le Cardinal de Joyeuse en Italie; lequel, pour dire la chose en deux mots, conduisit cette negotiation avec tant d'adresse, qu'enfin il mit les parties d'accord Le Traité contenoit quatre principaux articles. 1. Que la Seigneurie consigneroit les

Il envoya pour cet effet le Cardinal de Joyeuse, qui fit l'accommodement, contenant

420 HISTOIRE

quatre principaux articles.
1607.

les deux prisonniers entre les mains de l'Ambassadeur de France, pour les remettre à sa Sainteté. 2. Qu'elle revoqueroit le Manifeste & la Declaration qu'elle avoit faite contre les censures Apostoliques. 3. Qu'elle restabliroit tous les Ecclesiastiques dans leurs biens. 4. Que le Pape luy donneroit l'absolution ; Et qu'en revanche elle l'envoyeroit remercier par une celebre Ambassade, & l'asseurer de son obeissance filiale.

Le Pape revoqua l'excommunication, & donna l'absolution à la Seigneurie.

Le lendemain le Cardinal de Joyeuse se trouvant au lieu assigné par le Senat, mais les portes fermées, en presence du Doge, de vingt-cinq Senateurs, & de l'Ambassadeur de France, revoqua l'excommunication, & donna l'absolution à la Seigneurie. Toutes ces choses se passerent sans que les Espagnols en eussent participation, quoy qu'ils se tuassent de se faire de feste. Ainsi toutes les deux parties eurent quelque sorte de contentement par l'entremise de Henry le Grand.

Il n'y eut que le restablissement des Jesuites, qu'il ne

Il n'y eut que l'affaire des Jesuites, qui retarda le Traitté de quelques mois, & qui pensa le rompre tout à fait ; parce que le Pape considerant qu'ils avoient esté chassez pour sa cause, vouloit

loit absolument que la Seigneurie les *put ob-*
restablist en leurs maisons, & en leurs *tenir.*
biens : Et elle s'opiniastroit de tout 1607.
risquer plûtost que d'y consentir. Enfin
le Pape persuadé par l'eloquence du
Cardinal du Perron, qui estoit pour
lors à Rome, comprit qu'il valoit
mieux se relacher sur ce poinct, que
de mettre toute la Chrestienté au hazard de se brouiller ; de sorte qu'ils demeurerent bannis des terres de la Seigneurie. Le Pape d'aujourd'huy, Alexandre VII, les y a restablis par son intercession.

Si l'accommodement du different 1608.
d'entre le Pape & les Venitiens ajoûta
un grand éclat à la reputation de nostre
Henry, resuscitant le credit de la France au delà des monts, où il sembloit
estre mort, & y ravalant de beaucoup
celuy des Espagnols, lesquels auparavāt
y estoient tout-puissans: le Traitté qu'il
moyenna entre le Roy d'Espagne, & *Le Roy*
les Estats ou Provinces Unies, ne luy *s'entre-*
en acquit pas moins entre les Prote- *met*
stans & les peuples du Septentrion. J'en *d'accom-*
feray l'histoire en peu de mots. *moder*

Les Provinces Unies, que l'on appel- *les Hol-*
le vulgairement Hollande, du nom de *landois*
la Province la plus considerable des sept *avec*
l'Espa-
gnol.
qui

1608. qui composent ce corps, avoient quelque sujet de se plaindre de ce que le Roy avoit fait le Traitté de Vervin sans leur consentement, & qu'il s'y estoit obligé de ne les point assister directement ni indirectement. Toutefois il n'avoit pas laissé de les secourir toûjours d'argent, & de faire passer à leur service grand nombre de Noblesse & de Volontaires, tellement qu'il y avoit plusieurs Regimens François tout entiers. Ainsi ce n'estoit pas sans quelque raison apparente que les Espagnols crioient qu'il enfraignoit visiblement le Traitté de Vervin; Mais ces reproches n'estoient pas justes, parce qu'ils l'avoient rompu les premiers par cent attentats, dont nous en avons cotté quelques-uns cidevant.

Il secouroit sous-main les Hollandois d'hommes & d'argent.

Cependant le Roy qui estoit bon ménager d'argent, s'ennuyoit d'en tant fournir aux Hollandois, & eust bien voulu les voir en estat de ne luy estre plus si fort à charge. Il n'y avoit qu'un seul moyen pour cela, qui estoit de leur procurer la Paix avec les Espagnols. Il resolut donc d'y travailler, & il choisit le President Janin homme de grand sens pour ménager cette negotiation.

Janin est employé pour traitter cet accommodement.

Les

Les deux parties consentirent d'abord à une Tréve de huit mois ; pendant laquelle les Estats afin de pouvoir traitter avec plus de reputation & plus de seureté, prierent le Roy de leur accorder une Ligue offensive & defensive. Il la leur accorda volontiers. En voicy les principaux articles.

Il leur promettoit de les assister & aider de bonne foy en ce qu'il pourroit, pour obtenir du Roy d'Espagne une bonne Paix, & asseurée. Que s'il plaisoit à Dieu de la leur faire obtenir, il la feroit observer de tout son pouvoir, & les defendroit contre tous ceux qui la voudroient enfraindre ; & pour cet effet leur soudoyeroit dix mille hommes de pied à ses frais, pour autant de temps qu'ils en auroient besoin. Reciproquement les Estats s'obligeoient, s'il estoit attaqué dans son Royaume par qui que ce fust, de le secourir aussitost de cinq mille hommes de pied à leurs dépens ; & ils laissoient au choix du Roy de prendre ce secours en soldats, ou en navires équipez & fournis de tout pour combattre sur mer.

Les Espagnols s'allarmerent extrémement de cette Ligue. Don Pedro de

1608.
Ils conviennent d'abord de huit mois de tréve. Le Roy fait Ligue offensive & defensive avec les Hollandois.

Les Espagnols s'allarmerent de cette Ligue.

1608.

Don Pedro de Tolede en fit grandes plaintes au Roy.

de Tolede, l'un des plus grands Seigneurs d'Espagne, passant par la France pour aller aux Païs-Bas, en fit de grandes plaintes au Roy; Et neantmoins plusieurs s'imaginerent que tout le bruit qu'il menoit, ne tendoit qu'à l'obliger à moyenner plus-tost la Paix avec les Hollandois, parce que l'Espagne estoit lasse au dernier poinct de soûtenir une guerre si longue, si ennuyeuse, & si meurtriere, avec tant de dépenses & si peu de progrez.

Ce Don Pedre selon l'humeur de la vraye Noblesse Espagnole, tenoit une morgue fiere & grave, & estoit haut & magnifique en paroles, quand il s'agissoit de l'honneur & de la gloire de sa nation, & de la puissance de son Roy: mais hors de là fort civil & courtois, soûmis & respectueux où il le faloit estre, galand, adroit & spirituel. Il se passa entre le Roy & luy des choses assez remarquables, qu'il ne faut pas oublier.

Choses fort curieuses qui se passerent entre le Roy, & ce Don Pedro.

Comme le Roy croyoit qu'il luy apportoit des menaces de guerre, & qu'il sçavoit que les Espagnols faisoient courir le bruit qu'il estoit tout estropié des goutes, & ne pouvoit plus monter à cheval, il luy voulut faire

con-

connoistre que sa vigueur n'estoit 1608. point diminuée. Il le receut dans la grande Galerie de Fontainebleau, & luy fit faire vingt ou trente tours à si grands pas qu'il le mit hors d'haleine; puis luy dit, *Vous voyez, Monsieur, comme je me porte bien.*

A cette premiere audience Don Pedro portoit son chapelet à la main. Il representa au Roy l'interest general qu'avoient tous les Princes Catholiques à la ruine, ou à la conversion des Heretiques, & les grandes guerres que son maistre avoit faites à ce dessein. Puis changeant de propos il luy dit, que le Roy Catholique souhaittoit de s'allier plus estroitement avec luy, & de faire des mariages entre leurs enfans, pourveu que le Roy quittast l'alliance & la protection des Païs Bas. Le Roy luy répondit franchement que ses enfans estoient d'assez bonne Maison pour trouver parti ; qu'il ne desiroit point des amitiez contraintes & conditionnées, qu'il ne pouvoit abandonner ses amis, & que ceux qui n'en voudroient pas estre, se repentiroient d'avoir esté ses ennemis.

Leurs entretiens.

Don Pedre là dessus exalta la grandeur & la puissance d'Espagne. Le Roy sans

1608. sans s'émouvoir luy fit connoistre que c'estoit la statuë de Nabuchodonosor composée de diverses sortes de matieres, & qui avoit les pieds d'argile. Don Pedre en vint aux reproches & aux menaces. Le Roy luy rendit bientost son change, & luy dit que si le Roy d'Espagne continuoit ses attentats, il porteroit le feu jusques dans l'Escurial, & que s'il montoit une fois à cheval, on le verroit bien-tost à Madrid. L'Espagnol luy répondit arrogamment, *Le Roy François y fut bien*. *C'est pour cela*, repartit le Roy, *que j'y veux aller venger son injure, celles de la France, & les miennes*.

Reparties vives de part & d'autre.

Aprés quelques paroles un peu hautes, le Roy abaissant le ton de la voix, luy dit, *Monsieur l'Ambassadeur, vous estes Espagnol, & moy Gascon, ne nous échauffons point*. Ils reprirent donc les termes de douceur & de civilité.

Une autre fois le Roy luy monstrant ses bastimens de Fontainebleau, & luy demandant, Que vous en semble? il répondit qu'il luy sembloit qu'il avoit logé Dieu bien à l'estroit. Il n'y avoit encore pour lors que les deux Chapelles, qui sont dans la Cour en ovale, & qui sont veritablement assez petites.

petites. Le Roy ne pût pas souffrir qu'il accusast sa pieté, & luy répondit un peu vertement: *Vous, Messieurs les Espagnols, ne sçavez donner à Dieu que des Temples materiels; Nous autres François, ne le logeons pas seulement dans des pierres, nous le logeons dans nos cœurs: mais quand il seroit logé dans les vostres, j'ay peur qu'il ne seroit que dans des pierres.*

1608.

De Fontainebleau ils vinrent à Paris, où le Roy luy monstrant un jour la Galerie du Louvre, & luy en demandant son avis: *L'Escurial est toute autre chose*, dit Don Pedre. *Je le croy*, repartit le Roy, *mais y a-t-il un Paris au bout comme à mes Galeries?*

Un jour Don Pedre voyant au Louvre l'épée du Roy entre les mains d'un Portemanteau, s'avança, mit un genou en terre, & la baisa, *rendant cet honneur*, disoit-il, *à la plus glorieuse épée de la Chrestienté.*

Don Pedre baise l'epée du Roy.

Durant la Tréve de huit mois, dont nous avons parlé, le President Janin travailla sans cesse au Traitté. Il y eut deux grandes difficultez; l'une que le Roy d'Espagne ne vouloit point traitter avec les Provinces-Unies, que comme avec ses Sujets, & elles vouloient

Deux obstacles au Traitté des Hollandois, surmontez par le Roy.

loient qu'il les reconnuſt pour Païs libres & indépendans ; L'autre que le Prince d'Orange, dont la puiſſance & l'autorité s'affoibliſſoient extrémement par la Paix, s'y oppoſoit par mille artifices, eſtant ſoûtenu par la Province de Zelande, qui veut toûjours la guerre, & par quelques villes de ſa faction.

On ſurmonta enfin ces deux obſtacles : L'Eſpagnol ſe relaſcha ſur le premier, & avoüa qu'il tenoit les Eſtats pour Païs, Provinces & Eſtats libres. Et ſur le ſecond le Roy parla ſi haut au Prince d'Orange qu'il n'oſa plus arreſter le cours du Traitté. Il n'aboutit pourtant pas à une Paix, comme il eſtoit à deſirer, mais ſeulement à une Tréve de douze ans, qui eſtoit marchande, & aſſeuroit le commerce de part & d'autre.

Ce Traitté aboutit à une Tréve de douze ans.

Le bruit de cet accommodement porta la gloire du Roy par toute l'Europe. Le Doge de Veniſe dit à noſtre Ambaſſadeur dans le Senat, *Que la Seigneurie entroit en nouvelle admiration de la ſage conduite du Roy, lequel ne ſe trompoit jamais en ſes meſures, & ne jettoit jamais ſon coup en vain; Qu'il eſtoit le vray appuy du repos & du bonheur*

Grande loüange que la Republique de Veniſe donna à noſtre Henry.

...ur de la Chrestienté; Et qu'il n'y avoit ...en à desirer pour la felicité de son re-... sinon qu'il fust perpetuel. Eloge d'au-...nt plus beau & plus glorieux, qu'on ...eut dire avec verité que Venise a toû-...ours esté le siege de la Sagesse Politi-...que, & que les eloges qui partent de ce ...senat, sont comme autant d'oracles.

1608.

De tous costez on recherchoit l'ami-tié ou la protection de ce grand Roy. On se remettoit de tout à son arbitra-ge, on imploroit son assistance; Et comme il estoit également puissant & sage, aimé & redouté, il n'y avoit personne qui reclamast contre ses Ju-gemens, ou qui osast attaquer ceux qu'il protegeoit. Mais il estoit si juste, qu'il n'entreprenoit point sur les droits d'autruy, & qu'il ne vouloit point entretenir les rebellions des Sujets contre leur Prince naturel. Il en don-na une belle preuve dans l'affaire des Maurisques.

De tous costez on desiroit son ami-tié & sa prote-ction.

Il ne vouloit point proteger les Su-jets con-tre leur Souve-rain.

Nous avons veû autrefois comme les Maures ou Sarrazins avoient envahi toutes les Espagnes vers l'an sept cens vingt & cinq. Les Chrestiens avec l'aide des François les avoient rega-gnées sur eux pied à pied; si bien qu'il ne leur restoit plus que le Royaume

de

1608. de Grenade, qui estoit petit en estenduë, mais fort riche & extrémement peuplé, parce que tous les restes de cette Nation infidele s'estoient retirez en ce petit espace. Ferdinand Roy d'Arragon, & Isabelle Reine de Castille, acheverent de conquerir ce Royaume-là l'an mil quatre cens quatre-vingts douze, & ainsi mirent fin à la domination des Maures, & à la Religion Mahometane en Espagne, contraignant ces infideles de prendre le Baptesme, ou de se retirer en Afrique.

Qui estoient les Maurisques.

Or comme ceux qui avoient ainsi professé la Religion Chrestienne, l'avoient fait par force, ils estoient pour la pluspart demeurez Mahometans dans le cœur, ou Juifs (car il y avoit plusieurs Juifs parmi eux), & nourrissoient secretement leurs enfans dans leur incredulité. A quoy la rigueur des Espagnols contribuoit encore beaucoup, mettant grande distinction entre ces nouveaux Chrestiens & les vieux. Car ils ne recevoient point les nouveaux aux Charges, ni aux Ordres sacrez; ils ne s'allioient point avec eux; &, qui pis est, ils leur faisoient mille avanies, & les opprimoient à force d'imposts. Desorte que ces malheu-

Les Espagnols les traittent mal.

heureux se voyant ainsi accablez, & estant trop foibles d'eux-mesmes pour s'affranchir de ce joug, ils avoient pensé qu'il faloit s'adresser à une Puissance estrangere, mais qui fust Chrestienne, pource que celle du Roy de Maroc, ou des autres Princes d'Afrique eust esté trop odieuse. Pour cet effet ils eurent recours par des Deputez secrets à nostre Henry, lors qu'il n'estoit encore que Roy de Navarre; puis en l'an mil cinq cens quatre-vingts quinze, quand ils virent qu'il avoit mis la Ligue à bout, & qu'il estoit au dessus de ses affaires, ils implorerent encore sa protection. Il écouta favorablement leurs propositions, envoya des Agens inconnus en Espagne pour voir l'estat de leurs affaires, & leur fit esperer qu'il les assisteroit. Et veritablement il le pouvoit faire, puisqu'alors il estoit en guerre avec le Roy d'Espagne, & que l'on peut se defendre avec toutes sortes d'armes contre ses Ennemis. Or estant revenus en cette année mil six cens huit pour le soliciter instamment d'accepter leurs propositions & leurs offres, & pour sçavoir la réponse de sa bouche mesme: il leur fit entendre nettement que la qualité

Ils demandent assistance à Henry le Grand.

Il la leur refuse.

T de

1608. de Roy Tres-Chrestien qu'il portoit, ne luy permettoit pas de prendre leur defense, tandis que la Paix de Vervin subsisteroit; Mais que si l'Espagnol venoit le premier à l'enfraindre ouvertement, il auroit juste sujet de les recevoir sous sa protection.

Leurs Deputez ayant perdu toute esperance de ce costé-là, s'adresserent au Roy d'Angleterre, qu'ils trouverent encore moins disposé que luy, à leur prester assistance. Cependant le vent de leurs menées estant parvenu à la Cour d'Espagne, y causa de l'estonnement & de la peur: car ils faisoient prés d'un million d'ames, & tenoient presque tout le commerce, particulierement celuy des huiles, qui est fort grand en ce païs-là.

Le Roy d'Espagne les bannit tout-a-fait de son Royaume. Ils sont horriblement mal traittez des Espagnols.

Le Roy Philippe III ne trouva point d'autre seureté pour empescher le dangereux effet de leurs conspirations, que de les bannir entierement de ses terres. Ce qu'il fit par un Edit du dixiéme de Janvier de l'an mil six cens dix, qui fut executé avec beaucoup de chaleur, d'inhumanité & de mauvaise foy. Car en transportant ces mal-heureux en Afrique, comme ils l'avoient demandé, on en noya une partie dans la

DE HENRY LE GRAND. 443

1608.

la mer, & on dépouïlla les autres; Si bien que ceux qui restoient à sortir, s'estant apperceus du mauvais traittement qu'on faisoit à leurs compagnons, se jetterent du costé de France; les uns par terre à S. Jean de Lus, au nombre de plus de cent cinquante mille; les autres dans des vaisseaux François, qui les amenerent en divers ports de ce Royaume. Mais à dire le vray, ceux qui vinrent par terre ne furent gueres mieux traittez par les François, que les autres l'avoient esté par les Espagnols: car en traversant les Landes, ils furent presque tous dévalisez, & leurs femmes & filles violées; De sorte que trouvant si peu de seureté dans un païs où ils croyoient trouver du refuge, ils s'embarquerent par la permission du Roy aux ports de Languedoc, & traverserent en Afrique: où ils sont devenus implacables & tres-cruels ennemis de tous les Chrestiens. Il en resta quelques familles dans les villes maritimes du Royaume, comme à Bourdeaux & à Rouën; où l'on soupçonne qu'il y a encore aujourd'huy de leurs enfans, qui suivent en cachette l'obstination de leurs peres.

Et des François aussi.

Ils sont menez en Afrique, mais il en demeure quelques uns en France.

Bien loin de vouloir prendre la protection *Grand dessein*

T 2

de Henry IV pour la gloire & l'estenduë de la Religion Chrestienne dans le Levant. 1608.

Il y envoye des gens reconnoistre le païs.

tection de ces Infidelles, le Roy avoit de fort grands desseins pour la gloire & pour l'estenduë de la Religion Chrestienne du costé du Levant ; Mais il ne vouloit point se declarer, que lors qu'il auroit si bien ordonné les affaires de la Chrestienté, qu'il n'y eust plus d'apprehension d'aucun trouble, ni d'aucune division, & qu'elle pust lutter de toutes ses forces contre un si puissant ennemi, qu'est le Grand Seigneur. Dans cette pensée il avoit envoyé trois ou quatre Gentils-hommes au Levant, qui sous pretexte de voyager & de visiter les saints lieux, reconnoissoient le païs, la disposition des peuples, l'estat des forces, des places & du gouvernement du Turc. Ce qu'ayant bien consideré, il se promettoit que lors qu'il auroit reglé les interests, & procuré l'union des Princes Chrestiens, il ruineroit cette Puissance, estimée si redoutable, dans trois ans ou dans quatre tout au plus ; Et cela avec une armée de trente-cinq mille hommes de pied, & de douze mille chevaux seulement ; Alexandre le Grand n'ayant pas eu davantage de forces pour détruire l'Empire des Perses, qui sans doute estoit plus grand

&

& plus puissant que n'est celuy des Turcs.

Je diray quel estoit son grand dessein pour la reünion de la Chrestienté, lors que j'auray remarqué en gros quelques choses importantes qui se passerent dans les trois ou quatre dernieres années de sa vie.

Comme il travailloit soigneusement à amasser de l'argent, qui est le nerf de la guerre, il écoutoit toûjours les propositions que l'on luy faisoit pour en recouvrer, d'autant plus volontiers que son dessein estoit d'abolir les Tailles, & d'oster la Gabelle. Le premier ne se pouvoit faire sans diminuer de beaucoup son revenu; ainsi il faloit trouver quelque autre fonds en la place. Or ce fonds estoit le Domaine de la Couronne, lequel il vouloit entierement dégager, & l'accroistre par quantité de nouveaux droits, entre autres par celuy des Greffes, lesquels eussent esté entierement retirez dans cinq ou six ans, & luy eussent rapporté quinze millions par an. Mais quand il fut mort, la Reine Marie de Medicis les rengagea plus avant qu'ils n'estoient auparavant.

Il cherche les moyens d'avoir de l'argent sans fouler son peuple.

Il veut dégager son Domaine.

Il seroit certes à souhaiter que l'on

1608.
pust retirer ce sacré patrimoine de la Couronne, & que l'on travaillast à rassembler cette masse que la Loy du Royaume & les soins de tant de sages testes ont faite & composée durant l'espace de tant de siecles, pour entretenir nos Rois avec éclat & magnificence, sans estre à charge à leur Royaume, sinon dans les grandes & urgentes necessitez.

Et oster la Gabelle en achetant les Marais Salans.

Quant à la Gabelle, nostre Henry le Grand avoit envie d'acheter des particuliers tous les Marais Salans de Poictou & de Bretagne; Et puis quand il les eust eus en sa main, il eust fait vendre son sel sur les lieux à tel prix qu'il eust voulu à des Marchands qui l'eussent revendu par tout le Royaume, comme on y vend le bled, sans aucune contrainte, & sans aucune imposition. De cette sorte il n'eust point falu tant d'Officiers, de Grenetiers, de Controoleurs, de Commis, d'Archers, & de cent autres gens, qui, sans mentir, sont au nombre de prés de vingt mille, tous nourris & payez aux dépens du Roy, & du Public, & contre lesquels il y a souvent de tresgrandes plaintes. On n'eust point accablé les pauvres païsans que l'on impose

DE HENRY LE GRAND. 447

1608.

pose au sel, les contaignant d'en prendre certaine quantité par an, veüillent ou non; Et il est certain que le peuple l'eust eu à quatre fois meilleur marché qu'il ne l'a, & que le Roy en eust tiré beaucoup davantage d'argent qu'il ne fait, sans frais, sans peine & sans vexation de ses Sujets.

Or le Roy cherchant des moyens pour remplir ses coffres, & pour remplacer le fonds des Tailles, il faut avoüer qu'il fit quelques imposts, & mesme quelques creations d'Officiers, & qu'il remua beaucoup de choses, qui donnerent sujet de plainte à plusieurs personnes. Et avec cela pour s'acquiter de ses anciennes debtes, & pour payer les recompenses & les pensions de ceux qui l'avoient servi dans ses guerres de la Ligue, il estoit contraint de passer à leur profit les avis de plusieurs partis qu'ils luy proposoient; De sorte qu'il se chargeoit de l'envie & des reproches, qui devoient plus justement tomber sur ces gens-là que sur luy-mesme. Mais ceux qui connoissoient bien ses intentions, n'avoient garde de le blasmer, comme ils faisoient les autres; Et ils appelloient bon ménage & sage

Il est contraint pour s'acquiter, de faire quelques imposts & creations.

T 4   œco-

œconomie, ce que quelques-uns appelloient avarice & soif insatiable.

Il ne se sert pas toûjours de moyens innocens.

Au reste quoyque la volonté de ce Prince fust tres-bonne pour le soulagement de son peuple, & pour la grandeur de son Estat: neantmoins on ne peut nier qu'il ne se soit trompé quelquefois au choix des moyens, & que tous ceux qu'on luy fournit pour cela n'estoient pas toûjours aussi innocens que ses intentions. Il y en eut deux particulierement, dont l'un fit bien du bruit, & ne reüssit pas ; l'autre a esté de tres-dangereuse consequence.

Recherche des rentes de la maison de Ville, qui fait bien du bruit.

Le premier fut la recherche des Rentes de l'Hostel de Ville, par laquelle on pretendoit les faire perdre à ceux qui les avoient mal acquises ; & cela en soy estoit fort juste. Mais comme la pluspart de ces Rentes avoient changé de main, ou avoient esté partagées, & qu'il eust falu troubler une infinité de familles, tout Paris s'en émeut, & les Rentiers eurent recours à leur Prevost des Marchands. C'estoit Miron, qui estoit aussi Lieutenant Civil, fort zelé pour le service du Roy, comme il l'avoit bien monstré en plusieurs rencontres, mais avec cela tres-homme de bien, & que nul interest

DE HENRY LE GRAND. 449

1608.

tereſt du monde ne pouvoit détacher de l'intereſt du peuple, dont il eſtoit le Magiſtrat. En effet il le ſouſtint fortement, il parla dans les aſſemblées de l'Hoſtel de Ville, il agit auprés du Sur-Intendant avec pareille vigueur, & fit des remonſtrances au Roy. Mais dans ces remonſtrances veritablement la chaleur l'emporta à faire quelques comparaiſons odieuſes, non pas de la perſonne du Roy; mais de certaines gens de ſon Conſeil.

Miron Prevoſt des Marchands ſouſtient l'intereſt du peuple.

Le Louvre en fremit; les gens de Cour s'écrierent qu'il avoit blaſphemé; ceux qu'il avoit notez par ſa harangue, & les Intereſſez en ce traitté de la recherche des Rentes, firent tous leurs efforts pour mettre le feu aux oreilles du Roy, & pour luy perſuader de punir rigoureuſement cette audace. D'autre coſté le peuple ayant appris qu'on menaçoit ſon Magiſtrat, prend feu plus viſte qu'on n'euſt jamais creu, les Bourgeois viennent en troupes à l'entour de ſa maiſon pour le defendre. Miron les prie inſtamment de ſe retirer, de ne le point rendre criminel; il leur remonſtre qu'il n'y a rien à craindre, qu'ils ont affaire à un Roy qui eſtoit auſſi grand & auſſi ſage, que doux &

On veut irriter le Roy contre luy.

Le peuple s'émeut pour le defendre.

T 5 equi-

1608.

On conseille au Roy de le faire enlever. Sage reponse du Roy, & digne d'un grand Politique.

equitable, & qui ne se laissoit point emporter aux mouvemens des mauvais Conseillers.

Sur cela, ceux qui luy vouloient mal, employoient toutes leurs persuasions pour engager le Roy à l'enlever par force, & à faire valoir son autorité supreme. Mais il répondoit sagement à ces gens-là, que l'autorité ne consistoit pas toûjours à pousser les choses avec la derniere hauteur; Qu'il faloit regarder & le temps, & les personnes, & le sujet; Qu'ayant esté dix ans à esteindre le feu de la guerre civile, il en craignoit jusques aux moindres estincelles; Que Paris luy avoit trop cousté pour se mettre en danger de le perdre: Ce qui luy sembloit infaillible s'il suivoit leur conseil, parce qu'il seroit obligé de faire de terribles exemples, qui luy osteroient en peu de jours la gloire de sa clemence, & l'amour de ses peuples, lequel il prisoit autant & plus que sa Couronne; Qu'il avoit éprouvé en cent autres occasions la fidelité & la probité de Miron, qui n'avoit point de mauvaise intention, mais sans doute croyoit estre obligé par le devoir de sa charge de faire ce qu'il faisoit; Que s'il luy estoit

estoit échapé quelques paroles inconsiderées, il les vouloit bien pardonner à ses services passez; Qu'aprés tout, si cet homme affectoit d'estre le Martyr du Public, il ne vouloit pas luy donner cette gloire, ni s'attirer le nom de Persecuteur & de Tyran; Et qu'enfin ce n'estoit pas dans des occasions si avantageuses qu'il faloit pousser un homme quand on le vouloit perdre.

1608.

Ainsi ce sage Roy sceut dissimuler prudemment une petite escapade, & ne voulut pas mesme sçavoir ce qui se passoit, de peur d'estre obligé à quelque coup d'autorité, qui peut-estre eust eu de dangereuses suites. Il receut donc fort humainement les excuses & les tres-humbles soûmissions de Miron; & au reste defendit qu'on poursuivist cette recherche des Rentes, qui avoit causé tant de bruit.

Il ne veut pas qu'on poursuive cette affaire de rentes.

Le second moyen dont il se servit pour avoir de l'argent, & qui a esté de tres-dangereuse consequence, c'est la Paulete, ou Droit annuel. Pour bien entendre ceci, il faut reprendre la chose de plus haut.

Establissement de la Paulete.

Les Offices de Judicature, de Police,

1608.

La Justice autrefois administrée en France par les Gentils-hommes.

& de Finances estoient autrefois exercez en France sous la premiere & seconde Race de nos Rois par des Gentils-hommes. Car la Noblesse estoit obligée d'estudier & d'apprendre les Loix du Royaume. On les choisissoit pour la maturité de leur âge & de leur jugement. On les changeoit de temps en temps d'un Siege à un autre; Et ils ne prenoient aucun salaire des parties, mais seulement des gages fort modiques, que le Public leur payoit, plûtost par honneur que pour recompense. Depuis dans la fin de la seconde Race, & au commencement de la troisiéme, la Noblesse estant devenuë ignorante, & faineante tout ensemble, les

Comment elle est tombée entre les mains des Roturiers, qui l'ont mieux fait valoir à leur profit.

Roturiers & Bourgeois qui apprirent la Jurisprudence, s'éleverent peu à peu dans ces Charges, & commencerent à les mieux faire valoir, parce qu'ils tiroient tout leur honneur & toute leur dignité de là, n'en ayant point d'ailleurs par leur naissance, comme avoient les Gentils-hommes. Ils n'avoient pourtant gueres d'employ, dautant que les Ecclesiastiques possedoient quasi toute la jurisdiction, & avoient leurs Officiers qui rendoient la Justice.

Ce-

Cependant le Parlement, qui auparavant estoit comme le Conseil d'Estat du Royaume, & un abregé des Estats Generaux; estant venu à s'embarrasser de la connoissance des differens d'entre les particuliers, au lieu qu'auparavant il ne traittoit que des grandes affaires Politiques: Philippe le Bel, ou, selon quelques autres, Louïs Hutin son fils, le rendit sedentaire à Paris. Or comme cette compagnie de Juges estoit tres-illustre, parce que le Roy y prenoit souvent seance, que les Ducs & Pairs, & les Prelats du Royaume en faisoient partie, & qu'on choisissoit ce qu'il y avoit de plus habiles gens pour la Judicature, afin de remplir ces places là: elle mit dans sa dépendance toute la force des autres Juges Royaux, sçavoir des Baillifs & Seneschaux, qui ayant esté auparavant Juges Souverains, devinrent leurs subalternes.

1608. Le Parlement de France s'embarrasse des affaires des particuliers, & est rendu sedentaire à Paris.

Rend tous les autres Juges ses subalternes.

Long-temps aprés, nos autres Rois ont encore creé à diverses fois plusieurs Parlements: mais par la seule intention de faire mieux rendre la justice, & sans aucun interest pecuniaire; tant s'en faut, ils chargerent leurs coffres des nouveaux gages, qu'il faloit payer à ces nouveaux Officiers.

1608.
Le nombre des Officiers de Parlement eſtoit petit. Bonne methode que l'on avoit de pourvoir à ces Charges. Les Rois perſuadez par les flateurs d'y nommer ſans avoir égard à la capacité.

En ce temps-là le nombre des Officiers de Juſtice eſtoit fort petit, & l'ordre qu'on obſervoit pour remplir les Charges des Parlements, parfaitement beau. On avoit accoûtumé d'y tenir un regiſtre de tous les habiles Advocats & Juriſconſultes, & quand quelque Office venoit à vaquer, on en choiſiſſoit trois, deſquels ont portoit les noms au Roy, qui preferoit celuy qui luy plaiſoit. Mais les Favoris & les Courtiſans corrompirent bien-toſt cet ordre, ils perſuaderent aux Rois de ne point s'arreſter à ceux qu'on leur preſentoit, & d'en nommer un de leur propre mouvement. Ce que ces gens-là faiſoient pour retirer quelque preſent de celuy qui eſtoit nommé par leur recommandation; Et l'abus y eſtoit ſi grand, que ſouvent ces Charges eſtoient remplies d'ignorans & de faquins, à cauſe de quoy les gens de merite tenoient la condition d'Advocat beaucoup plus honorable que celle de Conſeiller.

Le mal croiſſant toûjours, & les gens riches devenant extrémement friands de ces Charges pour le lucre, & leurs femmes pour la vanité, ceux qui gouvernoient ſe mirent à fabriquer de

DE HENRY LE GRAND. 455

de cette marchandise pour la debiter & en tirer de l'argent. Ainsi sous Louïs XII ses coffres estant épuisez par les longues guerres d'Italie, on commença à rendre les Charges de Finances venales. Toutefois ce bon Roy en ayant aussi-tost preveu la dangereuse consequence, avoit resolu de rembourser ceux qui les avoient achetées ; mais estant mort dans ce bon dessein, François I, duquel il avoit bien predit qu'il * gasteroit tout, vendit aussi celles de Judicature ; puis en crea de nouvelles par plusieurs fois, afin d'en tirer de l'argent.

Marginalia: 1608. *Comme elles devinrent venales.*

Marginalia: * Il disoit souvent de luy ; Ce gros garçon gastera tout. Sous François I, puis sous Henry II.

Depuis, Henry II son fils crea les Presidiaux, & Charles IX & Henry III entassant mal sur mal, & ruine sur ruine, firent grand nombre d'autres creations de toutes sortes pour avoir de ces denrées à debiter ; Et de plus ils vendoient les Charges, quand elles vaquoiét, ou par mort, ou par forfaicture.

Jusques là le mal estoit fort grand : mais il n'estoit pas incurable. Il ne falloit que supprimer une partie de ces Charges, quand elles fussent venuës à vaquer, & remplir l'autre de personnes de capacité & de merite. Ainsi dans vingt ans on eust reduit cette four-

Marginalia: Comment on eust pû guerir ce mal.

fourmiliere d'Officiers à un tres-petit nombre, & de fort gens de bien.

Mais on ne presenta pas l'affaire à Henry le Grand de ce biais-là: on la luy fit voir d'un autre sens. On luy donna à entendre que puisqu'il ne tiroit rien des Charges vacantes, estant presque toûjours obligé de les donner, il feroit bien de trouver moyen de décharger par là ses coffres d'une partie des gages qu'il payoit à ses Officiers. Ce qu'il feroit en leur accordant la conservation de leurs Charges pour leurs heritiers, moyennant certaine somme modique qu'ils payeroient tous les ans, sans pourtant y contraindre personne; de sorte que ce seroit une grace, & non pas une vexation. Cela fut nommé le Droit annuel, ou autrement la Paulete, du nom du Traittant appellé Paulet, qui en donna l'avis & en fut le premier Fermier. Tous les Officiers ne manquerent pas de payer aussi-tost ce droit pour asseurer leurs Charges à leurs enfans.

Mais au contraire on le rend incurable en establissant la Paulete.

Qui cause de grands abus.

Il n'est point besoin de dire les inconveniens & les maux, que cette méchante invention a causez & cause tous les jours; Les plus stupides les connoissent assez, & voyent bien que c'est un mal,

mal, auquel il est bien difficile presentement de remedier.

Je ne veux point charger cette Histoire de toutes les ceremonies & réjouïssances qui se firent à la naissance & aux baptesmes de touts les enfans de Henry le Grand, ni à divers mariages des Princes & Grands de la Cour, entre autres du Prince de Condé, & du Duc de Vendosme, qui se firent au mois de Juillet de l'an mil six cens neuf.

Le Prince de Condé épousa Charlote Marguerite de Montmorency, fille du Connestable, laquelle estoit merveilleusement belle, & avoit l'air tout-à-fait noble. Aussi le Roy l'ayant consideree, en fut plus vivement frapé qu'il n'avoit jamais esté de pas une autre : ce qui causa peu aprés la retraite du Prince de Condé, qui l'emmena en Flandres, & de là se retira à Milan; Non sans que le Roy eust un extréme déplaisir de voir le Premier Prince de son sang se jetter entre les bras de ses ennemis.

Le Duc de Vendosme épousa Mademoiselle de Mercœur, laquelle il avoit fiancée dés l'an mil cinq cens quatre-vingts dix-sept, ainsi que nous l'avons

1608.

1609.
Mariage du Prince de Condé.

Mariage du Duc de Vendosme.

vons dit; Et toutefois la mere de la fille, estant fort altiere & fort glorieuse, apportoit de grandes repugnances à l'accomplissement de ce mariage, de sorte qu'il ne se fust jamais fait si le Roy ne s'en fust meslé. Ce ne fut pas une des moindres peines qu'il eut en sa vie, que de fléchir cet esprit bizarre & opiniastre; Il n'y employa toutefois que les voyes de douceur, & de persuasion, & ne se conduisit en cette affaire que comme un pere, qui fait l'amour pour son fils, & non pas comme un Roy, qui veut estre obeï.

Quels estoient les divertissemens du Roy.

Je ne parleray point aussi de ses divertissemens ordinaires, la chasse, les bastimens, le jeu, les festins & la promenade. J'ajoûteray seulement que dans les festins, & dans les carousels, il vouloit paroistre aussi bon compagnon, & aussi adroit que pas un autre; qu'il estoit de belle humeur le verre à la main, quoyqu'il fust assez sobre; que sa gayeté & ses bons mots faisoient la plus douce partie de la bonne chere; qu'il ne témoignoit pas moins d'adresse & de vigueur aux combats à la barriere, aux courses de bague, & à toutes les galanteries, que les plus jeunes Seigneurs; qu'il se plaisoit mesme me au bal, & qu'il danſoit quelquefois, mais à dire le vray, avec plus d'enjoüement que de bonne grace. Quelques-uns trouvoient à dire qu'un ſi grand Prince s'abaiſſaſt à folaſtrer de la ſorte, & qu'une barbe griſe ſe pluſt encore à faire le jeune homme. On peut dire pour l'excuſer, que ſes grands travaux d'eſprit avoient beſoin de ces délaſſemens. Mais je ne ſçay pas ce qu'il faut répondre à ceux qui luy reprochent qu'il a trop aimé le jeu des cartes & des dez peu ſeant à un grand Roy, & qu'avec cela il n'eſtoit pas beau joüeur, mais aſpre au gain, timide dans les grands coups, & de mauvaiſe humeur ſur la perte. A cela je croy qu'il faut avoüer, que c'eſtoit un defaut dans ce Roy, qui n'eſtoit pas exempt de taches non plus que le Soleil.

Il aimoit un peu trop le jeu.

Il ſeroit à ſouhaiter pour l'honneur de ſa memoire qu'il n'euſt eu que celuy-là. Mais cette fragilité continuelle, qu'il avoit pour les belles femmes, en eſtoit un autre bien plus blaſmable dans un Prince Chreſtien, dans un homme de ſon âge, qui eſtoit marié, à qui Dieu avoit fait tant de graces, & qui rouloit tant de grandes entre-

Sa fragilité eſtoit extréme pour les femmes.

1609. treprises dans son esprit. Quelquefois il avoit des desirs qui estoient passagers, & qui ne l'attachoient que pour une nuict; Mais quand il rencontroit des beautez qui le frapoient au cœur, il aimoit jusqu'à la folie, & dans ces transports il ne paroissoit rien moins que Henry le Grand.

Cette passion luy faisoit faire des choses honteuses.

La Fable dit qu'Hercule prit la quenouille & fila pour l'amour de la belle Omphale: Henry fit quelque chose de plus bas pour ses Maistresses. Il se travestit un jour en Païsan, & chargea un fardeau de paille sur son cou, pour pouvoir aborder la belle Gabrielle; Et l'on dit que la Marquise de Verneüil l'a veû plus d'une fois à ses pieds essuyer ses dédains & ses injures.

Trois ou quatre de ses maistresses.

On feroit vingt Romans des intrigues de ses diverses amours avec la Comtesse de Guiche, quand il n'estoit encore que Roy de Navarre; avec Jacqueline de Bueil, qu'il fit Comtesse de Moret; & avec Charlote des Essards, sans compter beaucoup d'autres Dames de toutes qualitez, qui faisoient gloire d'avoir quelque charme pour un si grand Roy.

La haute estime & l'affection, que les François avoient pour luy, empeschoient

choient que l'on ne s'offensast si fort de ce libertinage scandaleux; Mais la Reine sa femme en avoit un extréme chagrin, qui causoit à toute heure des piquoteries entre eux, & la portoit à des desdains, & à des humeurs fascheuses. Le Roy, qui estoit en faute, les enduroit assez patiemment, & employoit ses plus confidens, & quelquefois son Confesseur, pour luy ramener l'esprit. De sorte qu'à toute heure il y avoit reconciliation à faire; Et ces brouïlleries estoient si ordinaires, que la Cour, qui du commencement s'en estoit fort estonnée, à la fin n'y prenoit plus garde.

Cela estoit cause qu'il estoit souvent en pique avec la Reine.

Le devoir conjugal obligeoit sans doute le Roy de ne pas violer la foy à son épouse legitime, & sur tout de n'avoir pas des maistresses à sa veuë: mais s'il devoit estre bon mari en ce poinct, aussi faloit-il qu'il le fust en celuy de l'autorité, & qu'il accoustumast sa femme à luy obeïr avec plus de soûmission, & à ne le pas fascher comme elle faisoit à toute heure par des plaintes, par des reproches, & quelquefois par des menaces.

L'ennuy & le déplaisir de ces brouïlleries domestiques retardoient asseurément

Et retardoit son

grand dessein.
1609.

ment l'execution du grand dessein qu'il avoit formé pour le bien & le repos perpetuel de la Chrestienté, & pour la destruction en suite de la Puissance Ottomane.

Quel estoit ce grand dessein.

Plusieurs en ont parlé diversement; mais voici ce que j'en trouve dans les Memoires du Duc de Sully. Il devoit bien en sçavoir quelque chose, estant aussi avant comme il estoit dans la confidence de ce Roy. C'est pourquoy il faut nous en rapporter à luy.

Les moyens dont il se servoit pour l'acheminer.

Le Roy, dit-il, desirant acheminer les projets qu'il avoit conceus aprés la Paix de Vervin, crut qu'il faloit premierement establir en son Royaume une tranquilité inébranlable, en reconciliant à luy & entre eux tous les esprits, & ostant toutes les causes d'aigreur. Qu'avec cela il estoit necessaire de choisir des gens capables & fidelles, qui vissent en quoy son bien & son Estat pouvoient s'ameliorer, & de s'instruire si bien en toutes ses affaires, qu'il pust prendre des conseils de luy-mesme, & discerner les bons & les mauvais, les entreprises faisables, ou impossibles, & celles qui estoient pro-
,, portionnées à ses revenus. Car la dé-
,, pense qui se fait au delà, attire les ma-
le-

DE HENRY LE GRAND. 463

lesdictions des peuples, qui sont or- "1609.
dinairement suivies de celle de Dieu."

Il accorda donc un Edict aux Huguenots, pour faire vivre en Paix les deux Religions. Puis il donna un ordre certain & fixe pour acquiter ses debtes, & celles du Royaume, contractées par les desordres du temps, par les profusions de ses devanciers, & par les payemens & achapts des hommes & des places qu'il luy avoit falu faire durant la Ligue. Sully luy fit voir un memoire l'an mil six cens sept, par lequel il en avoit acquité pour quatrevingts sept millions; Ce qui establit la reputation & la bonne foy de la France envers les Estrangers, chez lesquels elle estoit fort décriée.

Pour cet effet il accorde un Edict aux Huguenots, & acquite ses debtes.

Ce qui restablit la reputation, & la bonne foy de la France.

Cela fait il travailla continuellement pour s'adjoindre dans son grand dessein tous les Potentats Chrestiens, en leur offrant de leur donner tout le fruit des entreprises sur les Infidelles, sans en reserver rien pour luy: car il ne vouloit point, disoit-il, d'autres Estats que la France.

Il s'adjoint tous les Potentats Chrestiens en leur promettant toutes les conquestes.

Il se proposa aussi de chercher toutes les occasions d'esteindre les discordes, & de pacifier les differens d'entre

Les reünit en accommodant leurs differens.

tre les Princes Chrestiens, dés aussi-tost qu'il les verroit naistre; Et cela sans aucun interest, que celuy de la reputation de Prince genereux, desinteressé, sage, & equitable.

Il commença à se faire pour amis & associez les Princes & Estats qui luy sembloient les mieux disposez envers la France, & les moins opposez à ses in-

Les Princes qu'il se fait pour amis.

terests, comme les Estats ou Provinces-Unies, les Venitiens, les Suisses, & les Grisons. Puis les ayant attachez à luy par des liens tres-estroits, il se mit à ménager les trois Puissances Royales du Nord, sçavoir Angleterre, Danemark, & Suede; à discuter & vuider leurs differens, & mesme à tascher de les reconcilier avec le Pape, ou du moins obtenir une cessation de haine & d'inimitié, par quelque formulaire de la maniere qu'ils auroient à vivre

Comment il eust accommodé les Princes Protestans avec le Pape. Il traitte avec les Electeurs.

ensemble; laquelle eust esté avantageuse au Pape, en ce qu'ils l'eussent reconnu pour premier Prince de la Chrestienté, quant au temporel, & en ce cas là luy eussent rendu tout respect. Il tascha en suite à faire la mesme chose entre les Electeurs, les Estats & les Villes Imperiales, estant obligé particulierement, disoit-il, de prendre soin d'un

Em-

Empire qui avoit esté fondé par ses 1609.
Predecesseurs. Aprés il fit sonder les *Avec les*
Seigneurs de Boheme, de Hongrie, de *Seigneurs*
Transsylvanie, & de Pologne, pour sça- *de Bohe-*
voir s'ils ne concourroient pas avec *me, Hon-*
luy dans le dessein d'oster & déraciner *grie, Po-*
pour jamais tous sujets de trouble & de *logne.*
division dans la Chrestienté. Il traitta *Avec le*
aprés cela avec le Pape, qui approuvoit *Pape.*
& loüoit son entreprise, & desiroit y
contribuer de sa part tout ce qui luy
seroit possible.

C'estoient là les dispositions à son
grand dessein, dont je vais vous faire
voir le plan racourci.

Il desiroit reünir si parfaitement *Plan ra-*
toute la Chrestienté, que ce ne fust *courci du*
qu'un corps, qui eust esté & se fust ap- *grand*
pellé la Republique Chrestienne. Pour *dessein de*
cet effet il avoit determiné de la parta- *Henry*
ger en quinze Dominations ou Estats, *IV.*
qui fussent le plus qu'il se pourroit *Il vou-*
d'égale force & puissance, & dont *loit par-*
les limites fussent si bien specifiez, *tager la*
par le consentement universel de tou- *Chres-*
tes les Quinze, qu'aucune ne les pust *tienté en*
outrepasser. Ces Quinze Domina- *quinze*
tions estoient le Pontificat ou Papau- *Domina-*
té, l'Empire d'Allemagne, la Fran- *nations*
ce, l'Espagne, la Grand-Bretagne, la *égales.*

V Hon-

1609. Hongrie, la Boheme, la Pologne, le Danemark, la Suede, la Savoye ou Royaume de Lombardie, la Seigneurie de Venise, la Republique Italique ou des petits Potentats & Villes d'Italie, les Belges ou Païs-Bas, & les Suisses.

Sçavoir onze Royaumes, & quatre Republiques.

De ces Estats il y en eust eu cinq successifs, France, Espagne, Grand-Bretagne, Suede, & Lombardie; Six électifs, Papauté, Empire, Hongrie, Boheme, Pologne, & Danemark; Quatre Republiques, deux desquelles eussent esté Democratiques, sçavoir les Belges, & les Suisses; Et deux Aristocratiques ou Seigneuries, celle de Venise, & celle des petits Princes & Villes d'Italie.

Ce qu'eust eu le Pape.

Le Pape outre les terres qu'il possede, devoit avoir le Royaume de Naples, & les hommages tant de la Republique Italique, que de l'Isle de Sicile.

La Seigneurie de Venise.

La Seigneurie de Venise eust eu la Sicile en foy & hommage du Saint Siege, mais sans autres droits que d'un simple baisement de pieds, & d'un Crucifix d'or de vingt ans en vingt ans.

La Republique Italique.

La Republique Italique eust esté composée des Estats de Florence, Genes,

nes, Luques, Mantouë, Parme, Modene, Monacho, & autres petits Princes & Seigneurs, & eust aussi relevé du Saint Siege, luy payant seulement pour toute redevance un Crucifix d'or de la valeur de dix mille francs.

Le Duc de Savoye outre les terres qu'il possedoit, eust encore eu le Milanois; Et le tout eust esté erigé en Royaume par le Pape, sous le titre de Royaume de Lombardie; duquel on eust distrait le Cremonnois en échange du Montferrat que l'on y eust joint. *Le Duc de Savoye.*

On eust incorporé avec la Republique Helvetienne ou des Suisses, la Franche-Comté, l'Alsace, le Tirol, le Païs de Trente & leurs dépendances, & elle eust fait un hommage simple à l'Empire d'Allemagne de vingt-cinq ans en vingt-cinq ans. *La Republique des Suisses.*

On eust establi toutes les dix-sept Provinces des Païs-Bas, tant les Catholiques que les Protestantes, en une Republique libre & souveraine, sauf un pareil hommage à l'Empire; Et on eust grossi cette Domination des Duchez de Cleves, de Juliers, de Berghe, & de la Mark, de Ravenstein, & autres petites Seigneuries voisines. *Celle des Provinces des Païs-Bas.*

On eust joint au Royaume de Hongrie *Le Royau-*

468 HISTOIRE

me de Hongrie.
1609.

grie les Estats de Transsylvanie, de Moldavie & de Valachie.

L'Empereur eust renoncé à s'agrandir jamais luy ni les siens par aucune confiscation, desherance, ou reversion de Fiefs masculins; Mais eust disposé des Fiefs vacans en faveur de personnes hors de sa parenté, par l'avis & consentement des Electeurs & Princes de l'Empire. On fust aussi demeuré

L'Empire avec libre election.

d'accord que l'Empire desormais n'eust pû pour quelque occasion que ce fust, estre tenu consecutivement par deux Princes d'une mesme Maison, de peur qu'il ne s'y perpetuast, comme il faisoit depuis long-temps en celle d'Austriche.

Boheme & Hongrie eussent esté electifs.

Le Royaume de Hongrie & de Boheme eussent esté pareillement electifs par les voix de sept Electeurs, sçavoir 1. celle des Nobles, Clergé, & Villes de ces Païs-là. 2. du Pape. 3. de l'Empereur. 4. du Roy de France. 5. du Roy d'Espagne. 6. du Roy d'Angleterre. 7. des Roys de Suede, de Danemark, & de Pologne, qui tous trois n'eussent fait qu'une voix.

Un Conseil general pour ces quin-

Outre cela pour regler tous les differens, qui fussent nez entre les Confederez, & les vuider sans voye de faict, on on eust establi un ordre & forme de proceder par un Conseil General, composé de soixante personnes, quatre de la part de chaque Domination; lequel on eust placé dans quelque ville au milieu de l'Europe, comme Mets, Nancy, Cologne, ou autre. On en eust encore fait trois autres en trois differens endroits, chacun de vingt hommes, lesquels tous trois eussent eu rapport au Conseil General.

Les Dominations, de soixante personnes.

1609.

Trois autres, chacun de vingt.

De plus par l'avis de ce Conseil General, qu'on eust pû appeller le Senat de la Republique Chrestienne, on eust establi un ordre & un reglement entre les Souverains & les Sujets, pour empescher d'un costé l'oppression & la tyrannie des Princes, & de l'autre les plaintes & les rebellions des Sujets. On eust encore reglé & asseuré un fonds d'argent & d'hommes, auquel chaque Domination eust contribué selon la cottisation faite par le Conseil, pour aider les Dominations voisines des infidelles contre leurs attaques, sçavoir Hongrie & Pologne contre celles du Turc, & Suede & Pologne contre les Moscovites & les Tartares.

Ordre pour empescher & la tyrannie, & les rebellions.

Et pour secourir les Provinces voisines des Infidelles.

Puis quand toutes ces Quinze Domina-

1609.	minations eussent esté bien establies avec leurs droits, leurs gouvernemens & leurs limites; ce qu'il esperoit pouvoir faire en moins de trois ans: elles eussent ensemble d'un commun accord choisi trois Capitaines Generaux, deux par terre & un par mer, qui eussent attaqué tous à la fois la Maison Otomane; A quoy chacune d'elles eust contribué certaine quantité d'hommes, de vaisseaux, d'artillerie, & d'argent selon la taxe, qui en estoit faite. La somme en gros de ce qu'elles devoient fournir, montoit à deux cens soixante cinq mille hommes d'infanterie, cinquante mille chevaux, un attirail de deux cens dix-sept pieces de canon, avec les charrois, Officiers, & munitions à proportion, & cent dix-sept grands Vaisseaux & Galeres, sans compter les Vaisseaux de moyenne grandeur, les bruslots, & les navires de charge.

Trois Capitaines Generaux, un par mer, deux par terre, pour faire la guerre au Turc. Quelles troupes, & quel attirail.

Cet establissement estoit avantageux à tous les Princes & Estats Chrestiens: Il n'y avoit que la seule Maison d'Austriche qui en eust souffert dommage, & qui eust esté dépoüillée pour accommoder les autres. Mais on avoit fait le projet de la porter à y consentir

La seule Maison d'Austriche eust souffert de cet establissement.

sentir de gré ou de force, en cette manière. Premierement, il faut supposer, que du costé d'Italie, le Pape, les Venitiens, & le Duc de Savoye estoient bien informez du dessein du Roy, & qu'ils l'y devoient assister de toutes leurs forces: le Savoyard sur tous y estant extrêmement animé, parce que le Roy luy donnoit sa fille aisnée en mariage pour son fils Victor Amedée; Que du costé d'Allemagne quatre Electeurs, Palatin, Brandebourg, Cologne, & Mayence le sçavoient aussi, & qu'ils le devoient favoriser; Que le Duc de Baviere avoit leur parole, & celle du Roy, qu'on l'éleveroit à l'Empire; Et que plusieurs des villes Imperiales s'estoient déja adressées au Roy pour le supplier de les honorer de sa protection, & de les maintenir dans leurs privileges, qui avoient esté abolis par la Maison d'Austriche; Que du costé de Boheme & de Hongrie il avoit des intelligences avec les Seigneurs & la Noblesse; Et que les peuples y estoient si désesperez de la pesanteur du joug, qu'ils estoient prests de le secoüer, & de se donner au premier qui leur tendroit les bras.

1609. Du costé d'Italie le Pape, Venise, & Savoye y consentoient.

D'Allemagne plusieurs Electeurs; Et on eust fait le Duc de Baviere Empereur.

De Boheme & Hongrie, les Seigneurs & la Noblesse.

Toutes les dispositions luy estant ainsi

Affaire de Cleues

ainsi favorables, arriva l'affaire de Cleves, dont nous parlerons tout à cette heure, laquelle luy fournissoit une belle occasion de commencer l'execution de ses projets. Elle devoit se faire de cette sorte.

Ayant mis sur pied une armée de quarante mille hommes, comme il fit, il devoit tout en marchant dépescher des Ambassadeurs vers tous les Potentats de la Chrestienté pour leur donner part de ses justes & saintes intentions. Puis sous pretexte d'aller à Cleves, il se fust saisi de tous les passages de la Meuse, & eust attaqué tout d'un coup Charlemont, Mastrich, & Namur, qui estoient peu munis. Au mesme temps toutes les grandes villes des Païs-Bas eussent crié liberté, les Seigneurs se fussent mis aux champs avec pareil dessein, & eussent arboré le Lion Belgique avec les Fleurs de Lis. Les Hollandois eussent occupé toutes les costes avec leurs vaisseaux en tres-grand nombre, pour fermer le commerce de la mer aux Flamans, comme on leur eust fermé celuy de terre du costé de France. Ce qu'on vouloit faire afin de haster les peuples de secouër la domination des Espagnols, & de s'a-

ves arrive à propos pour faire éclorre ce grand dessein.
1609.

Le Roy en marchant se fust saisi des passages de la Meuse. Les villes de Flandre se fussent revoltées; les Hollandois eussent occupé les costes.

Les Flamans eussent prié le

s'adresser au Roy & aux Princes ses as- *Roy* sociez, pour prier le Roy d'Espagne de *d'Espa-* les vouloir mettre en liberté, & d'a- *gne de* voir la bonté de leur rendre la Paix, *tre en li-* laquelle ils ne pouvoient jamais espe- *berté.* rer, tandis qu'ils seroient sous sa domi- *1609.* nation.

Il y a toutes les apparences, qu'à l'approche d'une si puissante armée, par les intelligences des principaux Seigneurs, par le branle des grandes Villes, par l'amour que ces peuples ont toûjours eu pour la liberté, la Flandre se fust toute souslevée : Principalement *L'armée* lors qu'elle eust veu le merveilleux or- *du Roy* dre & l'exacte discipline de ses troupes, *eust* qui eussent vescu en bons hostes payant *vescu a-* par tout, & ne faisant aucun outrage *vec* sur peine de la vie; & quand on eust re- *grand* connu qu'il ne travailloit que pour le *ordre.* bien & le salut des peuples, ne se reser- *Le Roy* vant rien de toutes ses conquestes, que *ne se fust* la gloire & la satisfaction de rendre ces *rien re-* Provinces à elles-mesmes, sans en re- *servé de* tenir un seul chasteau ni un seul village *ses con-* pour luy. *questes.*

Au mesme temps qu'il eust mis la Flandre dans un estat libre, & qu'il eust accommodé le different de la succession de Cleves, tous les Princes interes-

1609.

Il eust avec les autres Princes, prié l'Empereur de laisser les villes de l'Empire en liberté.

sez en cette affaire, les Electeurs que nous avons nommez, & les Deputez de plusieurs grandes villes devoient le venir remercier, & puis le supplier de vouloir joindre ses prieres & son autorité aux supplications qu'ils avoient à faire à l'Empereur, pour le disposer de laisser les Estats & les Villes de l'Empire en leurs anciens droits, & immunitez; Sur tout en la libre élection d'un Roy des Romains, sans y user plus d'aucunes pratiques, contraintes, promesses & menaces; Et que pour cet effet il fust dés l'heure resolu qu'on en éliroit un d'une autre Maison que de celle d'Austriche. Ils estoient convenus entre eux que ce seroit le Duc de Baviere. Le Pape se fust joint avec eux pour cette requisition; Et ils l'eussent faite avec tant d'instance, qu'il eust esté difficile à l'Empereur qui n'eust point esté armé, de la refuser.

Boheme, Hongrie, Austriche eussent fait mesme priere.

Semblable requeste eust esté faite au Roy, & à ses Associez, par les peuples de Boheme, Hongrie, Austriche, Stirie & Carinthie. Sur tout pour le droit qu'ils avoient d'élire eux-mesmes leur Prince, & de se mettre en telle forme de gouvernement qu'ils jugeroient la meilleure, par l'avis de leurs

Amis

Amis & Alliez. A quoy le Roy condescendant, eust usé de toutes sortes d'honnestetez, de prieres & de deferences, mesme au dessous de sa dignité, pour faire voir qu'il n'entendoit point tant se servir de la force, que de l'equité de la raison.

Aprés cela le Savoyard par mesme voye eust demandé au Roy d'Espagne avec toutes sortes de civilitez, & au nom de ses enfans, qu'il luy plust leur donner le dot de leur mere, aussi bon & avantageux que l'avoit eu leur tante Isabelle; Et en cas de refus, le Roy devoit permettre à Lesdiguieres de l'assister de quinze mille hommes de pied, de deux mille chevaux, & de cent mille escus par mois pour faire la conqueste du Milanois, ou païs de Lombardie. En quoy il eust esté favorisé de la pluspart des Princes d'Italie. *Le Duc de Savoye eust demandé au Roy d'Espagne le partage de sa femme.*

Cela fait il devoit avec ses Associez prier le Pape & les Venitiens d'intervenir comme Arbitres entre luy & le Roy d'Espagne pour terminer amiablement les differens, qui estoient prests d'éclater entre eux, à cause de Naples, Sicile, Navarre, & Roussillon. *Le Pape & les Venitiens fussent intervenus pour les differens de Navarre, Naples & Sicile.*

1609. lon. Et alors pour monstrer qu'il n'avoit aucune pensée de s'agrandir, ni point d'autre ambition que d'affermir le repos de la Chrestienté, il se fust monstré tout prest de ceder à l'Espagnol la Navarre & le Roussillon, pourveu qu'il remist Naples & Sicile; non point pour luy, car il ne vouloit point d'autre Estat que la France, mais pour le Pape, & pour les Venitiens, ausquels il eust cedé son droit sur ces païs.

Et le Roy leur eust cedé son droit.

Enfin par un Legat Apostolique, & par les remonstrances de tous ses Associez, il eust fait entendre son dessein au Roy d'Espagne, & aux Princes de sa Maison, & l'eust conjuré par le sang de Jesus Christ de l'avoir agreable, comme estant saint, pieux, charitable, glorieux & utile à toute la Chrestienté. On luy eust avec cela déduit les avantages qui luy en fussent revenus à luy-mesme: On eust essayé de luy faire comprendre qu'il en eust esté plus riche, moins inquieté, & plus paisible; Que dans vingt ans l'Espagne, qui estoit presque deserte, se fust repeuplée & fust devenuë le plus florissant Estat de l'Europe. Je pense bien qu'il eust esté fort difficile de luy per-

On eust tasché de persuader le Roy d'Espagne; Sinon, on l'eust forcé.

persuader cela : car l'ambition déreglée & mal entenduë embrasse plûtost des chimeres que des corps solides, & aime mieux posseder des païs vastes & deserts, qu'une estenduë raisonnable qui soit bien cultivée, & bien peuplée; Mais peut-estre que les armes l'eussent convaincu au défaut de la raison.

Au reste le Roy avoit resolu de renoncer à toute pretention; De ne rien retenir de tout ce qu'il conquesteroit; De ne rien entreprendre qu'il ne l'eust fait approuver à ses Alliez, & qu'il ne les vist disposez à y contribuer; De ne commencer point en plusieurs lieux éloignez tout à la fois, mais de faire suivre les expeditions de proche en proche, attendant toûjours le succés des precedentes avant que de s'engager à d'autres; De se monstrer sans ambition, sans avarice & sans orgueil dans la distribution des logemens, des vivres, des dépouilles & des conquestes; De favoriser les Estats foibles & necessiteux; D'envoyer toûjours quelque reconnoissance honorable & utile à tous Capitaines & Soldats, qui auroient fait quelque bel exploict; De n'entrer jamais dans aucune des partiali-

Grande prudence & moderation dont le Roy eust usé en la poursuite de ce dessein.

tialitez, qui pourroient naistre entre ses Amis & Alliez, mais de paroistre toûjours égal, equitable & commun ami; De traitter honorablement les gens de guerre, avec eloge ou avec reprimende, selon qu'ils le meriteroient, & de maintenir exactement la discipline, empeschant tous desordres, degasts, violemens & incendies, afin qu'il fust receu par tout comme le Liberateur des nations, & celuy qui apportoit la paix & la liberté, non pas la ruine & desolation.

Les preparatifs & dispositions qu'il y apportoit.

Il prenoit ses mesures, faisoit ses preparatifs, & dressoit ses machines pour parvenir à cette fin avec tous les soins imaginables depuis huit ou neuf ans: Il faisoit des Amis & des Alliez de tous costez, entretenoit des intelligences par tout, avoit gagné le College des Cardinaux par de grosses pensions: avoit attiré à son service tous les bons Capitaines en Allemagne & en Suisse, & s'estoit aussi acquis ce qu'il y avoit de bonnes plumes dans toute la Chrestienté: dautant qu'il vouloit persuader les peuples plûtost que de les forcer, & les instruire si bien de ses intentions, qu'ils regardassent ses armes comme un secours salutaire.

Voilà

DE HENRY LE GRAND. 479

Voilà le plan de son dessein; lequel sans mentir estoit si grand, qu'on peut dire, qu'il avoit esté conceu par une intelligence plus qu'humaine. Mais quelque haut qu'il fust, il n'estoit point au dessus de ses forces; Ausquelles si " les Princes ne proportionnent leurs " entreprises, il arrive qu'ils ruinent " leur Estat, de mesme qu'un homme " qui veut entreprendre des procés, ou " faire des achapts plus que sa bourse " ne peut porter, est contraint à la fin " de vendre son fonds, & se noye de " debtes & de mauvaises affaires.

Outre ses forces qui estoient grandes en nombre, mais dix fois plus en valeur, estant tous hommes choisis, & parmi cela y ayant quatre mille Gentils-hommes capables de tout à la veuë de leur Roy: Le Prince d'Orange devoit se mettre aux champs avec quinze mille hommes de pied, & deux mille chevaux; Le Prince d'Anhalt en Allemagne eust paru avec dix mille; Les Electeurs & le Duc de Baviere en avoient arrhé deux fois davantage, qui se fussent trouvez à divers rendez-vous au premier coup de trompette; Les Venitiens & le Duc de Savoye se fussent

Les forces qu'il avoit pour cela.

Armée que le Prince d'Orange eust mise sur pied. Celle des Electeurs & Princes d'Allemagne. Celle des Venitiens & du Savoyard.

1609. sent declarez chacun avec une armée considerable, au premier signal qu'il leur en eust donné. Pour les Suisses, outre une levée de six mille tous choisis, qui venoit au Roy, il en eust eu encore tout autant qu'il eust voulu. Quant au fonds de ses Finances, toutes ses troupes estant payées pour trois mois, ses places bien garnies, ses magazins sur la frontiere tout-à-fait remplis, ses Capitaines honorez de beaux presens, qu'il leur avoit faits: il avoit quatorze millions de livres dans la Bastille, sept millions entre les mains du Tresorier de l'Espargne, qui estoient le revenant bon de l'année precedente; deux autres millions en d'autres mains; plus le courant qui estoit de plus de vingt-sept millions; Et outre tout cela, Sully son Surintendant l'asseuroit de quarante millions d'extraordinaire durant trois ans: De sorte qu'il eust pû faire la guerre quatre ans sans vexer ses Sujets de nouvelles charges. Mais il la vouloit faire si chaudement, qu'il en pust voir la fin dans peu de temps; Car il tenoit pour ,, maxime, qu'un Prince sage quand il ,, y est obligé, la doit faire forte & ,, courte, & d'abord estonner le mon- ,, de par des preparatifs formidables,

Le fonds de Finances que le Roy avoit fait pour ce dessein.

Il vouloit faire la guerre trespuissamment afin qu'elle fust courte.

parce

parce qu'en cette sorte la grandeur de "
la dépense retourne à ménage, & les "
conquestes, qui se font par la crainte "
des armes, vont bien plus loin que cel-"
les qui se font par les armes mesmes. "

Je vous ay dit quel estoit ce dessein:
il n'y a que Dieu qui sçache quel en eust
esté le succés. On peut dire neantmoins, *Ce des-*
jugeant selon les apparences, qu'il de- *sein ap-*
voit estre heureux: car il ne paroissoit *paremment*
aucun Prince ni Estat dans toute la *eust réüs-*
Chrestienté, qui ne dust le favoriser, *si, n'y*
ou qui fust disposé à prendre le parti *ayant*
de la Maison d'Austriche, sinon le Duc *aucun*
de Saxe en Allemagne, & le Duc de *Prince*
Florence en Italie. Mais le Roy les *contre*
eust bien rangez tous deux; Le pre- *que les*
mier en assistant contre luy les heri- *Ducs de*
tiers de ce Duc Guillaume, qui avoit esté *Saxe &*
autrefois dépouillé de l'Electorat par *de Flo-*
l'Empereur Charles V. Le second en *rence.*
suscitant Pise, Sienne & Florence à
crier liberté, & à secoüer le joug de
la domination des Medicis.

Mais il est temps que je vous dise ce *Ce que*
que c'estoit que l'affaire de Cleves & *c'estoit*
de Juliers, qui luy avoit fourni l'occa- *que l'af-*
sion de prendre les armes, & ouvert *faire de*
les voyes pour commencer son grand *Cleves*
dessein. Jean-Guillaume Duc de Ju- *& de*
liers, *Juliers.*
Mort de

Jean Duc de Juliers sans enfans.
1609.
Sa succession disputée par plusieurs, particulierement par Brandebourg & Neubourg.

liers, de Cleves, & de Berghes; Comte de la Mark, & de Ravensbourg, fils du Duc Guillaume, & de Marie d'Austriche sœur de l'Empereur Charles V, & petit fils du Duc Jean: estant mort sans enfans le vingt-cinquiéme Mars de l'an mil six cens neuf, sa succession mit en rumeur tous les Estats voisins. Il avoit quatre sœurs; la premiere mariée au Marquis de Brandebourg; la seconde au Comte Palatin de Neubourg; la troisiéme au Duc des Deux-Ponts; la quatriéme au Marquis de Burgaw. Les enfans issus de ces mariages pretendoient sa succession, les plus proches excluant les plus éloignez, & les fils les filles. Le Duc de Saxe descendant d'une fille aisnée du Duc Jean ayeul du Duc Guillaume disoit aussi qu'elle luy appartenoit preferablement: dautant qu'il estoit porté dans le Contract de mariage de cette fille-là, qu'au cas que les enfans masles manquassent dans la Maison de Juliers, la succession luy reviendroit à luy & à ses décendans. Or cela estant arrivé, il s'ensuivoit que la succession estoit ouverte pour luy. Le Duc de Nevers pretendoit aussi au Duché de Cleves, comme portant luy seul le nom & les armes

armes de Cleves; Et le Comte de Maulevrier par la mesme raison demandoit la Comté de la Mark, car il estoit l'aisné de la Mark; Et en cette qualité il pretendoit aussi la Duché de Bouillon & la Seigneurie de Sedan, qui estoient tenuës par le Vicomte de Turene Mareschal de Bouillon. L'Empereur disoit que toutes les pretentions de ces concurrens estoient mal fondées : dautant que ces terres là estoient des fiefs masculins, qui ne pouvoient échoir à des filles, & à faute des masles estoient dévoluës à l'Empire ; partant que c'estoit à luy d'en disposer. Et sur ce droit il en donna secretement l'investiture à Leopold d'Austriche Evesque de Strasbourg & l'envoya avec des forces pour se saisir de ces terres sous pretexte de la Regie, & cependant assigner les parties pardevant sa Majesté Imperiale, pour dire leurs raisons.

1609.

L'Empereur disoit qu'elle estoit devoluë à l'Empire.

Il en investit Leopold d'Austriche.

Les poursuites du Duc de Nevers, & du Comte de Maulevrier ne furent pas fort chaudes, dautant qu'on leur fit entendre que les fiefs qu'ils demandoient, estoient unis & ne se pouvoient démembrer. Le droit du Marquis de Brandebourg, & celuy de Neubourg, estant

1609.

estant les plus apparens, la plus grande contestation fut d'abord entre eux deux. Le Landgrave de Hesse, leur ami commun, s'estoit entremis de les accommoder, & leur avoit fait passer une transaction de vuider leur different à l'amiable, & de n'employer leurs forces que contre les usurpateurs, l'administration de la succession demeurant égale & commune entre eux, sauf les droits de l'Empereur. Mais là dessus Leopold d'Austriche arriva avec des troupes, & se saisit de Juliers.

Lequel tandis que Brandebourg & Neubourg disputent, s'empare de Juliers. Ils implorent l'assistance du Roy.

Les deux Princes resolus de le chasser, chercherent secours de tous costez, & particulierement implorerent celuy du Roy: auquel ils envoyerent le Prince d'Anhalt avec des lettres de l'Electeur Palatin & du Duc de Wirtenberg, qui l'asseuroient que ses armes seroient justes, puissantes, & avec la grace de Dieu, victorieuses. Le Prince d'Anhalt luy parla sans doute de beaucoup d'autres choses touchant le grand dessein. Le Roy receut sa personne avec un accueil tres-gracieux; & ses propositions avec une joye nompareille: Il luy répondit dans des termes aussi obligeans qu'il se pouvoit, qu'il marcheroit en personne au secours de ses bons

Qui leur promet d'y marcher en personne.

Al-

DE HENRY LE GRAND. 485

1609.

Alliez, & qu'en attendant qu'il pust monter à cheval avec l'equipage que doit avoir un Roy de France, il feroit toûjours avancer quelques troupes; ce qu'il fit sur la fin de l'année mil six cens neuf. Mais au reste il le pria de vouloir faire entendre aux Princes confederez, qu'ils luy feroient grand tort, s'ils pensoient que son assistance dust apporter quelque prejudice à la Religion Catholique en ce païs-là. Car il desiroit qu'avant toutes choses l'exercice y en fust conservé au mesme estat qu'il estoit au temps de la mort du Duc Guillaume; lequel estoit Catholique, mais Brandebourg & Neubourg estoient Protestans.

Mais dit qu'il entendoit conserver la Religion Catholique en ce païs-là.

L'Empereur luy envoya aussi un Ambassadeur de ses plus confidens, le prier de ne point favoriser la rebellion & l'injustice de ces Princes, & de considerer qu'il ne pouvoit les assister sans faire tort à la Religion Catholique. Henry le Grand luy répondit qu'estant Roy Tres-Chrestien, il sçauroit bien la maintenir & l'amplifier: mais qu'il ne s'agissoit pas de ce poinct-là, qu'il n'estoit question que de secourir ses amis, ausquels il ne manqueroit jamais si la vie ne luy manquoit.

Réponse qu'il fait à l'Empereur.

Tout

1609.
Veut establir un bon ordre en son Royaume avant que d'en sortir.

Tout du long de l'hyver il donna ordre aux preparatifs de cette expedition, qui n'estoit que la couverture d'une plus grande. Comme il avoit resolu d'en poursuivre luy-mesme le succés, il avoit deliberé avant que de sortir de son Royaume, d'y establir un si bon ordre pour le Gouvernement, qu'il n'y pûst arriver aucun trouble. Pour cet effet il avoit creu que le meilleur estoit de laisser la Regence à la Reine; mais parce qu'il sçavoit qu'elle estoit gouvernée par Conchini, lequel il n'aimoit gueres, il vouloit qu'elle fust assistée d'un Conseil composé de quinze personnes; sçavoir les Cardinaux de Joyeuse, & du Perron, les Ducs de Mayenne, de Montmorenci, & de Montbazon, les Mareschaux de Brissac, & de Fervaques, Chasteauneuf qui eust esté Garde des seaux de la Regence, car le Roy vouloit avoir son Chancelier avec luy, Achille de Harlay Premier President du Parlement, Nicolaï Premier President de la Chambre des Comtes, le Comte de Chasteauvieux & le Seigneur de Liancourt deux sages Gentils-hommes, Pontcarré Conseiller au Parlement, Gesvres Secretaire d'Estat, & Maupeou Controlleur des Finances.

Laisser la Regence à la Reine, mais luy donner un Conseil.

De

De plus il vouloit establir un petit Conseil de cinq personnes dans chacune des douze Provinces de France, sçavoir une personne du Clergé, une de la Noblesse, une de la Justice, une des Finances, & une des corps des Villes. Et ces douze petits Conseils eussent eu correspondance & dépendance du Grand; lequel eust pris les resolutions par la pluralité des voix, la Reine n'y ayant que la sienne. Encore n'en eust-il pû prendre aucune, que conformement à l'instruction generale que le Roy avoit dressée, ou que sa Majesté n'en eust esté avertie, si c'estoit une chose que son instruction n'expliquast pas assez clairement. Ainsi quoy-qu'absent il se retenoit le Gouvernement; & lioit bien fort les mains à la Reine, de peur qu'elle ne prist trop d'autorité, & que peut-estre on ne la portast à abuser du commandement.

1609. Establir de petits Conseils dans les Provinces, qui ressortissent au Grand.

Tandis qu'il appliquoit son esprit à ces choses, quelques personnes, entre autres Conchini & sa femme, mirent dans l'esprit de la Reine, qu'il faloit, pour luy acquerir plus de dignité & plus d'éclat aux yeux des peuples, & pour autoriser davantage sa Regence, qu'elle se fist sacrer & couronner avant le depart

Quelques-uns mettent dans l'esprit de la Reine, qu'il faut qu'elle se fasse sacrer avant le depart du Roy.

1609.

part du Roy. Pour les mesmes raisons qu'elle le desiroit, le Roy ne l'avoit pas trop agreable : joint que cette ceremonie ne se pouvoit faire sans beaucoup de frais & sans y perdre beaucoup de temps ; ce qui le retenoit à Paris & retardoit ses desseins. Il avoit une extreme impatience de sortir de cette Ville ; Je ne sçay quel secret instinct le pressoit de s'en éloigner au plûtost : C'est pourquoy ce Sacre le faschoit, mais il ne put refuser cette marque de son affection à la Reine, qui le desiroit passionnément.

Il y consent à regret.

Sully raconte qu'il luy entendit dire plus d'une fois, *Mon ami, ce Sacre me presage quelque malheur : ils me tüeront. Je ne sortiray jamais de cette ville, j'y mourray, mes ennemis n'ont autre remede qu'en ma mort. On m'a dit que je devois estre tué à la premiere grande magnificence que je ferois, & que je mourois dans un carrosse ; C'est ce qui fait que quelquefois quand j'y suis, il me prend des tressaillemens, & que je m'écrie malgré moy.*

On luy conseilloit pour éviter les mauvaises propheties de partir dés le lendemain, & de laisser là ce Sacre, qui se pouvoit bien faire sans luy ; mais la Reine

DE HENRY LE GRAND. 489

Reine s'en offensa extrêmement: & comme il estoit bon & obligeant, il demeura pour la contenter. Ce Sacre se fit à Saint Denis le treiziéme de May, & la Reine devoit le seiziéme du mesme mois faire son entrée à Paris, où l'on dressoit de magnifiques preparatifs pour honorer cette feste.

Le Sacre de la Reine.

1610.

Déja les troupes du Roy avoient filé au rendez-vous, sur la frontiere de Champagne. Déja la Noblesse accouruë de toutes parts y avoit envoyé ses equipages; Le Duc de Rohan alloit recueillir les six mille Suisses; Et il estoit sorti cinquante pieces de canon de l'Arsenal. Déja le Roy avoit envoyé demander à l'Archiduc & à l'Infante, en quelle sorte ils vouloient qu'il passast par leur païs, ou comme ami, ou comme ennemi. Chaque heure de retardement luy sembloit une année, comme s'il se fust presagé son malheur à luy-mesme. Certes le Ciel & la Terre n'avoient donné que trop de pronostics de ce qui luy arriva: Une tres-grande Eclipse de tout le corps du Soleil, qui se fit l'an mil six cens huit: Une terrible Comete, qui parut l'année precedente: Des tremblemens de terre: Des monstres nez en diverses contrées

Quantité de pronostics qui semblent presager la mort de Henry IV.

X

1610.

trées de la France: Des pluyes de sang, qui tomberent en quelques endroits: Une grande peste, qui avoit affligé Paris l'an mil six cens six: Des apparitions de fantosmes, & plusieurs autres prodiges tenoient les hommes en crainte de quelque horrible evenement.

On luy donne avis de plusieurs endroits qu'on veut attenter à sa vie.

Ses ennemis estoient alors dans un profond silence: qui peut-estre n'estoit pas causé seulement par la consternation & par la crainte du succés de ses armes, mais par l'attente qu'ils avoient de voir reüssir quelque grand coup, qui estoit toute leur esperance. Il faloit bien qu'il y eust plusieurs conspirations sur la vie de ce bon Roy; Puisque de vingt endroits on luy en donnoit avis; Puisque l'on fit courir le bruit de sa mort en Espagne & à Milan par un écrit imprimé; Puisqu'il passa un courrier par la ville de Liege huit jours auparavant qu'il fust assassiné, qui dit qu'il portoit nouvelles aux Princes d'Allemagne qu'il avoit esté tué; Puisqu'à Montargis on trouva sur l'Autel un billet contenant la prediction de sa mort prochaine, par un coup determiné; Puisqu'enfin le bruit couroit par toute la France, qu'il ne passeroit point cette année-là; & qu'il mourroit

roit d'une mort tragique dans la cinquante-septieme de son âge. Luy-mesme qui n'estoit point trop credule, ajoûtoit quelquefoy à ces pronostics, & sembloit estre condamné à mort, tant il estoit triste & abatu, quoyque de son naturel il ne fust ni craintif, ni melancolique.

1610. Il y ajoûte quelque foy, & craint.

Il y avoit à Paris, depuis deux ans, un certain méchant coquin nommé François Ravaillac, natif du païs d'Angoumois, de vile extraction, de poil rousseau, resveur & melancolique, qui avoit esté Moine, puis ayant quitté le froc avant que d'estre Profez, avoit tenu escole, & aprés s'estoit fait solliciteur d'affaires, & estoit venu à Paris. On ne sçait s'il y avoit esté amené pour faire ce coup; Ou si y estant venu à autre dessein, il avoit esté induit à cette execrable entreprise par des gens, qui ayant connu qu'il avoit encore dans l'ame quelque levain de la Ligue, & cette fausse persuasion que le Roy alloit renverser la Religion Catholique en Allemagne, le jugerent propre pour ce coup.

Qui estoit Ravaillac.

Il est induit à tuer le Roy, mais on ne sçait par qui.

Si l'on demande qui furent les Demons & les Furies qui luy inspirerent une si damnable pensée, & qui le pousserent à effectuer sa méchante disposition; l'Histoire répond qu'elle n'en sçait rien, & qu'en une chose si importante, il n'est pas permis de faire passer des soupçons & des conjectures, pour des veritez asseurées. Les Juges mesme qui l'interrogerent, n'oserent en ouvrir la bouche, & n'en parlerent jamais que des épaules.

Le Roy sort du Louvre pour aller à l'Arsenal.

Mais voicy comme il executa son malheureux dessein. Le lendemain du Sacre, quatorziéme jour de May, le Roy sortit du Louvre sur les quatre heures du soir pour aller à l'Arsenal visiter Sully, qui estoit indisposé, & pour voir en passant les apprests qui se faisoient sur le Pont Nostre-Dame & à l'Hostel de Ville pour la reception de la Reine. Il estoit au fond de son carrosse, ayant le Duc d'Espernon à son costé; le Duc de Montbazon, le Mareschal de Lavardin, Roquelaure, la Force, Mirebeau, & Liancour Premier Escuyer, estoient au devant & aux portieres. Son carrosse entrant de la ruë Saint Honoré dans celle de la Ferronnerie, trouva à droite une charrete chargée de vin, & à gauche une autre chargée de foin, lesquelles faisant embarras, il fut contraint de s'arrester

Quelles personnes estoient avec luy.

Son carrosse est arresté par un embarras dans la ruë de la Ferronnerie.

car la ruë est fort estroite à cause des boutiques, qui sont basties contre la muraille du Cemetiere Saint Innocent. Le Roy Henry II. avoit autrefois ordonné qu'elles fussent abatuës, pour rendre ce passage-là plus libre: mais cela ne s'estoit point executé. Helas que la moitié de Paris n'a-t-elle esté plûtost abatuë, que de voir le plus grand malheur, qu'il ait jamais veu, & qui a esté cause d'une infinité d'autres malheurs! Les Valets de pied estant passez sous les Charniers de Saint Innocent pour éviter l'embarras, & n'y ayant personne autour du carrosse, le scelerat, qui depuis long-temps suivoit opiniastrement le Roy pour faire son coup, remarqua le costé où il estoit, se coula entre les boutiques & le carrosse, & mettant un pied sur un des rais de la roüe, & l'autre sur une borne, d'une resolution enragée luy porta un coup de couteau entre la seconde & la troisiéme coste un peu au dessus du cœur. A ce coup le Roy s'écria, *Je suis blessé.* Mais le meschant, sans s'effrayer redoubla, & le frapa dans le cœur, dont il mourut tout à l'heure sans avoir pû jetter qu'un grand soupir. L'Assassin estoit si asseuré

1610.

Ravaillac le tuë.

seuré qu'il donna encore un troisiéme coup, mais qui ne porta que dans la manche du Duc de Montbazon. Aprés cela il ne se soucia point de s'enfuïr, ni de cacher son couteau: mais se tint là, comme pour se faire voir & pour se glorifier d'un si bel exploit.

Il est tenaillé, & tiré à quatre chevaux.

Il fut pris sur le champ, interrogé à diverses fois par des Commissaires du Parlement, jugé les Chambres assemblées, & par Arest tiré à quatre chevaux dans la Greve, aprés avoir esté tenaillé aux mamelles, aux bras & aux cuisses, sans qu'il témoignast la moindre émotion de crainte ni de douleur dans de si estranges tourmens. Ce qui confirmoit bien le soupçon qu'on avoit, que certains Emissaires sous le masque de pieté, l'avoient instruit & l'avoient enchanté par de fausses asseurances qu'il mourroit martyr, s'il tuoit celuy qu'ils luy faisoient croire estre l'ennemi juré de l'Eglise.

On ouvre le corps du Roy, & on trouve qu'il pouvoit encore

Le Duc d'Espernon voyant le Roy sans vie & sans parole, fit tourner le carrosse & mena le corps au Louvre: où il fut ouvert en presence de vingt-six Medecins & Chirurgiens, qui luy trouverent toutes les parties si saines, que
da-

DE HENRY LE GRAND. 495

dans le cours de nature il pouvoit en- *vivre*
core vivre trente ans. *trente*
ans.
Ses entrailles furent envoyés dés *1610.*
l'heure mesme à Saint Denis & enter-
rées sans aucune ceremonie. Les Peres
Jesuites demanderent le cœur, & le
porterent à leur Eglise de la Fleche,
là où ce Grand Roy leur avoit donné
sa maison pour y bastir le beau College qu'on y void aujourd'huy. Le corps
embaumé dans un cercueil de plomb,
couvert d'une biere de bois, avec un
drap d'or pardessus, fut mis dans la
chambre du Roy sous un dais, avec
deux autels aux deux costez, sur lesquels on dit la Messe dix-huit jours durant. Puis il fut conduit à Saint Denis, *Il est en-*
où on l'inhuma avec les ceremonies *terré à*
ordinaires, huit jours aprés celuy de *Saint*
Henry III son Predecesseur. Car il *Denis.*
faut sçavoir que le corps de Henry III
estoit demeuré jusques-là dans l'Eglise
de Saint Corneille de Compiegne, d'où
le Duc d'Espernon, & Bellegarde Grand
Escuyer, jadis ses Favoris, l'amenerent à Saint Denis, & luy firent faire
ses funerailles ; la bienseance desirant qu'il fust inhumé avant son Successeur.

On cela la mort du Roy au peuple
X 4 tout

tout le reste du jour, & jusques bien avant dans le lendemain, tandis que la Reine disposoit les Grands & le Parlement à luy donner la Regence. Elle l'obtint sans beaucoup de difficulté, ayant mené le jeune Roy son fils au Parlement; & le Prince de Condé, & le Comte de Soissons, qui seuls eussent pû s'y opposer, estans absens. Le premier estoit à Milan, comme nous l'avons dit; & le second dans sa Maison de Blandy, où il s'estoit retiré mal content, quelques jours avant le Sacre de la Reine.

On fait la Reine Regente.

Quand le bruit de cet accident si tragique fut épandu par tout Paris, & qu'on sceut asseurément que le Roy, qu'on ne croyoit que blessé, estoit mort: ce meslange d'esperance & de crainte, qui tenoit cette grande ville en suspens, éclata tout d'un coup en de hauts cris, & en de furieux gemissemens. Les uns devenoient immobiles & pasmez de douleur; Les autres couroient les ruës tout éperdus; Plusieurs embrassoient leurs amis, sans leur dire autre chose, sinon, *ah, quel malheur!* Quelques-uns s'enfermoient dans leur maison; D'autres se jettoient par terre. On voyoit des femmes échevelé

Estrange desolation dans Paris, quand on y sceut la mort du Roy.

velées, qui heurloient & se lamentoient; Les peres disoient à leurs enfans, *Que deviendrez-vous, mes enfans, vous avez perdu vostre pere?* Ceux qui avoient plus d'apprehension pour l'avenir, & qui se souvenoient des horribles calamitez des guerres passées, plaignoient les malheurs de la France, & disoient que ce funeste coup, qui avoit percé le cœur du Roy, coupoit la gorge à tous les François. On raconte qu'il y en eut plusieurs qui en furent si vivement touchez qu'ils en moururent, quelques-uns tout sur le champ, & les autres peu de jours aprés. Enfin il ne sembloit pas que ce fust le deuil de la mort d'un homme seul, mais de la moitié de tous les hommes: on eust dit que chacun avoit perdu toute sa famille, tout son bien, & toutes ses esperances par la mort de ce grand Roy.

Il mourut âgé de cinquante-sept ans & cinq mois, le trente-huitiéme de son Regne de Navarre, & le vingt-uniéme de celuy de France. *Son âge & le temps de son regne.*

Il fut marié deux fois, comme nous l'avons dit; La premiere avec Marguerite de France, dont il n'eut point d'enfans; La seconde avec Marie de *Ses deux femmes, Marguerite, & Marie.*

1610. Medicis. Marguerite estoit fille du Roy Henry II, & sœur des Rois François II, Charles IX, & Henry III, d'avec laquelle il fut démarié par Sentence des Prelats deputez pour cela par le Saint Pere. Marie de Medicis estoit fille de François, & niepce de Ferdinand, Ducs de Florence. Il en eut trois fils & trois filles.

Il eut trois fils de Marie.

Les fils nasquirent tous à Fontainebleau. Le premier nommé Louïs, vint au monde le vingt-septiéme de Septembre de l'an mil six cens un à onze heures du soir. Il fut Roy aprés luy, & porta le surnom de Juste. Le second nasquit le seiziéme d'Avril mil six cens sept. Il eut le titre de Duc d'Orleans, mais point de nom, parce qu'il mourut avant que la ceremonie de son Baptesme eust esté faite, l'an mil six cens onze. Le troisiéme prit naissance le vingt-cinquiéme d'Avril mil six cens huit : son nom fut Jean-Baptiste-Gaston, & son titre Duc d'Anjou, mais le second fils estant mort, on luy donna celui de Duc d'Orleans, qu'il a porté jusques à sa mort, qui arriva l'année derniere.

Et trois filles.

L'aisnée des filles nasquit à Fontainebleau le vingt-deuxiéme de Novembre

bre mil six cens deux. Ainsi elle fut la seconde des enfans. On la nomma Elizabeth, ou Isabeau. Elle a esté mariée à Philippe IV Roy d'Espagne, & est morte il y a quelques années. C'estoit une Princesse de grand cœur, & qui avoit de la vigueur & de la cervelle au delà de son sexe. Les Espagnols disoient pour cela, que c'estoit la fille de Henry le Grand. La seconde nasquit au Louvre à Paris, le dixiéme de Fevrier mil six cens six. On luy donna le nom de Christine. Elle épousa Victor Amedée, pour lors Prince de Piedmont, & depuis Duc de Savoye, l'un des Princes du monde qui avoit le plus de capacité & de vertu. La troisiéme nasquit aussi au mesme endroit, le vingt-cinquiéme de Novembre feste de Sainte Catherine, l'an mil six cens neuf, & eut nom Henriette-Marie. C'est la Reine d'Angleterre d'aujourd'huy, vefve de l'infortuné Roy Charles Stuard, que ses Sujets ont cruellement dépouillé de la Royauté & de la vie; Mais le Ciel Protecteur des Souverains, a glorieusement restabli son fils le Roy Charles II.

Outre ces six enfans legitimes, il en eut encore huit naturels, de quatre diffe- *Il avoüa huit enfans na-*

Enfans de diverses Maistresses.

Deux fils, & une fille de Gabrielle. 1610.

differentes Maistresses, sans compter ceux qu'il n'avoüa pas.

De Gabrielle d'Estrées Marquise de Monceaux & Duchesse de Beaufort en Champagne, il eut Cesar Duc de Vandosme, qui vit encore, & nasquit au mois de Juin l'an mil cinq cens quatre-vingts quatorze; Alexandre Grand Prieur de France, qui est mort prisonnier d'Estat; & Henriette mariée à Charles de Lorraine Duc d'Elbeuf.

Un fils & une fille de la Marquise de Verneüil.

De Henriette de Balsac d'Entragues, qu'il fit Marquise de Verneüil, il eut Henry Evesque de Mets, qui vit encore: Et Gabrielle qui épousa Bernard de Nogaret Duc de la Valette, aujourd'huy Duc d'Espernon, dont elle eut le Duc de Candale, mort depuis peu, & une fille maintenant Religieuse Carmelite; Puis elle mourut.

De la Comtesse de Moret un fils.

De Jacqueline de Bueil, à laquelle il donna la Comté de Moret, nasquit Antoine Comte de Moret, qui fut tué au service de Monsieur le Duc d'Orleans à la journée de Castelnaudary, où le Duc de Montmorency fut pris. C'estoit un jeune Prince, dont l'esprit & le courage promettoient beaucoup. Le Marquis de Vardes épousa depuis cette Jacqueline de Bueil.

De

De Charlote des Essards, à laquelle il donna la Terre de Romorantin, vinrent deux filles; Jeanne qui est Abbesse de Fontevrault; & Marie-Henriette, qui l'a esté de Chelles. Il aimoit tous ses enfans legitimes & naturels avec une affection pareille, mais avec differente consideration. Il ne vouloit pas qu'ils l'appellassent, Monsieur; nom, qui semble rendre les enfans estrangers à leur pere, & qui marque la servitude & la sujetion; Mais qu'ils l'appellassent, Papa, nom de tendresse & d'amour. Et certes dans le Vieux Testament, Dieu prenoit les noms de Seigneur, de Dieu fort, de Dieu des armés, & autres qui marquoient sa grandeur & sa domination: mais dans la Loy Chrestienne, qui est une Loy de grace & de charité, il nous a ordonné de luy faire nos prieres comme ses enfans, par ces douces paroles, *Nostre Pere qui es aux Cieux*.

De Madame des Essards deux filles. 1610.

Il aimoit tous ses enfans, & vouloit qu'ils l'appellassent Papa.

Il nous reste maintenant de mettre ici une sommaire recapitulation de la vie de ce Grand Roy, & puis de dresser un monument eternel à sa gloire au nom de la France; qui ne sçauroit jamais assez dignement reconnoistre les

Sommaire recapitulation de son Histoire.

X 7 obli-

obligations immortelles qu'elle a à sa vertu heroïque.

Il fit sentir les premiers mouvemens de sa vie dans le Camp, au bruit des trompettes; Sa mere le mit au monde avec un merveilleux courage; Son ayeul luy inspira de la vigueur dés le moment qu'il vid le jour; Et il fut élevé dans le travail dés sa plus tendre enfance.

La premiere connoissance que l'âge luy donna, fut pour regretter la mort de son pere tué au siege de Rouën, & pour se voir environné de perils de tous costez; luy éloigné de la Cour, ses amis défavorisez, ses serviteurs persecutez, & sa perte conjurée par ses ennemis.

Sa mere genereuse & habile femme, luy donna de beaux sentimens pour la Morale & pour la Politique; Mais de fort mauvais pour la Religion; De sorte qu'il fut Huguenot par engagement & non par élection. Aussi protesta-t-il toûjours qu'il n'estoit point preoccupé, qu'il estoit pres de s'éclaircir, & que si on luy faisoit voir un meilleur chemin que celuy qu'il tenoit, il le suivroit de bonne foy: mais jusques-là qu'on le devoir tolerer, & non pas le persecuter.

A l'âge

A l'âge de quinze ans il se vid Chef du Parti Huguenot, & donna des avis si sensez, que les plus grands Chefs de guerre eurent sujet de les admirer, & de se repentir de ne les avoir pas suivis. Il passa sa premiere jeunesse, une partie dans les armées, une partie dans ses terres de Gascogne, où il demeura jusqu'à l'âge de dix-neuf ans. Il fut alors amorcé pour venir à la Cour, par des nopces aussi illegitimes que funestes, dont, pour ainsi dire, le présent nuptial fut la mort inopinée de sa mere ; la feste, le massacre general de ses amis ; & le lendemain des nopces, sa captivité, qui dura prés de quatre ans, à la merci de ses plus cruels ennemis, & dans une Cour la plus méchante & la plus corrompuë, qui ait jamais esté. Son courage ne s'enerva point dans cette servitude, & son ame ne se put gaster parmi tant de corruptions ; Mais les charmes des Dames, que la Reine Catherine faisoit agir pour le retenir, luy donnerent ce foible & ce penchant, qui luy demeura toute sa vie, de ne rien refuser aux desirs que leur beauté luy inspiroit.

Pour se tirer de la servitude de la Cour,

Cour, il se rejetta dans l'embarras de son ancien Parti, & de la Religion Huguenote. Il y receut tous les ennuis & tous les chagrins qu'éprouvent les Chefs d'une guerre civile ; sa dignité de General ne le dispensant pas des fatigues & des perils de simple soldat. Par trois fois il obligea la Cour d'accorder la Paix & des Edits à son Parti : mais par trois fois on les viola, & il se vid à divers temps sept ou huit armées Royales sur les bras.

Sa valeur, qui avoit déja paru en plusieurs occasions, se signala avec grand éclat à la bataille de Coutras. Ce fut le premier coup d'importance qu'il frapa sur la teste de la Ligue. Peu aprés, comme elle avoit assemblé les Estats de Blois, pour armer tout le Royaume contre luy, afin de l'exclure de la Couronne de France : les Guises qu'on crut auteurs de cette tragedie, en furent eux-mesmes la terrible catastrophe ; mais qui remplit tout de feu, de sang & de confusion. Le Duc de Mayenne s'arma pour venger la mort de ses freres, & le Roy presque abandonné & comme investi dans Tours, fut contraint de l'appeller à son aide. Nostre Héros passa par dessus toutes les craintes

tes & toutes les défiances qu'on luy vouloit donner, pour se ranger auprés de son Souverain.

Ils marchent à Paris & l'assiegent; Mais sur le poinct d'y entrer, Henry III est assassiné par un Moine. Le droit de succession appellant nostre Henry dans le Throsne, il trouve le chemin traversé de mille difficultez effroyables, la Ligue en teste, les serviteurs du defunt Roy peu affectionnez, les Grands tendans à leurs fins particulieres. La Religion se ligue contre luy, au dehors le Pape, les Espagnols, le Savoyard, le Lorrain; Au dedans d'un costé les peuples & les grandes Villes, & de l'autre les Huguenots qui le tourmentoient par leurs défiances continuelles. Il ne peut avancer un pas sans trouver un obstacle; autant de journées autant de combats. Ses Sujets s'efforcent de l'accabler comme un ennemi public; Et luy s'efforce de les regagner comme un bon pere. Dans son cabinet, dans son Conseil ce ne sont que déplaisirs & amertumes causées par une infinité de mécontentemens, d'infidelitez, de pernicieux desseins qu'il découvre de moment en moment contre sa personne & contre son

son Estat. Chaque jour double combat, double victoire; l'une contre ses ennemis, l'autre contre les siens, usant de prudence & d'adresse, quand la generosité ne luy pouvoit servir.

Il fait voir à Arques qu'il ne peut estre vaincu: à Yvry qu'il sçait vaincre. Partout où il paroist, tout cede à ses armes; La Ligue perd tous les jours des places & des provinces; Elle est battuë par ses Lieutenans au loin, comme elle l'est par luy-mesme dans le cœur du Royaume. Il eust forcé Paris, s'il eust pû se resoudre à le perdre; En l'épargnant il le gagna tout-à-fait, non par les murailles, mais par les cœurs.

Le Duc de Parme arresta un peu ses progrez: mais il n'en pût changer le cours. La Vertu & la Fortune, ou plûtost la Providence Divine s'estoient alliées ensemble pour le couronner de gloire. Dieu l'assistoit visiblement en toutes ses entreprises, & le preservoit d'une infinité de trahisons & d'attentats horribles, qu'on formoit d'heure à autre sur sa vie. Enfin il renversa le dessein du Tiers Parti, & prevint les resolutions des Estats de la Ligue, en se faisant instruire dans la Religion

Catholique, & rentrant dans le giron de la Sainte Eglise.

Quand le pretexte de la Religion eut manqué à ses ennemis, tout le Parti de la Ligue se défila; Paris & toutes les grandes Villes le reconnurent; Le Duc de Mayenne, quoy que bien tard, fut contraint de devenir Sujet, & de se ranger à son devoir: Et tous les Chefs de la Ligue traitterent separément. Ce fut un grand coup d'adresse & de prudence au Roy de les avoir ainsi disjoints: parce que s'ils eussent tous ensemble fait un traitté d'un commun accord, le Parti eust par ce moyen conservé sa liaison, & n'eust pas esté abatu, mais seulement appaisé.

Lors qu'il fut au dessus de ses affaires, qu'il se fut reconcilié avec le Pape, & que ses Sujets furent reconciliez avec luy: le mauvais Conseil des Huguenots, qui desiroient toûjours le voir embarrassé, le porta à declarer la guerre aux Espagnols. Ce fut alors qu'il pensa retomber dans un estat pire que jamais. Ils luy enleverent Dourlens aprés le gain d'une bataille; Calais & Ardres presque d'emblée, & Amiens par surprise. Les restes de la Ligue, qui se cachoient sous la cendre,

se

se rallumerent, les mécontentemens des Grands se découvrirent; il se forma des conspirations de tous costez; ses serviteurs estoient estonnez; ses ennemis prenoient de l'audace. Mais sa vertu qui sembloit s'endormir dans la prosperité, se releva contre ces adversitez: il encouragea les siens par son exemple, reprit Amiens, & força l'Espagnol de faire la Paix par le Traitté de Vervin.

Le Duc de Savoye pensant eluder la restitution du Marquisat de Saluces, & soulever des factions dans le Royaume, qui empeschassent le Roy de luy demander raison, connut qu'il avoit affaire à un Prince, qui sçavoit aussi bien démesler ses ruses, que défaire ses troupes. Il fut donc forcé dans ses Rochers, où il disoit qu'il n'avoit rien à craindre que les foudres du Ciel; & on le contraignit de rendre honteusement, ce qu'il avoit injustement usurpé.

Au mesme temps le Roy songea, pour la seureté & tranquillité de la France, & pour la sienne propre, à procreer des enfans par un bon mariage. Le Ciel luy en donna six, & avec cela un calme de dix années, qui ne fut troublé

troublé que legerement, par la conspiration de Biron, par les menées du Mareschal de Bouillon, & par quelques émotions populaires contre le Sol pour livre ou Pancarte.

Durant tout cela il travailla principalement à deux choses; L'une estoit son grand dessein, dont nous avons parlé, pour lequel il fit des Amis & des Alliez de tous costez; éclaircit ses Finances, paya ses debtes de bonne foy, comme feroit un Marchand; amassa de l'argent, & pacifia tous les differens, qui estoient entre les Princes qu'il se vouloit associer. L'autre estoit de reparer les dommages & les ruines que la guerre civile avoit causées depuis quarante ans dans la France; d'oster les divisions qui aigrissoient & partageoient les esprits; de reformer les desordres qui défiguroient la face de l'Estat; & de le rendre florissant, abondant, & riche, afin que ses Sujets pussent vivre heureusement à l'abri de sa protection & de sa justice.

Cependant luy-mesme n'estoit pas exempt de troubles, d'ennuis & de fascheries. Ses Maistresses luy causoient mille peines au milieu de ses plaisirs; Il trouvoit des épines jusques dans son

son lict nuptial, & dans la mauvaise humeur de sa femme ; Et Conchini luy causoit des chagrins, de mesme qu'un moucheron aspre & piquant inquiete & agite furieusement un Lion.

Comme il estoit prest de monter à cheval pour commencer son grand dessein par le secours de ses Alliez, il perdit la vie par le plus detestable parricide, qui se soit jamais commis. Ainsi celuy que tant de piques, de mousquets, & de canons, tant d'escadrons & de bataillons n'avoient pû endommager dans les tranchées, & dans le champ de bataille, fut tué avec un couteau, par un lasche & traistre coquin, au milieu de sa Ville capitale, dans son carrosse, & en un jour d'allegresse publique. Malheureux coup, qui mit fin à toutes les joyes de la France, & qui ouvrit une playe, qui a saigné jusques à cette heure.

Henry estoit de mediocre stature, dispos & agile, endurci au travail & à la peine. Il avoit le corps bien formé, le temperament bon & robuste, & la santé parfaite, hormis que par delà l'âge de cinquante ans, il avoit eu quelques legeres atteintes de gouttes, mais qui passoient promptement, & ne laissoient

soient aucune debilité. Il avoit le front large, les yeux vifs & asseurez, le nez aquilin, le teint vermeil, le visage doux & auguste, & neantmoins la mine guerriere & martiale, le poil brun & assés épais. Il portoit la barbe large & les cheveux courts. Il commença à grisonner dés l'âge de trente-cinq ans; Sur quoy il avoit accoustumé de dire à ceux qui s'en estonnoient, *C'est le vent de mes adversitez qui a donné là.*

En effet à bien considerer toute sa vie, depuis sa naissance, on trouvera peu de Princes qui en aient tant souffert que luy; Et il seroit bien mal aisé de dire s'il eut plus de traverses, ou plus de prosperitez. Il nasquit fils d'un Roy: mais d'un Roy dépouillé. Il eut une mere genereuse & de grand courage: mais Huguenote & ennemie de la Cour. Il gagna la bataille de Coutras: mais il perdit peu aprés le Prince de Condé son cousin, & son bras droit. La Ligue éveilla sa vertu & le fit connoistre: mais elle pensa l'accabler. Elle fut cause que le Roy l'ayant appellé à son secours, il se trouva aux portes de Paris, comme si Dieu l'y eust amené

Paralele de ses adversitez, & de ses prosperitez.

„ amené par la main: mais Paris s'arma
„ contre luy, & toutes ses esperances fu-
„ rent presque dissipées par la dissipa-
„ tion de l'armée, qui assiegeoit cette
„ ville. Ce fut sans doute un rare bon-
„ heur que la Couronne de France luy
„ écheut, n'y ayant jamais eu de succes-
„ sion plus éloignée que celle-là en au-
„ cun Estat hereditaire, car il y avoit dix
„ à onze degrez de distance de Henry III
„ à luy, & quand il nasquit il y avoit neuf
„ Princes du Sang devant luy; sçavoir le
„ Roy Henry II & ses cinq fils, le Roy
„ Antoine de Navarre son pere, & deux
„ fils de cet Antoine, freres aisnez de
„ nostre Henry. Tous ces Princes mou-
„ rurent pour luy faire place à la suc-
„ cession; Mais elle estoit si embrouil-
„ lée, qu'on peut dire qu'il souffrit une
„ infinité de peines, de fatigues & de
„ hazards, avant que de recueillir les
„ beaux fleurons de cette Couronne.
„ Jeune il épousa la sœur du Roy Char-
„ les, qui sembloit un parti fort avan-
„ tageux pour luy: mais ce mariage
„ fut un piege pour l'attraper, luy &
„ ses amis. Depuis, cette femme au lieu
„ d'estre sa consolation, fut son plus
„ grand embarras, & bien loin de luy
„ apporter de l'honneur, ne luy fit que

de la honte. Sa seconde femme luy "
donna de beaux enfans dont il avoit "
bien de la joye: mais ses gronderies "
& ses dédains luy causoyent mille "
déplaisirs. Il triompha de tous ses "
ennemis, & devint l'arbitre de la "
Chrestienté : mais plus il se rendoit "
puissant, plus leur haine s'envenimoit, "
& plus elle employoit de moyens "
pour le perdre; de telle sorte, qu'après "
avoir tramé une infinité de con- "
spirations contre sa vie, ils trouve- "
rent enfin un Ravaillac, qui execu- "
ta ce que tant d'autres * avoient man- "
qué. "

Du reste il faut avouër que toutes "
les adversitez qu'il souffrit, aiguise- "
rent son esprit & son courage ; & "
qu'enfin il fut un tres-grand Roy, "
parce qu'il ne parvint à la Couronne "
que par beaucoup de difficultez & "
dans un âge fort meur. "

Et certes il est tres-difficile & "
tres-rare, que ceux qui sont nez dans "
la pourpre & nourris dans la pro- "
chaine attente de monter dans le "
throsne après la mort de leur pere, ou "
qui s'y trouvent élevez de trop bon- "
ne

* On compte plus de cinquante conspirations contre sa vie.

Ses adversitez luy aiguiserent l'esprit & le courage. Pourquoy les Princes porphyrogenetes, & qui viennent jeunes à la Couronne, n'aprennent presque jamais bien l'art de regner.

„ ne heure, apprennent bien l'art de re-
„ gner; Si ce n'est qu'ils soient assez heu-
„ reux d'estre élevez par les soins d'une
„ mere aussi vertueuse & aussi bien in-
„ tentionnée, que cette grande Reine,
„ qui a si soigneusement fait instruire le
„ Roy Louis XIV son fils, dans tous les
„ bons sentimens, & dans toutes les ma-
„ ximes de la Politique Chrestienne; &
„ de rencontrer un Ministre aussi sage &
„ aussi affectionné pour leur bien, que
„ ce jeune Monarque en a trouvé un dans
„ la personne du grand Cardinal Maza-
„ rini.

„ Les raisons de cela sont, que pour
„ l'ordinaire les personnes entre les
„ mains desquelles ils tombent dans leur
„ bas âge, desirant se conserver l'auto-
„ rité & le gouvernement, au lieu de les
„ obliger & mesme de les contraindre
„ à appliquer leur esprit à des choses
„ solides & necessaires, font adroite-
„ ment en sorte qu'ils ne l'occupent
„ qu'à des bagatelles indignes d'eux, &
„ ils les y amusent avec tant d'artifice,
„ qu'il est impossible qu'un jeune Prin-
„ ce le puisse reconnoistre. Au lieu de
„ leur mettre sans cesse devant les yeux
„ la vraye grandeur des Rois, qui con-
„ siste dans l'exercice de leur autorité,

ils

ils ne les repaissent que des apparen-"
ces & des images de cette grandeur, "
comme sont les pompes & les magni-"
ficences exterieures, où il n'y a que "
du fast & de la vanité. Enfin au lieu de "
les instruire soigneusement dans ce "
qu'ils doivent sçavoir, & de ce qu'ils "
doivent faire (car toute la science des "
Rois se doit reduire en pratique) ils "
les entretiennent dans une profonde "
ignorance de toutes leurs affaires, a-"
fin d'en estre toûjours les Maistres, "
& qu'on ne puisse jamais se passer "
d'eux. De là il arrive qu'un Prince "
lors qu'il est grand, connoissant sa foi-"
blesse, se juge incapable de gouver-"
ner; Et du moment qu'il est imbu de "
cette opinion, il faut qu'il renonce à "
la conduite de son Estat, si ce n'est "
que ses qualitez naturelles soient bien "
extraordinaires, & qu'il ait un cœur "
veritablement Royal. Avec cela ces "
personnes se saisissent de toutes les ave-"
nuës, & empeschent que les gens de "
bien n'approchent point de ces oreil-"
les tendres; ou s'ils ne leur en peu-"
vent pas empescher les approches, ils "
ne manquent point de les leur rendre "
suspects, & de leur oster toute creance "
dans l'esprit de ces jeunes Princes, les "

Y 2 fai-

„ faisant passer auprés d'eux, ou pour
„ leurs ennemis, ou pour mal inten-
„ tionnez, ou pour ridicules & imper-
„ tinens. Puis ils ont certains emissai-
„ res qui les infatuënt avec des flate-
„ ries, des loüanges excessives & des
„ adorations; qui ne leur font jamais
„ rien entendre que ce qui sert à leurs
„ fins : qui cultivent leurs defauts par
„ de continuelles complaisances ; qui
„ leur font croire qu'ils ont une parfai-
„ te intelligence de tout, quoyqu'ils
„ ne sçachent rien ; qui leur font con-
„ cevoir que la Royauté n'est qu'une
„ souveraine faineantise, que le travail

Et que rarement ils sont habiles & bons Princes.

„ ne sied pas bien à un Roy, & que les
„ fonctions du gouvernement estant
„ penibles, sont par consequent basses
„ & serviles. De cette sorte on les dé-
„ gouste de bonne heure du comman-
„ dement ; on les accoustume à avoir
„ des Maistres, parce qu'ils n'ont pas
„ encore ni assez de connoissance, ni
„ assez de force pour l'estre. Ainsi ces
„ pauvres Princes n'estant point con-
„ tredits mais toûjours adorez, n'ayant
„ aucune experience par eux-mesmes,
„ & n'ayant jamais souffert ni peine ni
„ necessité, deviennent souvent pre-
„ somptueux & absolus dans leurs fan-
taisies,

taisies, & croyent que leur puissance "
doit aller du pair avec celle de Dieu. "
On en void qui ne considerent que "
leur passion, leur plaisir & leur capri- "
ce, comme si le genre humain n'a- "
voit esté creé que pour eux, au lieu "
qu'ils n'ont esté creez que pour con- "
duire & gouverner sagement le gen- "
re humain ; qui laissent faire profu- "
sion & litiere des biens & de la vie de "
leurs Sujets ; & qui avec une insensi- "
bilité sans pareille, n'écoutent non "
plus leurs plaintes & leurs gemisse- "
mens, que les cris d'un bœuf que l'on "
égorge. "

Au contraire, ceux qui viennent " *Ceux qui*
de plus loin à la Couronne, & dans " *viennent*
un âge plus avancé, sont presque toû- " *de plus*
jours bien plus instruits de leurs af- " *loin à la*
faires. Ils s'appliquent bien plus fort " *Couron-*
à gouverner leur Estat ; ils veulent " *ne, &*
toûjours tenir le timon ; ils sont plus " *dans un*
justes, plus tendres & plus misericor- " *âge plus*
dieux ; ils sçavent mieux ménager " *meur*
leurs revenus ; ils conservent avec " *sont plus*
plus de soin le sang & le bien de leurs " *capables*
Sujets ; ils entendent plus volontiers " *& meil-*
les remonstrances, & font mieux ju- " *leurs.*
stice ; ils n'usent pas avec tant de rigueur de cette puissance absoluë, qui "

",desespere quelquefois les peuples, &
", qui cause d'estranges revolutions.

Les raisons de cela.

", Si l'on cherche les raisons pour-
", quoy ils sont tels, c'est qu'ils ont
", esté en un poste, où ils ont souvent
", entendu la verité: Où ils ont appris
", quelle ignominie c'est à un Prince de
", ne pas joüer luy-mesme son person-
", nage, & de le laisser faire à un autre;
", Où, s'ils ont eu quelques Flateurs,
", ils ont eu aussi des ennemis décou-
", verts, qui leur ont resisté en face,
", & qui en censurant leurs defauts, les
", ont portez à les reformer; Où ils
", ont ouï blasmer les fautes du gou-
", vernement sous lequel ils estoient,
", & les ont blasmées eux-mesmes:
", tellement qu'ils se sont obligez à
", mieux faire, & à ne pas suivre ce
", qu'ils ont condamné; Où ils ont
", estudié à se conduire sagement, parce
", qu'ils estoient dépendans, & crai-
", gnoient d'estre chastiez; Où ils ont
", souvent ouï les plaintes des particu-
", liers, & veû les miseres des peuples;
", Enfin, où ils ont appris en souffrant,
", ce que c'est que du mal, & d'avoir
", pitié de ceux à qui on fait injusti-
", ce, parce qu'ils ont eux-mesmes
", éprouvé la rigueur d'une domination

tion trop rude & trop haute. Nous "
en avons deux beaux exemples dans "
Louïs XII, surnommé le Pere du "
peuple, & dans noſtre Henry, les "
deux meilleurs Rois, qui en ces der- "
niers ſiecles ayent porté le ſceptre
des Fleurs de Lis.

Maintenant, qui pourroit recueil- *Couronne
lir & dignement arranger toutes les myſtique
vertus heroïques, les belles actions & à la gloi-
les qualitez eminentes de Henry le Henry le
Grand, luy feroit une Couronne bien Grand.*
plus precieuſe & plus éclatante, que
celle dont ſa teſte fut ornée le jour de
ſon Sacre. Ce fonds de franchiſe & de
ſincerité, pur & exempt de malice, de
fiel & d'aigreur, en ſeroit la matiere
plus precieuſe que l'or. Sa renommée
& ſa gloire, qui ne finira jamais, en
ſeroit le cercle. Ses Victoires, de
Coutras, d'Arques, d'Yvry, de Fontaine-Françoiſe, ſes negotiations de
la Paix de Vervin, de l'accommodement des Venitiens avec le Pape, de
la Tréve d'entre les Eſpagnols & les
Hollandois, & de cette grande Ligue
avec tous les Princes de la Chreſtienté, pour l'execution du deſſein que
nous avons marqué, en feroient les
branches. Puis ſa valeur guerriere, ſa

generosité, sa constance, sa bonne foy, sa sagesse, sa prudence, son activité, sa vigilance, son œconomie, sa justice, & cent autres vertus en seroient les pierreries. Entre lesquelles cet amour paternel & cordial qu'il avoit pour ses peuples, jetteroit un feu brillant & vif comme une escarboucle; La fermeté de son courage toûjours invincible dans les perils, y auroit le prix & la beauté du diamant; Et sa clemence sans pareille, qui releva ses ennemis que sa vaillance avoit terrassez, y paroistroit comme une esmeraude qui épand la gayeté & la joye dans la veuë de tous ceux qui la regardent. Pour continuer la metaphore, je diray encore, que tant de sages Reglemens qu'il fit pour la Justice, pour la Police, & pour les Finances, tant de beaux & utiles establissemens de toutes sortes de manufactures, qui produisoient à la France un profit de plusieurs millions par an; tant de superbes bastimens, comme les Galeries du Louvre, le Pont-neuf, la Place Royale, le College Royal, les Quais de la riviere de Seine, Fontainebleau, Monceaux, Saint Germain, tant d'ouvrages publics, de ponts, de chaussées, de grands chemins reparez, tant d'Eglises

glises rebasties en plusieurs endroits du Royaume, en seroient comme les graveures & les embellissemens.

Couronnons donc de mille loüanges la memoire immortelle de ce grand Roy, l'amour des François, & la terreur des Espagnols, l'honneur de son siecle, & l'admiration de la posterité; Faisons le vivre dans nos cœurs & dans nos affections malgré la rage des méchans qui luy ont osté la vie; Poussons autant d'acclamations à sa gloire, qu'il a fait de biens à la France. Ce fut un Hercule qui coupa les testes de l'Hydre en terrassant la Ligue. Il fut plus grand qu'Alexandre, & plus grand que Pompée, parce qu'il fut aussi vaillant, & qu'il fut plus juste, qu'il ne gagna pas moins de victoires, & qu'il gagna plus de cœurs. Il conquit les Gaules aussi bien que Jules Cesar, mais il les conquit pour leur rendre la liberté, & Cesar les subjugua pour la leur oster: il les enrichit, & Cesar les pilla. Que son nom soit donc élevé au dessus de celuy des Hercules, des Alexandres, des Pompées & des Cesars; Que son Regne soit le modele des bons Regnes, & ses exemples de clairs flambeaux, qui puissent illuminer les yeux des autres Princes;

Souhaits des gens de bien, & des bons François.

Princes; Que sa posterité soit eternellement couronnée de Fleurs de Lis; Qu'elle soit toûjours auguste, toûjours triomphante. Et pour comble de nos souhaits, que Louis le Victorieux, son petit Fils, luy ressemble, & s'il se peut mesme qu'il le surpasse.

FIN.

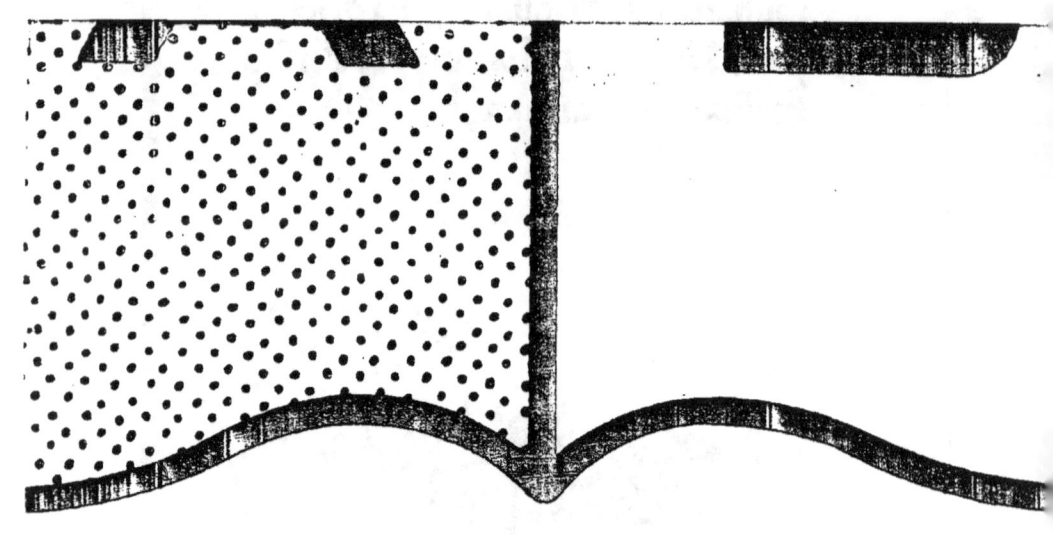

Contraste insuffisant

NF Z 43-120-14

www.ingramcontent.com/pod-product-compliance
Lightning Source LLC
Chambersburg PA
CBHW070946240426
43669CB00036B/1881